대한민국
치킨展

따비음식學 001

대한민국 치킨展
백숙에서 치킨으로, 한국을 지배한 닭 이야기

지은이 정은정
초판 1쇄 발행 2014년 7월 20일
초판 12쇄 발행 2024년 6월 15일

펴낸곳 도서출판 따비
펴낸이 박성경
편집 신수진
디자인 박대성
사진 오기봉

출판등록 2009년 5월 4일 제313-2010-256호
주소 서울시 마포구 월드컵로28길 6(성산동, 3층)
전화 02-326-3897
팩스 02-6919-1277
메일 tabibooks@hotmail.com
인쇄·제본 영신사

ISBN 978-89-98439-11-8 03900
값 14,000원

대한민국 치킨展

백숙에서 치킨으로, 한국을 지배한 닭 이야기

정은정 지음

따비

이 글을 쓰고 있는 지금, 2014년 브라질 월드컵에서 한국은 16강 진출은커녕 1승도 거두지 못하고 귀국 비행기에 올라탔다. 겨울 내내 이어진 불황 때문에 치킨점 사장님들이 혹시나 하며 기대감을 감추지 못했던 월드컵이었지만, 오히려 평소보다 못한 치맥 판매율에 크게 실망하고 있는 중이다. 2014년 6월, 축구 국가대표 선수들의 꿈만 무너진 것이 아니다.

그리고 본격적으로 글을 쓰기 시작한 지난 4월, 잊을 수도 없고 잊어서도 안 되는 '세월호 참사'가 일어났다. 그런데 두 달 반이 지나도록 아직까지 11명의 희생자 수습이 이루어지지 않고 있으니 이 일을 어찌할까. '세월호'와 '월드컵'이라는, 도저히 함께 어울릴 수 없는 극단의 상황 속에서 치킨이라니!

그런데 어느 날 진도 팽목항에 놓인 치킨을 보고 말았다. 자녀의 생환도 아닌 주검 수습을 애타게 기다리며 부모들이 차려놓은 음식은 치킨, 피자, 과자 등속이었다. 사찰에서 치러진 딸의 사십구재에도 치킨을 올려둔 부모님의 심정. 세월호 참사만 아니었다면 올여름엔 함께 모여 목이 터져라 '대~한민국'을 외치면서 치킨과 콜라를 즐겼을 텐데, 그렇게 즐겁게 먹어야 하는 치킨이 상식喪食으로 놓이다니. 세상에서 가장 슬픈 치킨을 목도하면서 쓴 것이 이 책이다.

이제 길을 지나다 치킨집 간판만 봐도 마음이 무너져 내릴 부모님들이 많을 것이다. 그리고 아마도 평생 치킨은 먹을 수 없는 음식이 되었을 것이다. 축제의 음식인 치킨이 애도의 음식으로 변해버린 그 순간에, '울면서' 후라이드치킨을 써나갔다. 탈고를 한 지금까지도 희생자 수습이 완료되지 않은 데 느꼈던 안타까움을 넘어 분노와 비애 또한 여기에 적어둔다. 후라이드치킨을 통해 한국의 '지금 여기'를 적으려고 했으니, 세상에서 가장 슬픈 치킨을 본 기록도 적어두려는 것이다. 그리고 잊지 않겠다는 결의도 여기에 남긴다.

처음부터 이 책은 '치킨은 무엇인가'라는 질문보다는 '치킨은 누구인가'라는 질문에서 시작한 것이었다. 치킨을 누가 튀기고 먹는지, 그리고 닭은 누가 키우는지가 더 중요한 문제라고 여겼기 때문이다. 치킨 한 마리로 울고 웃는 '사람들의 기록'으로 남기려고 애썼으나 능력

밖의 일이었음을 뼈저리게 깨달았다. 다만 이제 시작하려는 젊은 연구자이니만큼 많은 질정으로 '더 나은 오늘'을 살 수 있도록 지켜봐주시길 부탁드린다.

다만 적어도 이 책으로 치킨의 '당사자'인 치킨집 사장님들과 양계 농민들의 삶을 응원하고 싶다는 마음만은 알아주셨으면 한다. 물론 어떤 치킨을 먹어야 할지 고민하는 독자들에게도 '치킨 사용설명서' 정도는 되었으면 좋겠다. 필자는 종종 "어떤 치킨을 먹어야 하나요?"라는 질문을 받곤 한다. 대답은 늘 같다. '단골 치킨집'에서 시켜 먹으면 된다. 가급적이면 배달 앱으로 주문하지 말고 단골 치킨집에 직접 전화해서 시켜 먹는 것을 권해드리는 바다. 그리고 남길 것 같으면 치킨무도 많이 달라고 하지 않았으면 한다. 이 책을 일독하고 난 다음에는 왜 이런 부탁을 하는지 알게 될 것이다.

함께 모여 즐겁게 치킨을 먹는 날들을 억지로라도 만들면서 살아가는 것, 어쩌면 그것이야말로 지금 우리에게 가장 절실한 일인지도 모르겠다.

치킨에 대한 책을 써야 하는데 치킨과 머리카락만 뜯고 있느라 도서출판 따비의 박성경 대표와 신수진 편집장의 애를 많이 태웠다. 이 책의 공저자는 당연히 두 분이다. 반려자보다 더 어려운 것이 동료로 살아가는 일이지만, 그럭저럭 함께 읽고 각자 쓰는 삶을 이어가는 허

남혁 선생, 그리고 정, 담. 첫 책인지라 가족들 이름을 적는 것으로 그간의 미안함을 대신하려 한다. 감사를 전해야 할 분들이 정말 많지만 (고마운 사람이 많다는 것이 얼마나 다행이고 행복한지!) 다 적지 못하여 직접 뵙고 인사를 올리겠다는 약속도 여기에 적어둔다.

그래도 이 지면을 통해 감사 인사를 남겨야 할 어른들이 계시다. 곁에 있는 부모가 최고의 부모임을 알려준 우리 아버지 정길수 옹, '물심양면'이 어떤 것인지 알려주신 시어머니 최희순 여사, 그리고 '신부님 신부님 우리 신부님' 천주교정의구현전국사제단 나승구 신부님. 이분들의 사랑과 응원을 철없이 또 청해본다.

끝으로 며느리의 고군분투를 많이 응원해주셨을 아버님 故 허홍구 님, 그리고 늘 목울대를 아프게 하는 우리 엄마 故 박성일 님 영전에 이 책을 소지로 올린다.

2014년 6월 30일
정은정

차례

2 치킨집 사장으로 산다는 것은

3 치킨은 무엇으로 사는가

오늘도 치맥하셨습니까?

드디어 '불금'이다. 세계 최고의 노동 강도를 자랑하는 한국인에게 불타는 금요일이란 신성불가침의 영역이다. 기독교의 성금요일 '금육' 도, 불가의 불살생도 통하지 않는 날이다

대한민국의 모든 이가 사랑하는 날. 퇴근을 하고 동료들과 한잔 꺾기로 했거나, 연인들은 데이트 약속을, 혹은 가족과 함께 하기로 했을 것이다. 사람들을 만나서 한 주의 긴장을 풀며 할 수 있는 가장 재미난 일은 함께 먹는 것 아니겠는가. 그래서 골목마다 고기 굽는 냄새가 가득차고 배달 오토바이는 쉬지 않고 거리를 누빈다.

그런데 늘 고민이 앞서는 것이 메뉴를 고르는 일이다. 집에서 해 먹지 않는 이상 여러 명이 모여서 가장 만족도가 높은 외식 메뉴는 무엇일까? 여기에는 몇 가지 제약이 따른다. 일단 호불호가 강하게 갈리

지 않아야 한다는 것. 5인 이상 모였을 때 모두의 입맛을 만족시킬 메뉴를 고르기란 쉽지 않다. 그리고 가격 대비 포만감이 있어야 한다는 것. 밥을 대신해 한 끼 식사로도 충분하지만, 너무 건전한 식사이기만 하면 아쉽고 적당한 음주가 가능하다면 좋겠다.

이는 가족들끼리도 마찬가지다. 아이부터 어른까지 모두 맛있게 먹을 수 있는 메뉴가 생각보다 많지 않다. 물론 있긴 있다. 뇌에 꽃을 피우게 한다고 해서 한우 꽃등심. 하지만 그걸로 배도 채우고 안주로 삼기에 우리의 지갑은 참으로 날씬하다. 그리하여 이런 난관을 모두 넘어 최적화된 메뉴는, 단언컨대 '치킨'일 것이다.

20,000원 안팎이면 4인 가족의 배가 부르고(삼겹살로 4인 가족이 배를 채운다고 생각해보라), 입맛에 따라 '후라이드 반 양념 반', '간장치킨', '파닭', '오븐구이', '불닭'을 시킬 수도 있다. 조금 비싼 브랜드 치킨도 있지만 요즘은 세트 치킨인 '두마리치킨' 가게도 많아서 양은 걱정할 것 없다. 어른들은 취향에 따라 맥주나 소주를, 아이들은 콜라를 곁들여 먹을 수 있다. 치킨이야말로 끼니-안주-간식의 삼위일체를 이룰 수 있는 유일한 메뉴, '치느님'이다. 그리고 다양한 치킨 메뉴 고르기도 귀찮다면 한마디만 외치면 된다. "반반 무 많이!"

치킨은 한국인이 꼽는 대표적인 추억의 음식이기도 하다. 1970~80년대 '통닭'이나 '켄터키'의 이름으로 우리를 설레게 했던 치킨은 아버지의 월급날이나 생일, 소풍이나 운동회 때 빠지지 않는 메뉴였다. 튀김 기름의 압도적인 냄새는 주변을 유혹하기에 충분해서, 지금도 초등학교 운동회날 목 좋은 자리를 차지하고 있는 것은 동네 치킨집들이다. 내 아이가 잘 뛰었든 말든 일단 돗자리 깔고 닭다리를 뜯고 있는 풍경은 예나 지금이나 다르지 않다. 예전에는 닭이 통째로 유산지에 쌓여 누런 각대 봉투에 담겨 있었고 요즘은 피자 박스에 담겨 있다는 것만 빼면 말이다.

또한 치킨은 축제의 음식이기도 하고 공동체의 음식이기도 하다. 적어도 부부나 연인이 싸움을 하거나, 아이들이 시험을 죽 쑤고 온 날 치킨을 뜯지는 않을 것이다. '1인 1닭' 시대라고 하지만 치킨은 여전히 좋은 사람과 모였을 때 먹는 음식이다. 닭고기를 식사로 먹는 서양은 오븐에 구운 로스트치킨을 선호하고, '프라이드치킨'은 KFC에서 먹는 것 정도로 여긴다. 그리고 부분육 요리법이 발달해 있어서 가슴살, 다리, 날개 등을 정육 상태로 사고파는데, 한국에서는 여전히 닭 한 마리를 통째로 조리해서 먹는다. 또한 쫄깃한 식감을 유난히 좋아해서 닭 부위 중에서 가장 선호하는 것도 닭다리다. 그렇다 보니 이렇게 먹을 것이 넘쳐나는 세상에서도 닭다리를 누가 차지하느냐는 여전히 중요하다. 40~50대 여성들에게 닭다리는 늘 아버지나 오빠, 남동생에게 빼앗긴 한 맺힌(?) 부위기도 하고, 남자들도 형이나 동생에게 빼앗긴(대체 한국 사람들 중에서 누가 닭다리를 충분히 먹었던 것일까?) 부위

14

다. 오죽하면 1984년 한국에 KFC가 진출하고 가장 환호했던 사람이 당시의 여대생들이었을까. 그들은 KFC에 가서 원하는 부위를 골라서 시켜 먹을 수 있던 것이 굉장한 해방 경험이었다고 말한다. 미국식의 인테리어, 치킨무가 아닌 '코울슬로' 같은 새로운 사이드메뉴도 당시 여대생들을 열광케 했다.

백숙으로 삶아 먹거나 '도리탕'으로 볶아 먹던 닭을 이제는 주로 튀기거나 구워 먹긴 하지만, 여전히 한 마리를 통째로 식구들이 나누어 먹는 것은 우리 음식문화에 각인되어 있는 흔적이다. 요즘 세련된 인테리어를 내세운 카페형 치킨점에서는 개인 포크와 집게, 접시를 주기도 한다. 하지만 대개 그냥 손으로 들고 뜯어 먹는다. 그러다 손에 양념이 묻으면 손가락을 빨아 먹는 이 원초적인 식사 매너라니! 치킨은 관계의 친밀성이 전제되어야만 맘 편하게 즐길 수 있는 음식이기도 하다. 고향인 아프리카에서 미국으로 끌려가 노예 생활을 하던 흑인들의 '소울푸드'로 알려진 프라이드치킨이, 이제는 지구 반대편 한국인의 '소울푸드' 노릇을 하고 있는 셈이다.

닭은 흔한 식재료다. 그런데 대부분의 사람들이 집에서 후라이드치킨을 만들어 먹을 생각은 하지 않는다. 치킨은 처음부터 사 먹는 음식으로 자리 잡았는데, 이유는 치킨이 튀김이기 때문이다. 외식 메뉴로 단단하게 자리 잡은 대표적인 음식이 '짜장면'과 '후라이드치킨'인

이유는, 아무리 해봤자 집에서는 그 맛이 안 나고 사 먹는 것이 훨씬 합리적이라는 결론에 닿았기 때문이다.

튀김요리가 갖는 특징은 일단 주재료에 튀김옷을 입혀야만 우리가 원하는 바삭한 식감이 나온다는 것이다. 그 바삭한 식감을 좇다 보니 요즘은 "튀김을 시켰더니 서비스로 닭이 왔다"는 말을 들을 정도로 튀김옷이 과해졌다. 그런데 그것이 우리가 사랑해마지 않는 크리스피치킨의 본질이다. 오죽하면 '크리스피crispy'겠는가.

그리고 식용유가 필요하다. 닭 한 마리를 튀겨내려면 페트병에 들어 있는 가정용 식용유 한두 병으로는 어림도 없다. 무엇보다 큰 닭이 푹 잠길 만한 튀김솥이 가정에는 없다. 이 모든 조건이 다 갖춰졌다고 해도 가정용 가스레인지로 기름 온도를 높이려면 한참 기다려야 한다. 자, 그래도 불굴의 의지로 튀겨낸 홈메이드 후라이드치킨의 맛은 어떨까? 바로 엄마의 손맛이다. 즉 맛은 심심한데다 닭살은 퍽퍽하고 시간이 조금 지나면 바로 눅눅한 상태로 변한다. 그러다 식으면 바로 돌덩어리처럼 굳는 것이 바로 홈메이드 후라이드치킨이다.

그 이유는 바로 염지의 마법이 빠졌기 때문이다. 우리가 먹는 치킨은 반드시 염지 과정을 거치는데, 이 염지에는 소금과 후추 뿌리는 수준을 넘어선 수많은 '마법의 가루'가 필요하다. 이 마법의 가루는 향미를 증진시키는 것은 물론이고 닭고기의 근육 조직을 끊어내서 닭살을 촉촉하게 만드는 기능도 한다. 물론 유통기한을 늘려놓을 수도 있는 것은 옵션.

그리고 파우더의 비밀도 숨어 있다. 그저 닭 조각이 커 보이라고 튀김옷을 입히는 것이 아니다. 치킨은 배달음식이거니와 술과 함께 천천히 먹는 안주다. 배달이 완료될 때, 그 뜨거운 열기로 닭 조각들이 서로 엉겨붙어 축축 늘어져 있다면, 우리는 이토록 치킨을 사랑하지 않았을 것이다. 도착했을 때의 그 뜨거운 바삭함이 중요하다. 이건 물론 배달맨의 투혼이 따라줘야 하는 것이기도 하지만, 튀김용 파우더의 능력이 더 중요하다.

그래서 결론은, 후라이드치킨은 사 먹는 음식이라는 것이다. 그리고 치킨은 튀김요리라는 것이다. 그래서 우리는 모두 알고 있지 않은가? 치킨은 결코 '영양 간식'이 아니라는 사실을 말이다. 우리는 튀김요리에 건강을 기대하지 않는다. 그저 그 바삭한 식감과 고소한 향미가 혀와 뇌를 즐겁게 해주면 족한 음식인 것이다. 게다가 튀김이라는 조리 방법을 빼더라도, 핵심 원료인 닭이 그다지 건강하게 자라지 않는다. 2013년부터 2014년 상반기까지 조류독감으로 전국이 들썩였다. 애꿎은 철새 탓을 하고는 있지만, 지난 몇 년 구제역과 조류독감 등 반복되는 동물전염병의 원인이 사실은 엽기적인 수준의 축산 환경이라는 것은 잘 알려져 있다. 어차피 달걀에서 병아리로 태어나는 데 열흘 남짓, 거기서 중병아리 정도로 자랐을 때 세상 밖으로 '먹히러' 나오는 것이 우리 치느님의 운명이다. 치맥을 먹으면서 좀더 쿨하게 보

17

이려면 "건강 따윈 필요 없어!"를 외치는 게 나을 것이다. 건강과 다이어트를 생각한다며 튀김옷을 벗겨 먹는 일이 얼마나 우스운 짓인지, 이 책을 통해서 깨달을 수 있을 것이다. 기왕 먹는 후라이드치킨, 뼛속까지 쪽쪽!

하지만 치킨의 위엄은 하늘을 찌른다. 한국에서 치킨은 1997년 이후에 단 한 번도 외식 메뉴 1위 자리를 내어준 적이 없다. 햄버거와 피자가 감히 넘볼 수 없는 패스트푸드의 황제. 그리고 이 독재는 앞으로도 이어질 것이다. 닭(육계)시장을 제외하고도 순수하게 치킨시장의 규모만 연간 3조 원 정도로 예측하고 있으니, 치킨은 그 자체로 독립산업이다. 무슨 조화인지 주기적으로 치맥은 당기게 마련이고, 눈만 뜨면 새로운 치킨 메뉴가 출시되니 지겨울 틈도 없다. 가격과 서비스 경쟁은 세계 최고인지라 콜라나 '무 많이' 정도로는 어림도 없다 요즘에는 아예 쓰레기봉투까지 주면서 뒤처리까지 책임져주는 치킨집도 생겼다. 오늘 시켜 먹은 치킨이 맛이 없어도, 혹은 새로운 치킨을 먹고 싶어도 걱정할 것 없다. 집 앞에 쌓여 있는 전단지와 쿠폰북 절반 이상을 치킨이 차지하고 있기 때문이다. 치킨을 시켜 먹는 것보다 더 쉬운 선택이 우리 인생에 또 있을까?

그런데 한국 사람이 유독 치킨을 사랑해서 치킨집이 많은 것일까? 치킨이 1등을 하기 시작한 1997년은 한국에서 고난의 행군이 시작된 시기와 딱 맞아떨어진다. 즉 많은 사람이 직장에서 쏟아져나와 치킨집을 차렸고 차릴 수밖에 없었던 때다. 산이 저기에 있어서 올라갈 뿐이라는 어느 등산가의 말처럼, 치킨집이 많이 있기 때문에 많이 먹는다고 보면 맞다. 먹다 보니 습관이 됐고 중독이 됐을 뿐.

한국은 OECD 국가 중에서도 자영업 비율이 지나치게 높은 나라다. 공공 부문의 고용 흡수가 미약하고, 기업의 고용 안정성이 바닥 수준이다. 그렇다 보니 부동산 임대비와 자녀 교육비로 돈이 쭉쭉 빨려 들어가는 시기인 40대 중후반에 자의든 타의든 월급쟁이 신세가 청산되고 만다. 이제는 취업 전선으로의 징집이 원천 거부되어 아예 창업 쪽으로 진로를 정하는 청년들도 많다.

노골적으로 말하면 다른 외식업에 비해 치킨점은 창업 비용이 적게 드는 편이다. 무엇보다 요리라고는 라면밖에 끓여보지 못한 아저씨들도 3~4일 교육을 받으면 일단은 창업이 가능하다. 250여 개(이 글을 쓰는 순간에도 새로운 치킨 프랜차이즈와 망하는 치킨 프랜차이즈가 생겨나고 있을 것이다)에 육박하는 치킨 프랜차이즈 본사들은 '대박신화'를 설파하면서 누군가의 퇴직금과 적금에 주목하고 있다. 하지만 알면서도 속고 몰라서도 속으면서 일단 창업에 뛰어들게 된다. 인생, 치킨 아니면 떡볶이니까.

현재 한국 치킨점의 수는 3만 5000에서 5만여 곳으로 추정된다. 등록되어 있는 치킨점만 따진다면 3만여 개 정도지만 노점 형태의 닭강정이나 닭꼬칫집, 장작구이통닭 트럭까지 합치면 대체 몇 개의 치킨점이 있는지 가늠하기가 어렵다. 간략한 통계*를 보자면 2002년에서 2012년 사이에 개점한 치킨점은 전국적으로 7만 4000여 개다. 특히 2002년 월드컵의 영향으로 기하급수적으로 늘어났다. 지난 10년 동안 신규 진입한 7만 4000여 개의 치킨점 중에서 5만여 개는 제대로 닭을 튀겨보지도 못하고 문을 닫았고, 지금도 닫고 있을 것이다. 치킨집이 워낙 많다 보니 동네에 몇 곳이 있는지 제대로 세어보기도 힘들다. 정확한 통계를 뽑기도 어려운 것이, 문을 열자마자 석 달도 채우지 못하고 문을 닫는 곳이 수두룩하기 때문이다.

최근 한 인기 드라마의 여주인공이 맛깔스럽게 '치맥'하는 장면이 나왔다. 이 드라마의 인기로 중국에서도 치맥 열풍이 불었다고 한다. 이미 전세계에서 미국 다음으로 KFC 매장이 많은 중국에서 한국식 치킨 맛을 보기 위해 줄을 서서 기다리고, 이를 두고 음식 한류의 조짐까지 보인다며 언론에서 연일 호들갑을 떨었다. 그런데 이 드라마의 인기가 치솟던 2014년 2월, 전라도의 한 양계 농민은 조류독감의 파고를 견디지 못하고 스스로 생을 접었다. 같은 시기 국내 굴지의 육계 회사들의 주가는 상종가를 쳤고, 주식 애널리스트들은 당분간 상종

* KB금융지주 경영연구소, 2013년 국내 치킨비즈니스 현황분석.

가 수준에서 보합세를 유지할 것이라며 투자를 적극 권유했다. 닭도 죽고 양계 농민도 죽었는데 닭회사는 잘나가고 있다. 이것이 무슨 조화일까.

오늘도 아파트 엘리베이터에 진한 향기가 퍼진다. 엘리베이터가 올라가는 그 짧은 순간에 배달 아저씨는 냉장고 부착용 치킨 전단지를 손에 쥐어준다. 아저씨가 내려도 치킨 냄새는 남아 있다. 아마 누군가가 이 엘리베이터를 연이어 탄다면 그 강렬한 향취에 집으로 뛰어 들어가 전화번호를 누를지도 모른다. "여기 반반 무 많이요!"

이 책은 '프라이드치킨'이 아닌 '후라이드치킨'에 대한 이야기다. 그리고 나는 대한민국의 안부를 이 말로 묻고 있는지도 모르겠다. 여러분, 오늘도 치맥하셨습니까?

展 **1**

치킨은 어떻게
한국인의 소울푸드가 되었나

101

나의 '통닭 기억' 투쟁기

짠한 노래가 하나 있다. 음원 지원은 되지 않으니 가사만 적어본다.

두 달 만에 아버지가 오셨네, 단칸 셋방 우리집에.

빚쟁이에 쫓겨다니시다 몰래 찾아드셨다네.

팔다 남은 통닭 한 마리, 사들고 온 아버지 마음.

기름에 찌든 통닭이어도 난 좋기만 하더라.

통닭집 기름이 상했을까? 그날 밤 나는 아팠어.

작은 방 흔드는 신음소리에 아버지 가슴은 무너지고.

어쩔거나, 어쩔거나, 내 자식에게 상한 닭을 먹였으니.

(내레이션: 하지만 그날 내가 아팠던 건 연탄가스 때문이었지.)

돌아보면 눈물 묻어나는 십오 년 세월 흐르고,

아버지 가난한 사람으로 지금도 살아계시네.

누구도 아프게 안 했고 그래서 가난한 내 아버지.

아세요, 그건 제게 주시는 가장 큰 사랑이란 걸.

자랑스런 내 아버지.

— 〈아버지와 통닭 한 마리〉, 조국과청춘 4집(1995)

다소 신파스럽지만, 이 노래는 소위 운동권 노래라고 일컫는 민중
가요다. 이 노래가 발표된 1995년을 기준으로 "십오 년 세월" 전으로
거슬러 올라가면 1980년 정도일 것이다. 통닭이란 말과 켄터키치킨이
란 말이 혼재되어 쓰이던 시대였다. 아마 이 노래에 등장하는 '아버지'
가 사온 통닭은 켄터키치킨센터가 아니라 시장에서 떨이로 파는 마지
막 통닭이었을 것이다. 한국의 후라이드치킨은 시간을 벌기 위해 초벌
튀김을 해놓는 경우가 많다. 주문이 들어오면 재벌튀김을 해서 나가는
데, 잘 되는 치킨집이라면 초벌 닭이 금방 나가지만 그렇지 못하면 하
루 종일 기름에 찌들어 있기도 한다. 초벌튀김 단계에서는 살을 익히
는 게 중요하다. 어차피 바삭함을 주는 것은 재벌튀김 단계에서 보강
되기 때문에 초벌튀김 닭은 차곡차곡 쌓아놓는다.*

* 튀김요리의 특성상 뜨거운 열기 때문에 서로 떨어뜨려놓아야만 눅눅해지지 않는다.

무슨 이유에선지 빚쟁이에 쫓겨다니던 아버지가 사온 통닭은 초벌을 해놓고 팔리지 않은 통닭, 제일 밑에 깔려 기름을 고스란히 받아내던 통닭이었을 것이다. 아마도 그 통닭을 반값에 팔아버리고 치킨집 주인은 장사를 마감했을 것이다. 호떡도 제일 밑에 깔려 있는 것은 실제로 먹기보다는 기름받이용이고 기름에 찌들어 거의 투명해지는데 그와 같은 상태라고 보면 된다.

군가풍의 투쟁가 일색인 민중가요 음반에서 이 노래는 독특한 위치를 차지하면서 당시 운동권 대학생들의 정서를 자극했다. 그것은 '통닭'이 갖는 추억의 보편성 때문일 것이다. 특히 1990년대 중반의 대학생, 지금은 40대인 사람들에게 통닭이란 일종의 집단기억이다. 지금도 '통닭'이나 '치킨'을 얘기하는 '먹방'이나 음식 기고문에는 천편일률적인 문장이 등장한다. "그 옛날, 아버지가 월급날 사오시던, 노란 봉투에 담겨 있던 통닭 한 마리!" 그리고 한 가지가 더 따라붙는다. "식지 않게 외투 속에 꼭 끌어안고 오시던 통닭!"

믿기 어려우면 포털사이트에 '아버지', '통닭'이라는 검색어만 넣어보면 알 수 있다. 아예 저런 문장이 자동 완성되어 튀어나올 정도로 많은 사람들이 즐겨 쓰는 익숙한 문장이다.

그래서인지 아예 '옛날통닭'이라는 메뉴도 있다. 닭을 통째로 튀겨내는 걸로는 부족해, 복고풍으로 만들어진 노란 크라프트지 봉투에 담아주기까지 한다. 음식은 집단기억을 소환하기도 하고, 없는 기억도 만들어낸다. 개인의 기억을 집단화시키는 것도 음식 콘텐츠의 힘이다. 특히 가난한 시절 먹던 음식은 힘이 세다. 전쟁 중에 먹던 음식들을 그리워하고, 없는 시절 먹었던 맛없는 음식이 '별미'로 남기도 한다. 각종 치킨이 난무하는 시대, 사라졌던 '옛날통닭'은 별미의 길을 선택하여 꿋꿋하게 살아남았다.

• 아버지의 이름으로

그런데 아버지가 퇴근할 때 사가지고 온 통닭을 먹어본 사람이 실제로 몇이나 될까? 어린이날, 생일, 크리스마스, 운동회, 소풍날 정도가 치킨을 먹을 수 있는 날이었을 텐데, 이런 날이 일상은 아니지 않은가. 그런데도 한국 사람들은 음식에 관한 한 내 기억과 남의 기억을 구분하지 않는다. 맛집 인터뷰에 빠지지 않는 표현은 '고향에서 어머니가 해주시던 맛', 아니면 '어머니의 손맛'이다. 그런데 진짜 어머니 손맛은 과연 무슨 맛인가? 추상적인 맛의 담론에서 가장 대표적인 것으로 꼽히는 고향의 맛과 어머니의 손맛은 실체가 있기나 한 것일까? 따지고 보면 1970~80년대 어머니들의 손맛의 비밀은 MSG, 즉 미원과 다시다의 맛이었을 공산이 크다. 조미료 유해성 논쟁이 벌어지면서 지금은 적어도 가정요리에서는 쓰지 않으려는 것이 MSG지만, 쇠고기가 없어도 다시마가 없어도 조금만 넣으면 음식맛이 한순간에 달라지는 MSG야말로 어머니 손맛의 비결이었다.

다시 통닭 이야기로 돌아가본다. 지금의 40대가 어린이였던 1970~80년대, 아버지가 명동영양센터의 전기구이통닭이나 최초의 치킨 프랜차이즈인 림스치킨을 사들고 퇴근할 정도였다면, 그 아버지는 명동 일대로 출퇴근을 하는 사무직 종사자였을 확률이 높다. 당시 잘나간다는 치킨집들은 명동과 종로, 을지로 일대에 포진해 있었기 때문이다. 당시 고급 후라이드치킨이었던 '림스치킨'이 명동 신세계백화점에 처음 등장한 때는 1977년. 당시 고용노동 통계를 보면 제조업 노동자 임금이 월평균 87,000원이다. 노동부에 신고된 업장을 기준으로 작성된 통계이기 때문에 일반적인 임금 수준보다 '높게' 잡혔을 것이다. 이를 근거로 일요일 휴무 4일을 제외하고 추산하면* 일일평균 임금이 3,400원 정도가 된다. 그런데 당시 림스치킨이나 영양센터 통닭이 2,500~3,000원 정도였으니, 치킨은 하루 일당과 맞먹는 비싼 음식이었다. 결국 '아버지가 월급날 사가지고 오던 통닭'은 전형적인 중산층의 기억일 수밖에 없다.

경제발전이 눈부시던 1980년대 말, 서울올림픽을 개최했던 1988

* 당시 제조업에서 매주 일요일 휴무를 지키는 경우는 많지 않았다. 격주 휴일인 경우가 많았지만 주말수당이 계산된 것으로 가정하고 매주 1일 휴일로 계산하였다. 당연히 토요일도 휴무가 아니었다.

년의 제조업 노동자 월평균 임금은 32만 원 정도였다. 일요일 휴무 4일을 제외하면 일일 임금이 12,000원 수준이었고, 당시 림스치킨 값은 5,000원 정도였다. 제조업 노동자가 하루 종일 일하면 림스치킨 두 마리 반을 벌 수 있었다. 10여 년 전인 1977년에는 하루 종일 일해서 치킨 한 마리를 벌었다면 이제 두 마리 반, 그 정도의 소득 개선이 있었다고 할 수 있다. 하지만 여전히 쌀과 연탄이 급한 도시 노동자에게 치킨 한 마리는 고급음식이었다. 무엇보다, 밀리지 않고 제 날짜에 월급이 나오는 든든한 '가부장' 아버지만이 전유하는 풍경이었던 것이다. 하지만 1970~80년대 많은 이들의 현실은 그렇지 못했다. 어쩌면 '기름에 찌든' 통닭을 떨이로 사가지고 온 아버지가 진짜 나의 아버지였을 것이다. 그리고 그 아버지는 기억하고 싶지 않은 아버지일지도 모르겠다.

그런데 왜 우리 모두는 아버지가 월급날 통닭을 사오셨다고 집단 착각을 하고 있는 것일까? 그것은 아마도 귀하고 귀한 날, 내가 가장 대접받는 날에 먹던 음식이 치킨이었기 때문일 것이다. 혹은 방송과 음식칼럼마다 "당신의 아버지는 월급날 노란 봉투에 통닭을 사가지고 왔다!"라고 주입시키다 보니 정말 그런 것이라 생각할 수도 있다. 아마 40~50대의 사람들에게 치킨이란 갖고 싶기도, 간직하고 싶기도 한 음식기억인지도 모르겠다. 오죽하면 '옛날통닭'이 등장해 사람들의 기억을 다시 자극하겠는가. 기억이 잘못되었다고 해서 큰일이 나는 것은 결코 아니다. 아무럼 어떤가. 지금은 차고 넘치는 치킨이고, 월급날만이 아니라 주말마다 치킨을 사 먹을 수 있는 시절인데 말이다. 이것이야말로 치킨이 우리에게 선사한 평등의 문화다. 다만 그 착각을 '기억'으로 포장하고 마케팅 포인트로 잡는 무리들이 생겨나고 있고, 한국에서 음식을 다루는 방식들이 매우 뻔해진다는 것이 오히려 문제일 것이다.

• 봄날의 치킨

아버지의 이름으로 통닭을 소비하고 의미를 부여한 덕분에, 치킨은 한국인의 대표적인 '소울푸드'가 되었다. 하긴 치킨을 먹는 날은 기념할 만한 날이었고 기억하기 좋은 날이니, '소울'이 충만한 날임에 틀림없다.

소울푸드의 유래는 흑인 노예제에 닿아 있다. 고향인 아프리카에서 낯선 아메리카 대륙으로 끌려와 그 고통과 슬픔을 담아 부른 노래가 소울뮤직이고, 흑인 노예들이 먹은 음식은 소울푸드라 한다. 그리고 대표적인 소울푸드로 알려져 있는 것이 '프라이드치킨'이다. 남부의 농장 주인이 '로스트치킨'을 먹고 난 다음에 남은 부위를 기름에 바짝 튀겨deep fry 먹은 데서 유래했다는 것이 정설로 받아들여지고 있다. 게다가 흑인 노예가 주로 노동을 하던 면화 농장에서 면실유로 튀겨 먹었다는 이야기까지 덧붙여져 있다. 하지만 기름을 짜내는 것은 예나 지금이나 기계의 힘을 빌리지 않고는 힘들다. 100년 전의 고관대작들도 튀김과 부침은 자주 먹을 수 없는 음식이었다. 기름을 얻기가 그만큼 어려웠기 때문이다.

소울푸드는 노예음식slavery food의 강력한 이미지를 재현한다는 점에서 상당히 조심스러운 말이기도 하다. 노예음식은 곧 흑인의 음식이고 흑인의 음식을 '소울푸드'로 부른다는 점에서 강한 인종성에 기반한 말이기 때문이다. 백인의 음식을 언명하는 단어는 없는데 유독 흑인음식을 '소울푸드'로 부르는 것은 조심스러운 일이다. 그런데 한국에서는 별 고민 없이 이 말을 그대로 받아들이고 있다.

그런데 프라이드치킨은 정말 흑인들의 전통음식이었을까? 그렇기도 하고 아니기도 하다. 프라이드치킨은 이미 서양요리에 존재하고 있었기 때문이다. 프라이드치킨은 흑인만의 음식은 아니다. 프라이드치킨은 스코틀랜드의 음식이기도 했다. 스코틀랜드 이민자들도 미국 남부에 정착하면서 고향에서 해 먹던 대로 닭을 튀겨 먹었다(물론 자주 먹긴 쉽지 않았을 것이다). 물론 아프리카 흑인들도 고향에서 팜유에 닭을 튀겨 먹었던 전통이 있었다. 다만 아프리카 흑인들은 각종 향신료를 첨가해 강한 향미를 내는 전통이 있었으므로, 미국 남부의 프라이드치킨은 좀 다른 맛을 냈다. 그래서 흑인 노예들의 프라이드치킨을 콕 집어 '서던 프라이드치킨Southern Fried Chicken'이라고 부른다. 소위 남부식 치킨, 남부식 요리를 내세우는 레스토랑은 '강한 스파이스'가 첨가된 음식을 판다. 서던 프라이드치킨의 대명사인 KFC가 흑인 특유의 '스파이스spice'를 드러내기 위해 '맛 좋은 11가지 양념'을 그토록 비법으로 강조했던 것이다. 그래서 정확히 말하자면, 프라이드치킨은 본래 존재하던 요리지만 여기에 흑인들만의 음식으로 재탄생한 매개가 '스파이스'의 첨가였다.

사실 튀김요리가 대체 어느 나라, 어느 민족의 전통음식인가를 따지는 것은 큰 의미가 없다. 조리법으로 보면 '딥 프라이'는 보편적인 요리법이다. 다만 기름이 귀하다 보니 자주 먹기는 힘든 음식이었을 뿐이다. 흑인 노예들이 닭을 튀길 때 면실유를 쓰긴 했지만, 식물성 기름만으로는 부족했고 오히려 돼지 부속물인 라드를 주로 사용했다. 그리고 주인이 먹고 남긴 닭을 바짝 튀겨 먹었다는 이야기도 좀 과장된 면이 있다. 당시 흑인 노예들이 닭 몇 마리 정도 키우는 것은 백인 주인의 용인을 받았다. 그래서 가끔, 아주 특별한 날에 그 닭을 잡아서 튀겨 먹은 것이다. 하지만 흑인 노예의 고통과 한을 좀더 극적으로 드러내려면, 아무래도 주인이 먹다 남긴 것을 주워 먹었다는 식의 이야기가 매력적이었을 것이다. 한국의 '꿀꿀이죽'이나 '부대찌개', '돼지국밥'처럼, 가난한 시절의 음식 이야기는 글감으로도 방송용으로도 써먹기 좋기 때문이다. 하지만 노예들이 닭을 키워봐야 몇 마리나 키웠겠는가. 그래서 아주 특별한 날에나 프라이드치킨을 먹었다. 그래서 프라이드치킨을 다른 말로 '영 스프링 치킨Young Spring Chicken'이라고 도 했는데 이는 봄에 딱 한 번만 먹을 수 있는 음식이라는 뜻이다. 특히 부드럽고 '어린young' 닭, 즉 영계를 기름에 튀겨 먹은 데서 유래한 말이다.

그러나 흑인들이 주로 먹던 프라이드치킨은 달걀을 다 낳고 늙어빠진 노계를 오래도록 푹 삶고, 그 닭을 다시 기름에 튀긴 것이었다. 튀기는 방식도 '딥 프라이'가 아닌 '팬 프라이pan fry'였다. 기름을 적게 넣고 지져 먹었다고 보면 맞다. 그래서 기름 속에서 제대로 튀겨낸 프라이드치킨은, 자주 먹을 수 없어 더 간절했는지도 모른다. 그들에게 프라이드치킨은 예배를 하고 와서 가족과 함께 먹는 '선데이 디너'였고, 결혼식이나 크리스마스에나 먹을 수 있는 '스페셜 디시'였다. 그래서 프라이드치킨은 기억을 공유하는 자리, 공동체를 확인하는 자리에 함께하던 음식이었다. '기억하기 좋은 날' 먹었기 때문에 소울푸드로 남았을 것이다. 한국인 역시 '기억하기 좋은 날' 먹었다는 점에서, 치킨은 한국인에게도 '소울푸드'가 될 자격을 갖춘 음식이라고 할 수 있겠다. 짧게 스쳐가는 봄날과 같은 음식, 그래서 그리운 음식인지도 모르겠다.

• 선택된 소울푸드, 프라이드치킨

20세기 초반에 들어서면 미국의 몇몇 레스토랑에서 '남부식 southern style'을 내세우며 흑인음식을 상업적으로 이용하기 시작한다. 이 레스토랑들에서는 과장된 마스코트로 노예 이미지를 차용했다. 그런 흑인음식으로 가장 큰 상업적 성공을 거둔 것이 프라이드치킨 이다. 미국의 대표적인 남부 지역인 켄터키, 루이지애나, 텍사스는 플 랜테이션 농업 지역으로, 아프리카인들이 가장 많이 노예로 끌려온 지역이기도 하다. 같은 프라이드치킨을 두고도 KFC는 켄터키 스타일 을 내세웠고, 파파이스는 루이지애나 스타일을 내세우면서 '남부식' 치킨을 팔았다.

설마 흑인들이 프라이드치킨만 먹었겠는가. 돼지의 부속물인 내장 과 발, 꼬리, 껍질 등을 돼지기름인 라드에 볶아 먹거나 끓여 먹기도 했 다. 하지만 그중에서도 '팔릴 만한' 음식인 프라이드치킨이 소울푸드 로 선택됐을 뿐이다. 팔릴 만하다는 것, 상업화하기 쉽다는 뜻이다. 강 한 스파이스가 가미된 튀김요리인 프라이드치킨은 냉장고가 없던 시 절에도 보존하기가 상대적으로 좋은 편이어서 보관과 이동이 다른 음 식에 비해 쉬웠다. 이에 더해, 닭도 이전에 비해 체계적으로 대량 생산 되기 시작했고, 19세기 말에 등장한 주물 프라이팬(헤비팬)도 튀김요 리를 훨씬 쉽게 해주었다. 물론 밀가루와 기름 문제도 어느 정도 해결되었다. 특히 18세기 말 빠르게 크는 돼지 품종이 개발되어 많은 농가에서 한두 마리 정도의 돼지를 키우게 되자 돼지기름(라드)도 얻기가 쉬워졌다. 1828년 메리 랜돌프Mary Randolph라는 사람이 지은《버지니아 주부Virginia Housewife》라는 요리책에 프라이드치킨 요리법이 처음 등장한다.

라드를 밝은 갈색이 날 때까지 끓인다.
닭에 밀가루를 묻히고 그 위에 소금을 뿌리고, 그다음에 끓여서
녹인 라드에 프라이한다.
소스 : 파슬리, 약간의 버터, 후추, 소금으로 밑간.
우유를 섞어서 끓여서 붓는다.

1900년대 초반이 되면, 이 레시피가 미국 북부와 유럽의 요리책에도 등장한다. 곁들여 먹는 소스는 여러 변형이 나타났는데, 아마 그 변주의 최고봉은 한국의 양념소스일 것이다. 결국 프라이드치킨은 육계의 산업화와 식용유의 대량 생산, 그리고 밀가루(파우더)가 등장하고, 적절한 주방기구까지 받쳐주면서 대중화된 음식이다. 여기에 '노예음식' 혹은 '소울푸드'라는 이미지까지 덧붙이면 괜찮은 음식 스토리도 만들어지니, 그만큼 마케팅 포인트로 삼기도 좋았다. 즉 철저히 산업에 의해 선택된 소울푸드가 프라이드치킨이었던 것이다.

남부식 프라이드치킨을 표방한 KFC의 심볼은 넉넉하게 생긴 백인 할아버지다. 그래도 켄터키 하면 프라이드치킨, 프라이드치킨 하면 흑인이 먹던 음식, 즉 소울푸드라는 이미지 연쇄가 일어났고, 이것을 적극적으로 활용한 곳이 KFC다. 세계적으로 유명한 음식 축제 중에서 '켄터키 프라이드치킨 페스티벌'이 있을 만큼, 켄터키 지역의 상징은 프라이드치킨이다. 또 전통적으로 농업 지역인 켄터키 주는 육계 생산량이 미국에서 가장 많은 곳이기 때문에 켄터키는 곧 치킨이라는 이미지 창출이 쉬웠다. 기억하기 좋기 때문이다.

그런데 KFC의 창업주인 백인 할아버지 커넬 샌더스Colonel Sanders가 프라이드치킨을 처음 팔기 시작한 곳은 켄터키가 아니라 유타 주의 주도인 솔트레이크시티다. 그래서 '켄터키 프라이드치킨'의 발상지를 두고 켄터키 주와 유타 주에서 신경전을 벌일 정도다. 프라이드치킨을 좋아하는 사람에게 성지는 켄터키 주일까, 솔트레이크시티일까? 하지만 이건 영덕대게가 맛있는지 울진대게가 맛있는지를 따지는 것과 같다. 어차피 대게는 대게일 뿐이고, KFC 치킨 맛도 거기에서 거기니까.

솔트레이크시티의 노력에도 불구하고 대중은 프라이드치킨의 발상지는 켄터키 주라고 보고 있다. 켄터키 주는 흑인 노예들이 오래전부터 뿌리를 내린 지역으로 여전히 흑인들이 많이 살면서 낙후한 지역이다. 특히 소울푸드 자체가 흑인의 음식을 말하다 보니 소울푸드의 대표선수인 프라이드치킨은 미국에서 종종 '문제적 음식'으로 비화한다. 짜고, 기름지고, 상당히 헤비heavy한 이미지를 갖고 있는 소울푸드는 특히 흑인에 대한 스테레오타입(전형)을 만들어내는 데 일조하기 때문이다.*

2013년 골프 US오픈 기자회견장에서 에스파냐 선수 세르히오 가르시아가 상대 선수인 타이거 우즈를 집에 초대해 '프라이드치킨'을 대접하겠다는 실언을 해서 문제가 되었다. 이것이 '실언'인 이유는, 미국에서 프라이드치킨은 흑인을 두고 하는 인종모욕의 발언이 될 수도 있기 때문이다. 한국에서 전라도 출신 사람에게 하는 '홍어나 먹어라' 수준의 비하 발언으로 여겨지는 것이다. 결국 가르시아 선수는 엄청난 비난을 받았고 타이거 우즈에게 공식사과를 하는 소동이 일어났다. 그보다 몇 해 전인 1997년 퍼지 죌러라는 골프 선수도 타이거 우즈의 우승을 두고 동료에게 '프라이드치킨'과 관련한 가벼운 농담을 날렸다가 그 사실이 알려지면서 큰 곤욕을 치르기도 했다.

---

* 프라이드치킨과 더불어 가장 대중적인 음식인 햄버거에도 인종 정체성이 투영돼 있다. 맥도날드는 백인들의 햄버거, 버거킹은 흑인들의 햄버거라는 식의 스토리가 만들어지는 것이다. 이는 담백한 맛과 진한 맛의 차이를 인종으로 연결하고, '스파이스'의 강렬함을 흑인의 음식 정체성과 연결짓는 또 하나의 사례다.

102

축제의 음식에서
일상의 음식으로

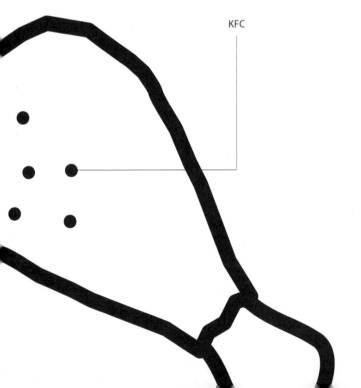

KFC

프라이드치킨의 발상지인 미국 남부에서 치킨을 먹는 날은 '기억하기 좋은 날'이었다. 비록 백인 농장 주인을 통해 알게 된 하느님이고 예수였지만, 일요일에 함께 모여 식사를 할 때 가끔, 아주 가끔은 프라이드치킨이 등장했다. 어느 나라 어느 민족이든 기념일에는 스토리가 다양한 기념음식을 먹는다. 한국의 명절음식이나 제사음식이 그렇다.

우리에게 치킨도 그런 음식이었다. 소풍이나 운동회, 생일, 크리스마스, 그리고 칭찬받을 일이 있으면 먹을 수 있던, 그런 음식이다. 크리스마스 때에는 모든 통닭집이 최고 성수기를 맞이했다. 종교와 상관없이 시즌음식으로 꼭 먹어줘야 하는 게 통닭이었고, 아무리 가난한 아버지여도 이날만은 '통닭을 꼭 껴안고' 집으로 와야 했다. 당시 신문을 보면 박스 기사로 크리스마스에 통닭을 직접 집에서 만들어 먹을 수 있는 요리법이 실려 있을 정도다. 그 요리가 소개되었던 1960년대에 오븐을 갖고 있는 집이 몇이나 되었을지는 알 수 없지만 말이다.

크리스마스에 치킨을 먹는 것은 원래 크리스마스에 칠면조구이를 먹는 미국 개신교도의 전통이 한국에도 그대로 유입되어 생겨난 풍습으로 보인다. 외국의 전통을 수용한 것이지만 한국에서 소비하는 방식은 달라진다. 생산과 소비의 맥락이 지역과 집단마다 달라지기 때문에 일방적인 수용이란 없다. 물론 글로벌 프랜차이즈는 이런 상황을 역이용해 '현지화' 전략으로 삼는다.* 한국 맥도날드가 '불고기버거'를 출시해서 톱 메뉴로 올리는 것이 그 예다. 아무리 심플한 '백인의 햄버거'여도 한국에 뿌리를 내리려면 한국 사람들의 입맛을 사로잡아야 하기 때문이다.

● 칠면조 대신 치킨?

서구에서 크리스마스는 공통으로 치르는 명절이다. 하지만 즐기고 기념하는 음식은 다 다르다. 프랑스는 로스트치킨과 코코뱅을, 호주는 로스트된 양고기를 먹는다. 그리고 영국과 미국은 칠면조요리를 크리스마스 음식으로 삼고 있다. 영국에서 이주한 영향도 있었고,

---

* KFC의 현지화 전략 중에서 가장 성공한 사례로 중국을 꼽는다. 중국인은 자신들의 음식에 자부심이 크고, 각 지역별로 음식문화에 큰 차이가 있다는 것을 KFC는 무시하지 않았다. 그래서 지역마다 즐기는 현지의 음식을 메뉴로 접목하는 방식을 택했다. 차(茶)를 음료 메뉴에 넣고, 닭죽이나 춘권, 그리고 아침식사로 먹는 요우타이오 등을 판매한다. 하지만 아무리 현지화 전략을 쓴다 해도 그 음식이 지역음식인 것은 아니다. 맥도날드와 KFC 매장 안에서 먹거나 포장을 해가도 결국 그 브랜드 영역 안에 머무는 것이기 때문이다.

미국에 처음 정착했을 때 구할 수 있는 고기가 야생 칠면조여서 그 전통이 이어지고 있다는 주장이 있기는 하지만 어쨌든 미국의 성탄 기념 음식은 칠면조요리다. 그런데 왜 한국인은 크리스마스에 '후라이드치킨'을 먹게 된 것일까?

크리스마스는 유럽에서 유래한 서구의 명절이지만, 한국에 상륙한 크리스마스는 '미국식 크리스마스'다. 이는 한국 곳곳에 진행된 미국화Americanazation 현상의 하나기도 하다. 패권국가인 미국은 팍스아메리카나를 단단하게 하는 데 문화가 중요하다는 것을 잘 아는 나라다. 스스로 미국을 열망하도록 하는 것, 이것이야말로 미국이 바라는 바였다. 그래서 문화 영역에서의 '미국화'가 더욱 중요하다고 일찌감치 깨달았던 '문화 강국' 미국은, 영화와 음식으로 세계 사람들이 아메리칸 드림을 꿈꾸게 만들었다. 그 대표적인 현상이 '맥도날드화'와 '코카콜라화Cocacolonization'**로 대표되는 먹거리의 미국화이고, 다른 하나가 할리우드 영화와 팝송을 통한 이미지 각인이다. 전쟁과 점령

** Cocacolonization (alternatively coca-colonization) is a term that refers to globalization or cultural colonization. It is a portmanteau of the name of the multinational soft drink maker Coca-Cola and the world colonization. (Jan Nederveen Pieterse, "Globalization As Hybridization", *Globalization - Critical Concepts In Sociology*, edited by Roland Robertson and Kathleen E. White, Routledge, 2003.)
전성원, 〈로버트 우드러프 - 콜라를 통한 세계화, 코카콜로니제이션의 대부〉, 《인물과 사상》 2009년 11월호, 인물과사상사.

을 통해 미국은 자신을 상징하는 맥도날드 햄버거와 코카콜라를 공수해서 먹었고, 그 문화를 현지에 그대로 이식했다. 특히 '미8군'은 치외법권, 한 국가 내의 미국이었다. 주말마다 거리로 쏟아져나온 미군들은 그들만의 삶, 미국인의 삶을 살았다.* 그리고 한국은 그 삶을 가장 가까운 곳에서 지켜본 나라다.

한국은 근대 형성 과정에서 개신교의 영향을 강하게 받았다. 그중에서도 미국의 크리스마스 기념문화를 그대로 수용했다. 많은 개신교회 목사들이 미국 신학교로 유학을 다녀왔고, 가난한 나라의 엘리트들은 미국의 장학생으로 유학을 마친 후에 그 '은혜'를 잊지 않았다. 미국에서 유학하고 온 엘리트들은 미국문화의 충실한 전파자이자 담지자였다. 무엇보다 초대 대통령인 이승만이 독실한 개신교 신자인 덕분에 한국전쟁 중인 1950년 12월 25일부터 크리스마스는 국가 공휴일로 지정되었다.** 찰스 디킨스의 소설 〈크리스마스 송가〉가 1960년대부터 1995년까지 국정 국어 교과서에 실리면서, 크리스마스는 우리에게 가장 익숙한 미국문화로 자리 잡았다.

* 1970년대 가장 유명했던 통닭집 골목은 양계장 주변과 미군부대 주변이었다. 지금은 마니아들에게만 알려진 '원주통닭'은 군사도시인 원주의 미군부대 근처에서 흘러나온 부속재료 중에서 튀김가루로 닭을 튀기면서 유래했다고 한다. 원래 원조집으로 알려진 곳은 과한 음식 스토리텔링이 붙게 마련이지만, 확실히 군부대 주변에 치킨집이 많았던 것은 분명하다. 군인들이 외박을 나올 때도, 그리고 면회를 갈 때도 가장 많이 먹는 음식이 치킨이기 때문이다.

** 반면 '석가탄신일'이 국가 공휴일로 지정된 것은 1975년에 이르러서였다.

크리스마스가 국가 공휴일로 지정되면서 종교와 상관없이 온 국민이 누리는 날이 되었고, 소비사회에서 가장 중요한 시즌이 되었다. 누리는 방식에서 가장 대표적인 의례는 통닭을 먹는 것이었다. 한국에 주둔하는 미군들은 자신들의 제일 큰 명절인 크리스마스 때 고국에서 공수한 칠면조요리를 먹었다. 하지만 미군(国) 밖의 우리는 칠면조를 먹을 방법이 없고, 크리스마스는 미국식으로 기념해야겠어서 '칠면조 대신 치킨'을 먹기 시작했을 것이다. '그들처럼' 우리도 크리스마스 트리를 만들고, 크리스마스 카드를 썼다. 그리고 무언가를 먹어야 한다면 바로 '치킨'이었다.

프라이드치킨도 이 현상에서 빼놓을 수 없는 중요한 현상이다. '맥도날드화'만큼이나 'KFC화' 현상도 우리 사회 곳곳에서 일어났기 때문이다. KFC가 공식적으로 한국에 진출한 때는 1984년이다. 하지만 1970~80년대 한국 사람들은 이미 '켄터키치킨'을 상상하고 열망하며 나름대로 튀겨 먹고 있었다. 그래서 비로소 오리지널 KFC가 상륙했을 때, 단박에 환영받을 수 있었던 것이다. 낯설지 않은 이방인, 그것이 바로 '프라이드치킨'이었다.

이를 상업적으로 잘 활용한 것이 일본 KFC다. 일본도 한국과 마찬가지로 미군이 주둔하는 나라다. 또 한국보다 훨씬 빠르게 서구문화를 경험했고 받아들인 나라이기도 하다. KFC도 한국보다 14년이나 앞선 1970년에 도쿄에 들어섰다. 일본은 '가라아게치킨(난반치킨)'

이라고 해서 닭튀김을 일상적으로 많이 먹고 있지만, 크리스마스에 미국식 프라이드치킨을 먹는 관습도 여전하다.

일본 KFC는 1974년부터 '크리스마스에는 켄터키치킨을!'이라는 카피를 내걸고 있다. 사연인즉슨 이렇다. 1970년대 어느 날 도쿄의 KFC 매장에 들른 외국인(아마도 미국인이었을 터)이 "일본에는 칠면조가 없기 때문에, KFC 치킨으로 크리스마스를 축하하려고 한다"고 했다는 것이다. 그래서 여기에 착안한 일본 KFC는 크리스마스에 켄터키치킨을 먹어야 한다는 광고를 했고, 엄청난 매출 신장으로 이어졌다. 물론 '크리스마스에는 켄터키 프라이드치킨을 먹어야 한다'는 식문화도 덩달아 퍼졌다.

이런 풍경은 한국도 다르지 않다. 여전히 치킨과 케이크는 크리스마스에 꼭 먹어야 하는 음식이다. 모두가 기독교도도 아니면서 말이다. 다만 달라진 것이 있다면 그 치킨이 예전의 '통닭'이 아니라 한국의 다종다양한 치킨에다 맥주를 곁들인 '치맥'이라는 점이다. 크리스마스를 맞이하면 치킨점도 복날 이후에 맞는 오랜만의 특성수기에 대비해 만반의 준비를 한다. 크리스마스 시즌에 치킨 호프집 예약은 하늘의 별따기고, 많은 업장은 넉넉하게 닭을 준비해놓는다. 이제 발에 차일 만큼 흔해진 음식이 치킨이긴 하지만, 여전히 여럿이 모여서 먹기 좋은 음식이 바로 치킨인 것이다. 치킨뿐만 아니라 전반적으로 크리스마스를 앞두고는 모든 소비시장이 반짝 일어나긴 한다. 세속화된 성탄절이야말로 현대 자본주의의 진정한 구세주인지도 모르겠다.

• 기분 좋은 날은 치킨과 함께

음식에 대해서 글을 좀 푼다고 할 때 꼭 등장하는 학자들이 있다. "내가 먹는 것이 바로 나"라고 말한 미식철학자 브리야사바랭과 "생각하기에 좋은 것이 먹기에도 좋다"고 말한 인류학자 클로드 레비스트로스다. 굳이 대학자들의 말을 빌리지 않아도, 음식을 먹는 것은 문화를 먹고 소비하는 일이다. 그렇다면 치킨이야말로 '생각하기에 좋은 음식'이지 않은가. 밥이야 괴로우나 즐거우나 먹는다지만 치킨은 즐거워야 먹는 음식이니 말이다. 즐거운 자리에서 더 즐겁기 위해서 먹는 음식, 치킨은 축제의 음식이다.

넉넉하지 못한 시절, 가장 즐거운 날은 소풍과 운동회, 생일과 어린이날, 크리스마스 정도였다. 불자들에게는 석가탄신일이 기쁜 날이겠지만 불살생의 가르침으로 치킨을 먹을 수는 없다(하지만 석가탄신일은 공휴일이어서 치킨이 잘 팔리는 날이기도 하다). 그리고 최근에는 스포츠 이벤트인 월드컵이 축제에 추가되었다.

원래 축제와 이벤트의 음식이었던 김밥의 격세지감을 보면 치킨의 운명도 어느 정도 보인다. 지금은 김밥이 가장 싼 식재료로 만드는

'한국형 정크푸드'가 되었지만, 1980년대까지만 해도 김밥은 귀한 음식이었다. 소풍과 운동회 정도에나 먹을 수 있었던 김밥은 햄이나 소시지가 들어간다는 이유만으로도 그토록 귀해 보였다. 형제 중 한 명이 소풍이나 운동회를 가면 다른 형제들도 김밥을 도시락으로 싸갈 수 있었다. 농촌의 가을 운동회는 추석 다음 날에 치르곤 했다. 도시처럼 양산식품을 손쉽게 구할 수 없으니 가장 먹을 것이 풍족한 명절 다음 날 운동회를 열어 '축제'로 만든 것이다. 기념할 만한 음식이 없었다면 그것은 축제가 아니다. 축제는 곧 음식이다.

아직도 초등학교 운동회에서는 치킨이 꼭 등장하지만 소풍에서는 빠르게 사라졌다. 그리고 삶은 달걀과 삶은 밤도 사라졌다. 흔해빠진 음식을 굳이 무겁게 소풍 가방에 넣어서 갈 필요가 없기 때문이다. 특히 소풍에 학부모들이 따라가는 것이 금지되면서 치킨을 가져가는 일은 더 이상 없다. 1990년대 말까지는 소풍이나 운동회 때 학부모가 교사의 도시락을 책임져야 했다. 30년 전만 하더라도 학급 반장은 공부 잘 하고 품행이 방정해야만 입후보할 수 있었고, 결정적으로(!) 소풍과 운동회 때 교사들의 음식을 책임질 수 있을 정도의 가정형편이 전제되어야 했다. 이때 빠지지 않았던 음식이 통닭이다. 김밥과 과일, 통맥(통닭과 맥주)의 콤보 세트야말로 반장 엄마의 의무였다. 과일은 '바나나' 정도는 되어야 했고 말이다. 물론 이 콤보 세트는 운동회 때도 빠지지 않았고, 그 조공 수준이 점점 과해져서 아예 아이스박스가 등장했다. 그것이 '변종 촌지'의 역할을 하고 학생들 간의 위화감을 조성한다는 이유로 많은 비판을 받다가 금지되었다.

그리고 이제 통닭은 소풍 때나 먹는 것으로 여길 만큼 귀한 음식이 아니다. 오히려 집에서 뜨끈하게 시켜 먹는 게 낫지, 시간이 한참 지나 식어빠진 치킨을 무슨 맛으로 먹겠는가. 소풍에서 치킨이 퇴출된 이유는 소풍이 이제 더 이상 축제가 아니기 때문이다. 김밥 먹는 재미라도 있던 작은 축제였지만 김밥이야말로 가장 싸구려음식이 되었고, 치킨 말고도 음식은 차고 넘치는 시절을 살고 있다. 다만 운동회는 여전히 가족들이 함께 참석하는 이벤트의 성격이 강한지라, 모이면 함께 먹기 좋은 음식인 치킨을 먹고 있다. 축제가 사라지면 음식도 함께 사라진다. 그것이 기념음식의 운명이다.

• 문화, 음식, 치킨

생각하기 좋고, 기분 좋은 날 먹는 음식이란 결국 '관념'을 소비한다는 뜻이다. 그 관념은, 먹으니 기분이 좋아진다는 게 아니라 기분을 더욱 좋게 하기 위해 먹는다는 것이다. 그렇게 자리 잡은 음식이 치맥이다. 삶에서 축제를 불러일으키고 싶을 때 먹는 음식. 이는 문화 현상으로서의 음식이 물리적 음식을 넘어설 때가 많음을 보여준다. 기름

47

지고, 염지액에 푹 절었다 나와 지나치게 짜고, 닭들은 불쌍하다 못해 처참하게 자랐다고는 하지만, 그래도 치킨은 좋아서 먹는 음식이다. 적어도 아직까지는 말이다.

2014년 4월 16일. 수학여행을 가던 안산 단원고 학생 325명과 일반인 승객을 싣고 인천항에서 제주도로 향하던 여객선 '세월호'가 침몰하는 참사가 벌어졌다. 모든 생명이 귀하고 안타깝지만 무엇보다 수학여행을 가던 무고한 학생들이 희생된 터라 슬픔과 분노는 더욱 깊을 수밖에 없었다. 참사 수습 과정에서 드러난 정치인과 관료들의 무능함과 몰염치한 행동들이 연일 도마에 오르내렸다. 그중에는 음식과 직결된 '무개념' 행위로 엄청난 비난을 받은 관료들이 있었다.

학생 희생자가 많은지라 교육부도 이 참사에서 책임을 피할 수 없었는데, 교육부 장관이 사고대책본부 현장에서 즉석라면을 먹는 장면이 언론에 공개되면서 엄청난 비난을 받아야 했다. 장관 나름대로는 자신도 이 고통의 현장에서 '추레하게' 먹고 있다는 것을 보여주고 싶었는지도 모른다. 하지만 그 의도야 어찌됐든 때와 장소를 가리지 않고 '먹었다'는 이유 하나만으로도 비난을 받기에 충분했다. 이날 그들에게 허락된 음식은 물뿐이었을 것이다. 그런데 참화를 겪고 있는 가족들 앞에서 후루룩 라면발을 삼키는 모습은 맥락 없이 음식을 섭취하는 것이 얼마나 모욕적인 일이 되는지를 증명한 셈이 되었다.

사고 대책의 주무부처인 동시에 가장 큰 비판을 받고 있는 안전행 정부 장관은 사고가 발생한 날, 상황실에서 치킨을 야식으로 시켜 먹은 것이 뒤늦게 밝혀져 비난을 받았다. 이런 상황에서 야식으로 치킨을 시켜 먹는다는 것, '생각하기 싫은 날' 등장하는 음식으로 치킨은 최악의 음식이다. 사고대책본부에 BBQ 본사가 2,000인분의 치킨과 음료수를 기부한 것도 문제가 되었다. 대형 식품회사인 오뚜기가 기부한 즉석라면은 아무 문제가 되지 않았는데, BBQ의 치킨은 문제가 된 것이다. 치킨을 파는 회사가 치킨을 기부한 행위가 무슨 잘못이겠는가마는, 사람들은 "지금이 닭다리를 뜯을 때인가?"라며 치킨이라는 메뉴를 문제 삼았다.

배가 고파서 야식으로 치킨을 시켜 먹은 것, 치킨을 재난 현장에 제공한 것만으로도 비난을 받는 이유는 음식이 가진 문화적 속성 때문이다. 때와 장소를 가려서 먹고 대접하는 것이야말로 인간을 인간답게 하는, 인간이 동물과 다를 수 있는 이유인 것이다. 치킨이란 가장 친밀한 사람들끼리 허물없이 맨손으로 먹는 음식이고, 이 음식을 먹는 날은 '생각하기 좋은 날'이다. 도저히 재난 현장에서 먹을 수 있는 음식이 아니다.

물론 이 소란에 쿨하게 반응하는 사람들도 있다. 기업의 선행을 너무 오도하는 것 아니냐는 말이다. 또 장관도 늦은 시간에 배달시킬 수 있는 야식 메뉴 중에서 치킨이 흔하기 때문에 '그냥' 먹을 수 있는 것 아니냐는 반문이었다. 끼니를 때우는 일까지 지나치게 '정치화'시킨다는 의견도 분명 많았다.

어느 주장이 옳고 그르다고 판단할 수는 없다. 다만 이를 통해 '치킨'이라는 음식이 갖는 의미가 무엇인가를 해석할 수는 있다. 비난을 한 사람들은 아마 '축제의 음식'으로서 치킨을 보는 것일 테고, 그 반대 의견을 내는 사람들은 '끼니'로 치킨을 읽어낸 것이다. 이는 치킨이 갖고 있는 사회·문화적 의미가 변하고 있다는 것을 보여준다. 특별한 날에만 먹던 치킨은 점점 사라져가고, 일상적으로 먹는 '식사'가 되어가고 있다.

• 이벤트 음식에서 식사로의 전환

하나의 메뉴가 축제와 이벤트의 음식으로 기능하려면 한 세대가 공유하는 집단기억이 있어야 한다. 특히 가난한 시절에 '이벤트'가 있어야만 먹었던 음식들이 그렇게 자리를 잡곤 한다. 하지만 경제적 여건이 개선되고, 이벤트가 벌어지지 않아도 섭취할 일이 늘어나면, 그 음식은 점점 '식사'로 자리를 잡아간다. 부잣집 결혼식의 답례품으로 인기 있던 '라면', 소풍과 운동회 때나 맛보던 '김밥', 고관대작 자녀들의 생일파티 때 맛보던 1970년대 '햄버거와 피자', 졸업식 때나 먹을 수 있던 '짜장면'은 이제 바쁜 현대인의 간편한 끼니일 뿐이다. 이는 메뉴의 산업화 과정에서 벌어지는 가장 특징적인 현상이다. 경제적 여건이 변화해 '공급'이 많아지면 당연히 흔해진다. 그러면 그 음식에 부여되던 문화적 의미도 점점 희미해진다. 귀한 음식에서 흔한 음식으로의 전환은 음식이 산업화되는 기본적인 과정인 동시에, 식품기업이 바라는 바이기도 하다. 귀한 날에만 먹는 음식으로 어찌 돈을 벌 수 있겠는가. 이벤트가 아니라 매일 먹는 음식으로의 전환이야말로 '업자'들에게는 중요한 문제다.

이처럼 '이벤트'와 '식사' 사이의 기로에 서 있는 음식이 바로 치킨이다. 여전히 이벤트 음식이기는 하지만 그런 음식치고는 공급처(치킨점)가 지나치게 많다. 가족과 친구들이 모여서 즐거울 때 먹기는 하지만, 반드시 그런 것도 아니다. 다만 '기분 나쁜 날' 먹기에는 여전히 어울리지 않을 뿐이다. 치킨이 점점 끼니를 때우기 위한 음식이 되고 있는 것은 분명해 보인다. 그동안 치킨이 과잉공급 시장 상황에도 '함께' 먹는 음식의 지위를 유지했던 것은 혼자 먹기엔 부담스러운 양 때문이다. 1984년 한국에 KFC가 상륙하면서 '조각 치킨'을 팔았지만, 그보다 훨씬 전인 1970년대 림스치킨이나 롯데리아, 짝퉁 켄터키치킨센터에서도 조각 치킨을 팔았다. 당시 닭 한 조각의 가격은 500~800원 정도였지만 인기가 있지는 않았다. 조각 치킨을 파는 KFC나 롯데리아에 와서도 한 마리를 통째로 사가는 경우가 많았다.

한국인은 꿋꿋하게 '통닭' 스타일로 치킨을 소비해왔다. 한 마리를 사서 가족과 나눠 먹었다. 모여야만 비로소 먹을 수 있는 이벤트(파편화된 사회에서는 모이는 것 자체가 이벤트인지도 모른다)의 음식이었다. 함께 먹어야만 남기지 않고 알뜰하게 먹을 수 있다는 경제적인 이유도 있고, 맥주와 함께 먹는 안주의 성격도 있어 혼자 먹기에는 애매한 음식이 치킨인 것이다. 그렇지만 사람들의 위장이 커져서(혹은 닭 한 마리의 크기는 점점 작아져서) '1인 1닭'의 시대가 도래했고, 이제 치킨은 집에서 혼자서도 잘 먹는 음식으로 변해가고 있다. 특별한 날 먹는 음식이 아니라 배가 고프면 먹을 수도 있는 식사로 전환하기 시작한 것이다.

• 편의점 치킨의 탄생

대한민국에 치킨집만큼이나 많은 것이 편의점이다. 편의점은 특히 도시 독신 가구들의 중요한 소비처이자 문화의 장이다. 방과 부엌이 구분되지 않는 원룸이나 오피스텔에 살면서 조리를 할 기회나 여력이 없는 이들에게 편의점은 일용할 양식의 공급처다. 혼자 먹기에는 양이 지나치게 많은 대형마트의 음식은 무용지물이다. 그래서 간편하게 혼자서 해결할 수 있는 음식들이 가득한 편의점이야말로 이들에게 식사를 제공하는 중요한 공간이다.

처음부터 도시의 삶과 밀착해 성장해온 편의점은 가구 형태의 변화에 맞춰 다양한 즉석음식을 팔고 있다. 전자레인지에 돌리기만 하면 식사로 재빨리 변신하는 다양한 음식들이 즐비하고, 간단한 과일까지 구비해놓아 식사부터 디저트까지 책임을 진다. 물론 가장 잘 팔리는 것은 여전히 삼각김밥과 즉석라면이다. 그런데 이제 편의점에 '치킨'이 등장한 것이다. 혼자 먹는 사람들을 위한 최적의 공간인 편의점에 치킨이 등장했다는 것은 여러가지 의미를 던진다.

국내의 대표적인 편의점인 CU, GS25, 미니스톱, 세븐일레븐 등에서는 후라이드치킨, 또는 치킨이 곁들여진 도시락을 판매하고 있다. 한 조각에 1,800원에서 2,000원 정도의 편의점 치킨은 끼니로 치킨을 먹는 사람들에게 유용하다. 아무리 1인 1닭 시대라고는 하지만 치킨집에서 한 마리를 주문하여 혼자 다 먹는 것은 여전히 부담스러운 일이다. 즉석라면과 삼각김밥으로 끼니를 때우던 사람들이 그 대안으로 편의점 치킨을 선택할 수 있게 된 것이다. 치킨은 함께 먹기에도 좋은 음식이지만, 이제 혼자 먹기에도 괜찮은 일용할 양식으로 급하게 내달리고 있다.

103

후라이드부터 파닭까지,
당신의 치킨을 찾아드립니다

한국 사람들이 맛을 잘 평가할 수 있는 음식 세 가지를 꼽는다면 아마도 라면, 치킨, 믹스커피일 것이다. 한국 사람들 대부분이 가장 즐겨 먹는 음식인데다 경쟁도 치열해서 제품 개발도 꾸준하다. 사람들을 매혹시키지 못하면 곧바로 퇴출되기도 하고, 한 번 1위를 거머쥐면 여간해서 왕좌를 내놓지 않을 정도로 고객 충성도가 높다.

농심 신라면의 경우 1991년에 출시되어 100원짜리 라면 시대를 끝낸 이후 단 한 번도 1위 자리를 내준 적이 없다. 사람들은 라면 하면 신라면을 표준으로 삼는다. 최초의 라면회사인 삼양식품도 넘볼 수 없는 부동의 1위 신라면. 믹스커피도 마찬가지다. 전세계를 호령하는 네슬레(네스카페)도 한국시장 철수를 고민할 정도로 동서식품 '맥심'의 인기는 흔들리지 않는다.

• 무림고수의 세계, 영원한 1등은 없다

그렇다면 치킨은 어떤가? 치킨시장은 브랜드 충성도가 높지는 않다. 선호하는 치킨 브랜드가 있긴 하지만, 꼭 고집하지는 않는다는 것이 특징이다. 후라이드치킨부터 파닭까지 선택할 수 있는 메뉴의 폭이 워낙 넓고 신메뉴의 진입과 퇴출도 빠르기 때문이다. 그리고 새로운 치킨점이 개업하면 한번 시켜 먹어보는 메뉴가 치킨이다. 시켰다가 맛이 없으면 그다음엔 시키지 않으면 되는 것도 치킨이다.

2000년 이후 치킨시장에서 1위를 수성하고 있는 브랜드는 BBQ다. 전국에 가장 많은 매장(약 1,800개)을 갖고 있고, 빅모델 전략과 다양한 판촉 행사를 통해 1위 자리를 내놓지 않으려고 한다. 하지만 BBQ가 압도적인 1위는 아니다. 업계 1위 자리를 지키고는 있지만 10퍼센트의 점유율에 그치고 있기 때문이다. 그런데 그 1위 자리도 지축이 흔들리고 있다.

2014년 상반기 브랜드 파워 1위 자리를 '네네치킨'에 내준 것이다. 물론 1,000개 정도의 가맹점을 갖고 있는 네네치킨과 1,800개 이상의 매장을 가진 BBQ의 규모 차이가 있기 때문에 총매출 규모에서 본다면 여전히 BBQ는 업계 1위다. 하지만 치킨시장은 브랜드 인지도나 호감도가 계속 교체되는 특징이 있다. 또 브랜드 충성도보다는 품목별 선호 회사가 갈리는 특징도 갖고 있다. 소비자들이 후라이드치킨을 시키는 브랜드와 간장치킨을 시키는 브랜드가 다 다르다는 것이다.*

시장자본주의가 건전하게 작동하려면 몇 가지 전제가 있다. 가장 대표적인 전제가 독과점이 없어야 한다는 것. 하지만 우리 일상은 독과점 시장에서 공급한 상품에 파묻혀 있다. 휴대전화기만 해도 브랜드는 다섯 손가락도 채 꼽지 못한다. 선택할 수 있는 자동차 브랜드도, 하다못해 냉장고도 모두 열 손가락 안에서만 선택할 수 있다. 먹고 마시는 것도 몇몇 대기업 제품에서 벗어나지 못한다.

우리가 유일하게 완전경쟁 시장의 모델을 볼 수 있는 것은 '치킨시장'뿐인지도 모른다. 물론 이 치킨시장에서도 강자와 약자가 나뉘고 프랜차이즈별로 양극화 현상도 뚜렷하지만, 표면적으로 보자면 치킨시장 자체는 포화 상태에 가까운 완전경쟁 시장이다. 우리가 꿈꾸는 건전한 자본주의 시장의 증거가 겨우 치킨점이라니 적잖이 실망스러울지도 모르겠지만, 소비자 입장에서 완전경쟁 시장이라 부를 수 있어도 치킨업계 입장에서는 과잉 시장이고 피 터지는 '치킨게임'의 현장이다.

---

* 한국빅데이터연구소에서 2014년 4월 발표한, 11억 개 데이터 분석에 의한 7대 치킨 프랜차이즈 브랜드 평판도 조사 결과다. 업체별 10개 메뉴, 가격, 배달, 매장 만족도 등에 대한 소비자 의견 11억 19만여 건 중 유효데이터 255만 6876건을 추출해 분석한 것이다.

• 당신의 치킨을 찾아드립니다

1번부터 안내된 자리에 앉으니 책상 앞에 도화지 같은 하얀 A3 용지가 펼쳐져 있다. 용지에 적힌 것은 숫자 ①에서 ⑥까지. '뭐하는 물건일꼬' 궁금해한 것도 잠시, 강의 시작을 알리는 안내와 더불어 용지 위로 접시 여섯 개가 차례로 날라져 온다. 1차로 서빙된 접시 세 개에는 모양과 색깔이 저마다 다른 치킨 조각이 담겨 있다.

"일단 하나씩 맛부터 보시죠." 강사 정은정 씨(사회학 연구자)의 말이 끝나자마자 강의실에 작은 소란이 인다. 눈을 감고 천천히 치킨을 음미하는 사람, 옆 사람과 속닥이며 치킨을 뜯는 사람, 순식간에 뼈만 남긴 사람 등등 먹는 모습도 제각각이다. 잠시 후 정씨가 각각의 치킨 맛이 어땠느냐고 묻는다. "①번은 바삭바삭해요." "기름에 잘 튀겨진 것 같아요." "②번은 조미료 맛이 좀 강하게 느껴져요." "③번은 밍밍해요." 저마다 한마디씩 보태는 품평을 듣고 있던 정씨가 빙그레 웃더니 한마디를 던진다. "그런데 아무도 닭 맛에 대해서는 이야기 안 하네요?"

순간 정적이 흐른다. 다들 뒤통수를 한 대 얻어맞은 것 같은 표정이다. 정씨의 말마따나 수강생들은 '닭'이 아닌 '튀김옷'에 대해 열심히 품평했던 것이다. 지난(2013년) 9월 9일 서울 서교동 '수운잡방'에서 열린 '맛 콘서트 시즌5' 풍경이다. 이게 어찌 수강생들만의 사정일까. 우리가 어떤 동네 치킨집을 애용하는 이유 또한 '닭 맛이 남달라서'라기보다는 '튀김옷이 고소해서' 또는 '소스가 독특해서'가 정답일 가능성이 크다. 그도 아니면 쿠폰을 잘 챙겨줘서라든가.

—《시사인》 319호(2013. 10. 19)

위에 인용된 기사에 등장하는 강사가 바로 필자다. 사실 이 책의 집필을 위해 조사하고 글을 쓰면서 들었던 의문은 '대체 치킨은 무슨 맛으로 먹는가'였다. 그런데 오래도록 관찰한 결과, 사람들은 치킨을 닭과 연결짓지 않는다. 치킨 자체가 닭이긴 하지만 우리가 치킨이라 부르는 것은 더 이상 닭이 아니다. 각자 갖고 있는 치킨의 취향은 후라이드냐 양념이냐로 갈리지만 그건 튀김옷이나 소스에 대한 취향에 가깝다. 좀더 까다로운 사람들이 염지 상태에 따라서 '엠보치킨'을 선호하거나 하는 정도다. 치믈리에*라는 이름으로 치킨 맛 감별사를 자처하는 사람들의 평가도, 가만히 들어보면 그저 자신의 취향을 드러내는 정도다.

---

* 프랑스어 소믈리에(sommelier)를 비튼 말이다. 본래 소믈리에는 호텔이나 고급 레스토랑에서 와인을 추천하고 주문을 받아 서비스할 뿐 아니라 품목 선정, 구매, 관리, 저장 등 와인과 관련된 일을 맡는 전문가를 일컫는다. 건강과 계절에 맞는 채소요리를 추천하는 '채소 소믈리에'도 있다. '치믈리에'는 치킨에 대한 정보를 모두 꿰고 있는 사람을 일컫는 신조어다. 인터넷상에서 치킨 사진을 올려놓고 브랜드를 맞추고 치킨에 대해서 평가를 올리는 등 '치믈리에'를 자처하는 네티즌들이 많이 생겼고, 연세대 동아리 '피닉스'는 치믈리에를 양성한다는 목표로 만들어진 대학생 동아리다.

후라이드, 양념, 간장, 파닭, 오븐구이, 닭강정, 양파치킨, 시장통닭에 이르기까지 종류도 많고 선호하는 브랜드도 제각각인 치킨. 그래서 많은 사람들이 '치믈리에'를 자처하며 각각의 메뉴와 브랜드 평가, 숨겨진 치킨 맛집 탐방기 등 치킨과 관련한 글들을 쏟아내고 있다. 보통 치킨의 양대산맥을 두고 후라이드치킨과 양념치킨이라고 분류한다. 하지만 양념치킨의 출발은 후라이드다. 다양한 치킨의 신결 조건은 일단 튀김옷을 묻혀 튀기는 것이다. 그래서 치킨의 세계를 이해한다는 것은 후라이드치킨이란 무엇인지를 아는 것과 같다. 요리법으로만 치킨을 구분하자면 매우 간단해진다. 튀기거나 굽거나 혹은 숯불로 굽거나.

• 후라이드치킨

일단 튀기는('후라이드'하는) 치킨을 말한다. 우선 튀기고 소스를 바르면 치킨의 변신은 무한대다. 전용 소스를 바르면 양념치킨도 되고 간장치킨도 된다. 그 위에 파채를 뿌리면 파닭이요, 다진 마늘이나 튀긴 마늘을 곁들이면 마늘치킨이다. 여기에 슬라이스 양파를 곁들이면 살짝 유행했던 양파치킨이 되고, 흑임자를 묻히면 흑임자치킨이 된다. 그야말로 청출어람의 세계가 한국의 후라이드치킨이다.

양념치킨은 각각의 전용 소스가 있기 때문에 양념 맛만 다를 뿐이다. 그래서 자신이 선호하는 치킨이 과연 무엇인가를 따져본다면,

그 기준은 '소스 맛'에 쏠려 있을 확률이 높다. 오리지널 후라이드치킨을 좋아하는 사람들도 간장종지에 담겨 오는 서비스 양념을 살짝 찍어 먹는다는 점에서 양념이야말로 치킨을 한국 치킨답게 만드는 주인공이다.

후라이드치킨은 딥 프라이 조리법을 쓴다. 말 그대로 많은 양의 기름에 재료를 '깊게' 넣고 튀기는 것을 말한다. 반대로 적은 양의 기름을 두르고 살짝 지지는 것은 팬 프라이라고 부른다. 결론적으로 우리가 후라이드치킨이라 부르는 것은 반드시 깊은 기름 속에 빠졌다 나온 닭이다. 표준어로는 '프라이드치킨'이지만 누가 느끼하게 치킨집에 전화해서 "프라이드 한 마리 주세요" 하겠는가. 우리에게 치킨은 후라이드일 뿐이다. '짜장면'이 '자장면'이 될 수 없는 것처럼.

• 오븐치킨

하지만 치킨은 꼭 후라이드만 칭하는 말은 아니다. 전반적으로 시장이 많이 가라앉았지만 그래도 치킨 가문에서 한 분파를 이루고 있는 굽는 치킨, 일명 '오븐치킨'이 있다. 로스트치킨Roast chicken의 한 종류인 이 요리는, 오븐이나 그릴에 굽는 서양의 닭요리를 원형으로 한다. 물론 여기에도 한국식 양념소스를 뿌려서 한국만의 오븐치킨을 창조했지만 말이다. 한국에서는 1960~70년대를 주름 잡았던 '전기구이통닭'이 로스트치킨의 형태에 가깝다.

2000년대 중반 트랜스지방이 문제되고 웰빙 바람이 불면서, 오븐치킨의 시장 점유율이 상당히 높아졌다. 이때 신생기업인 '굽네치킨'이 날씬한 소녀시대를 앞세워 '날씬한 치킨'의 이미지를 주면서 단번에 '톱5' 안으로 진출한 것을 계기로 오븐치킨 브랜드도 난립했다. 하지만 현재 치킨 브랜드 상위 20위 안에 남아 있는 오븐치킨은 '굽네치킨'과 '오븐에빠진닭' 정도고, 여기저기 난립하던 오븐치킨의 시장은 크게 정리되었다. 그래도 여전히 애호가들이 남아 있어 명맥은 유지할 것이다.

• 숯불구이 바비큐와 불닭

강한 양념이 특징인 숯불구이치킨의 대표적인 브랜드는 '홀랄라'와 '지코바', '홍초불닭' 정도다. 한때 누가누가 더 맵나를 겨루던 '불닭'의 명맥은 이제 마니아만의 영역으로 남아 그 명맥이 겨우 이어지고 있다. 불닭은 '닭갈비'의 초창기 모습과 비슷하다. 석쇠에 염지한 닭을 올려놓고 숯불에 직화로 구워 전용 소스를 바르는 것이다. 매운맛 열풍과 함께 2005~06년 반짝 중원을 호령했지만, 현재 상위 20 안에 이름을 올린 브랜드는 홀랄라가 유일하다. 홀랄라도 엄밀하게 말하면 직화라고 보기 어려운 것이, 어느 정도 오븐에 구운 뒤 불 위에 올려서 '불맛'을 살짝 준다는 점에서는 변형된 바비큐일 뿐이기 때문이다.

치킨은 유행에 민감한 음식이다. 하지만 결국 후라이드로 수렴된다는 특징이 있다. '기름 맛'에 인이 박인 사람들의 입맛은 매운맛이나 기름기 빠진 맛에 잠시 마음을 빼앗겼다가도 결국 후라이드로 회귀한다. 혹시 치킨집 사장님을 꿈꾸는 독자가 있다면 후라이드의 기술을 가져야만 하는 이유가 바로 여기에 있다.

• 당신의 후라이드는 무엇입니까

사람들은 치킨을 말할 때, 후라이드치킨을 좋아한다거나 양념치킨을 좋아한다고 말한다. 하지만 좋아하는 치킨 스타일을 구분해보면 결국 후라이드치킨에 대한 취향으로 나뉜다. 정확히 말하면 튀김옷에 대한 취향이고 염지에 대한 취향이라고 할 수 있다. 특정 브랜드를 언급함으로써 좋아하는 혹은 싫어하는 치킨을 말하기도 하는데, 그것 자체가 후라이드치킨에 대한 취향이다. 브랜드별로 '후라이드' 방식이 다르기 때문이다.

뭉뚱그려 후라이드치킨이라고 묶지만 후라이드치킨도 시대별로 많은 변화를 겪었다. 생산되는 식용유와 프리믹스가루가 변했고, 튀김기도 변해왔다. 물론 닭도 변했고 담는 포장 용기도 변했다. 그 변화의 흐름 속에서 후라이드는 변신해왔다.

• 튀김옷이 좋다 - 크리스피치킨

요즘 후라이드라고 부르는 웬만한 치킨은 크리스피치킨일 것이다. 크리스피crispy는 말 그대로 바삭함을 뜻하는데 업계 용어로는 '물결무늬치킨'이라고도 부른다. 크리스피치킨은 튀김옷의 컬curl을 잡는 것이 중요하다. 잘 잡힌 컬은 고르고 볼륨감 있는 물결무늬로 나온다. 그래서 고수의 크리스피치킨은 물결무늬로 구별할 수 있다. 닭 조각에 엄청난 볼륨감을 주어 굉장히 커 보이게 하는 효과도 있고, 과자를 먹는 느낌도 주기 때문에 튀김옷 맛으로 치킨을 즐기는 사람들에게 인기가 있다. 전형적인 '애들 입맛'으로 격하되기도 하고, 최근에는 "튀김을 시켰더니 서비스로 닭이 왔다"는 말이 나올 정도로 튀김옷이 점점 과해지는 경향도 있다.

지금은 그냥 후라이드치킨으로 취급받지만 1990년대 초반까지만 해도 KFC에서만 먹을 수 있는, 상당히 고급 치킨이 바로 크리스피치킨이었다. 당시 집에서 배달해 먹는 치킨은 민무늬치킨이었기 때문에 큰맘 먹고 시내에 나가야 먹을 수 있는 치킨이기도 했다.

그런데 왜 당시 동네 치킨집에서는 크리스피치킨을 만들 수 없었던 것일까? 크리스피치킨을 만들려면 주방 설비가 하나 더 있어야 한다. 크리스피치킨은 염지 닭에 튀김가루를 묻히고, 코팅 효과를 주기 위해 배터믹스(물반죽코팅)에 담갔다가 다시 튀김가루에 묻혀 튀기기 때문에 전용 가루 씽크대인 '브레딩 테이블'이 따로 필요한 것이다. 좁은 통에서 묻히면 닭이 서로 눌려버려 컬이 예쁘게 잡히지 않기 때문에, 많은 양의 가루를 담아 큰 액션으로 닭에 묻혀야 하는 것이다. 그래서 KFC 정도의 규모 있는 주방에서 만들어낼 수 있는 치킨이었고, 보통 물반죽 단계에서 끝나는 민무늬치킨보다 공정이 한 번 더 들어가기 때문에 과정도 복잡하고 원가도 높은 치킨이었다.

튀김기의 크기도 커야 한다. 가루를 묻힌 닭 조각을 튀김기름 속으로 밀치듯이 집어넣어야 서로 엉겨붙지 않고 컬이 잘 잡힌다. 그런데 소위 시장치킨을 튀겨내는 '가마솥' 스타일의 튀김기는 가운데가 우묵하고 그 부분에 기름이 몰려 있어서 닭 조각이 튀김기 중앙에 모여서 엉겨붙어 튀겨진다. 기본적으로 컬을 살릴 필요가 없기 때문에 적은 기름으로도 효율적으로 튀겨낼 수 있는 것이다. 하지만 물결무늬를 잡아야 하는 크리스피치킨은 닭 조각들이 자기 공간을 확보해야 한다. 닭 조각들이 엉겨붙으면 컬이 제대로 생성되지 않고 서로 부딪히는 과정에서 애써 잡힌 컬도 컬이 다 뭉개질 수 있다. 그래서 수조 형태의 사각 튀김기가 필요하다. 당연히 둥근 튀김솥보다 기름도 더 들어간다. 1990년 초반 KFC에서 크리스피치킨을 출시할 때, 튀김기 가격만 해도 1000만 원에 육박해 웬만한 자영업 수준에서 감당할 수 있는 주방 설비가 아니었다.

그런데 요즘엔 웬만한 동네 치킨집에서도 크리스피치킨을 팔고 있다. 토착화에 성공한 것이다. 제일 처음 '안방에서도 KFC 치킨을 즐길 수 있다'는 콘셉트로 성공한 치킨 프랜차이즈가 BBQ였는데, BBQ는 한국형 크리스피치킨을 창조했다고도 볼 수 있다. 업장 뒤에 주방 공간을 설치하는 대신, 아예 주방 공간을 오픈스타일로 앞으로 쭉 빼냈다. 씽크대 대신 믹싱볼을 선택해 브레딩 테이블이 꼭 필요하지 않도록 주방을 구성했다. 업장에서 치킨을 먹어야 하는 KFC의 경우 홀이 커야 하지만, BBQ를 비롯해 한국형 치킨업은 '배달'이 중요하기 때문에 큰 공간이 필요하지 않았다. 1세대 브랜드인 처갓집, 페리카나, 멕시카나는 민무늬치킨으로 시작했지만 이제 크리스피치킨으로 전환했다. 그리고 민무늬치킨을 '오리지널치킨'이라며 따로 팔기도 한다. 사람들은 이제 치킨 하면 크리스피치킨으로 여기기 때문이다. 또래오래나 BHC 등 1990년대 말에서 2000년대 등장한 치킨 브랜드들은 처음부터 크리스피치킨만 취급했고, 치킨시장의 새로운 강자 '네네치킨'의 경우 튀김옷이 과하지 않은 것이 포인트다. 보통 크리스피치킨이 '가루-배터믹스 코팅-가루'의 3단계를 거친다면, 1차 가루 코팅을 하지 않고 바로 '배터믹스 코팅-가루'를 묻혀 튀겨내는 것으로 네네 스타일을 창조했다.

크리스피치킨이 압도적으로 시장을 주도하게 된 것은 맛의 문제만으로는 설명할 수 없다. 크리스피치킨을 먹게 되면서 닭은 훨씬 더 작아졌다. 육계업 입장에서 보면 닭을 오래 키우지 않아도 돼 '사료 효율성'이 높아진데다 회전율이 높아져 자본 회수에 용이해졌다. 한편 크리스피치킨을 튀기기 위해서는 기름이 상당히 많이 필요한데, 크리스피 컬을 만드는 과정에서 가루가 기름 속으로 많이 떨어져서 다른 치킨을 튀길 때보다 식용유가 그만큼 잘 타버리기 때문이다. 그만큼 식용유 교체 주기가 빠른 편이다. 무엇보다, 바삭한 식감을 주는 튀김옷은 전분을 베이스로 한다. 전분의 주요 원료인 옥수수는 식용유의 원료이기도 하고 사료의 원료다. 옥수수로 키운 닭을 옥수수가루를 발라 옥수수기름으로 튀기는 것. 그것이 크리스피치킨이다.

• 우리의 첫 후라이드 - 엠보치킨

족보를 제대로 따지자면 크리스피치킨은 3세대 치킨이다. 우리의 1세대 후라이드는 엠보치킨이다. 프라이드치킨의 규준이라고 할 수 있는 KFC에서도 1990년대 이전까지 팔던 치킨은 바로 엠보 스타일의 치킨이었다. 지금은 KFC 하면 핫크리스피치킨이 대표적인 메뉴로 자리 잡았지만, 본래 압력튀김기에서 바싹 튀겨낸 엠보치킨이 KFC의 창업주가 팔던 치킨이다. KFC에서는 이 치킨을 여전히 '오리지널'의 이름으로 판매하고 있는데, 시즈닝을 가미했기 때문에 스코틀랜드 이민자들의 밍밍한 프라이드치킨과는 다른 '남부식 치킨'이었다. 그것을 활용한 것이 한국식 엠보치킨이다. 미국 사람들은 미국의 스파이스로, 한국에서는 한국의 스파이스로 염지를 하다 보니 한약재가 가미되어 지금은 KFC 오리지널 치킨과도 완전히 다른 맛을 낸다.

엠보치킨은 생소한 이름이지만 튀김옷이 아주 얇고 살코기에서 독특한 한약 맛이 나는 치킨은 낯설지 않다. '보드람', '치킨뱅이', '둘둘치킨', '림스치킨'이 바로 엠보 스타일 치킨이다. 엠보치킨의 특징은 일단 닭이 아주 작다는 것. 영계 수준의 작은 닭을 '한방염지', 혹은 '야채염지'라고 부르는 염지액에 담근 뒤, 물반죽이 아닌 파우더를 얇게 묻혀 촉촉하게 흡수시킨 다음에 튀겨낸다. 사용하는 튀김기는 압력솥과 비슷하게 생긴 압력튀김기다. 뚜껑이 달린 압력튀김기는 조리시간을 단축시키기에도 좋지만 무엇보다 수분을 보존하면서 튀겨낸다는 장점이 있다. 그리고 압력(김)을 빼내는 과정에서 독특한 치킨 냄새가 가게 주변으로 퍼진다는 점에서 사람들의 후각을 자극하기에도 좋다. 엠보치킨이라는 말이 생소하기 때문에 보통 '림스 스타일'이라고도 불리는데, 한국 최초의 치킨 프랜차이즈인 림스치킨에서 시작했다고 해서 그렇게 부른다.

사람에 따라 엠보치킨에 대한 호불호는 극명하게 갈린다. 두꺼운 튀김옷을 싫어하는 사람들에게 인기가 많고 한약 맛이 가미된 독특한 풍미가 있어 그 부분에서도 선호도가 나뉜다. 가장 큰 특징이라면 대부분의 치킨이 일반 육계, 즉 브로일러종을 쓰는데, 엠보치킨은 다리가 좀 길다란 '백세미'를 쓰는 곳이 많다는 것이다. 백세미semi white broiler는 주로 삼계탕용으로 쓰이는 잡종 닭이다. 보통 700그램 내외의 작은 닭을 쓰기 때문에 한 마리분에 한 마리 반이 쓰인다. 손님들

- 크리스피치킨

크리스피치킨은 튀김옷의 철을 잡는 것이 중요하다.
잘 잡힌 철은 고르고 볼륨감 있는 물결무늬로 나온다.

• 엠보치킨

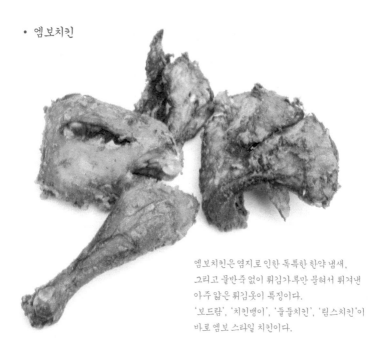

엠보치킨은 염지로 인한 독특한 한약 냄새,
그리고 물반죽 없이 튀김가루만 묻혀서 튀겨낸
아주 얇은 튀김옷이 특징이다.
'보드람', '치킨뱅이', '둘둘치킨', '림스치킨'이
바로 엠보 스타일 치킨이다.

• 민무늬치킨

물반죽만 묻혀서 바로 튀기는
습식 치킨이 민무늬치킨이다.
물결무늬 크리스피치킨과 구별짓기 위해
얻은 이름이 '민무늬'로,
시장치킨을 떠올리면 된다.

입장에서는 다리가 3개가 나오기 때문에 좋아할 수도 있지만, 중량으로 따지면 일반 치킨과 큰 차이는 없다. 볼륨감에 있어서 크리스피나 민무늬치킨을 따라갈 수 없기 때문에 시각적 만족도를 높이는 방법으로 작은 닭을 선택한 것으로 보인다.

엠보치킨의 등장은 1970년대 말, 압력튀김기를 수입함으로써 가능했다. 압력튀김기는 미국에서 개발되어 한국에서는 오진양행이라는 오퍼상이 최초로 판매했다. 그 당시 이 튀김기 판매도 꽤 돈이 되는 장사였던지라 치킨집이 늘어나는 데 일조했다고도 할 수 있다. 가열하는 에너지가 석유에서 가스로, 또 압력튀김기로 바뀌면서 좀더 손쉽게 치킨을 먹을 수 있었고, 무엇보다 그 이전의 통닭보다는 훨씬 더 부드러운 맛을 선보여 인기를 끌었다. 오래 씹는 것은 더 이상 고기의 미덕이 아니었다. 입에 넣자마자 녹듯이 사라질 것! 그것이 현대의 고기에 주어진 운명이라면, 그 미션은 닭에서부터 수행되었다.

그 이전까지의 비린내 제거 수준의 염지가 아니라 다양한 풍미를 가미하는 염지 방식으로 치킨을 변신시켰다는 점에서도 엠보치킨은 중요하다. 1970년대 말에서 1980년대 초에 시장에서 팔던 통닭은 염지가 거의 되지 않은 상태에서 닭을 통째로 튀겨낸 것이다. 물론 튀김옷을 입히지도 않았다. 다 튀겨낸 다음에 소금과 후추를 뿌려서 먹었는데, 기름으로 튀긴 로스트치킨, 혹은 전기구이통닭이라고 보면 맞을 것이다. 우유, 소금, 후추 정도의 밑간에서 다양한 향신료를 동원한 염지 과정을 거치게 되면서 더 이상 닭이 어떤 맛이었는지도 헷갈리기 시작한 것이다.

• 아무개치킨의 변신은 무죄 - 민무늬치킨

튀김요리는 습식과 건식으로 나뉜다. 습식은 물반죽, 즉 튀김가루를 물과 적당한 비율로 섞어 주재료를 묻혀 튀기는 것이다. 건식은 파우더를 묻힌 상태에서 튀기는 것을 말한다. 습식과 건식을 합쳐 볼륨감을 주는 방식이 크리스피고, 건식으로 튀겨내는 것이 엠보치킨이다. 우리가 일상적으로 만나는 튀김요리는 물반죽 단계에서 바로 튀김기로 들어간 것이다. 그리고 후라이드치킨에서도 물반죽 상태에서 튀기는 습식 치킨이 있으니, '민무늬치킨'이라고 한다. 물결무늬 크리스피치킨과 구별짓기 위해 얻은 이름이 '민무늬'다. 민무늬란 결국 아무 무늬도 없는 것을 말한다. 아무 모양 없음을 드러내는 민무늬, '아무개 치킨'의 운명은 양념을 만나면서 바뀌었다.

민무늬치킨은 물반죽으로 튀겨내기 때문에 식고 나면 닭의 수분이 빠져나와 튀김옷을 적시게 된다. 그래서 튀겨낸 후 바로 먹지 않으면 눅눅해진다. 크리스피치킨의 경우 배터믹스가 코팅의 역할을 하는데다 3차로 가루를 한 번 더 묻히기 때문에 기름기가 튀김옷에 가두어진다. 그래서 크리스피치킨은 먹는 순간 손에 기름기가 과하게 묻어나지 않고, 그런 성질 때문에 시간이 지나도 눅눅해지지 않는다. 엠보치킨의 경우에도 처음부터 건식 튀김의 방식을 쓰고 튀김옷을 얇게 입히기 때문에 튀김옷의 수분 함량이 높지 않다. 따라서 시간이 지나서 차가워지면 식감이 떨어지기는 하지만 과하게 눅눅해지지는 않는다.

민무늬치킨 중에서 사람들에게 가장 확실하게 이미지가 박힌 것이 '시장통닭'이다. 치킨을 본격적으로 먹기 시작한 1980년대 물반죽 튀김옷을 입혀서 바싹 튀겨내는 방식이 시장골목의 '닭전'에서 시작되었다. 시장치킨으로 인생의 첫 치킨을 맛본 사람들이 남아 있어서이기도 하지만, 모든 외식업은 자신들을 규정할 때 돈이 될 만한 것들은 이미지로 살린다. 크리스피치킨에 대비해 가장 손쉽게 다가갈 수 있는 말, '시장통닭'을 선택한 것이다. 치킨 성지순례 코스로 많이 찾는 수원의 '진미통닭'이 물반죽으로 튀겨낸 전형적인 민무늬치킨이다. 진미통닭을 중심으로 그 주변 거리가 '수원통닭골목'으로 변신해서 성업 중이다. .

민무늬치킨의 특징 중 하나가 닭 조각이 상당히 많다는 것이다 크리스피치킨이 닭 한 마리를 8~12조각 내고, 작은 닭을 쓰는 엠보치킨도 4~8조각 내지만, 민무늬치킨은 20조각 이상으로 조각을 낸다. 그 이유는 일단 닭 조각이 작아 짧은 시간 내에 조리할 수 있고 닭 조각을 많이 내서 물반죽을 두껍게 묻혀 튀겨내면 더 많은 사람들이 즐길 수 있기 때문이다. 넉넉하지 않은 시절에 한 사람이라도 더 통닭 조각을 맛보는 기쁨을 준 기특한 치킨이다.

민무늬치킨은 스스로는 아무개의 이름을 가진 몰개성의 치킨이지만, 1980년대 중반 양념을 만나면서 그 변신이 눈부셨다. 크리스피치킨보다 표면이 매끄러워 양념소스에 버무리기 좋았던 것이다. 크리스피치킨의 경우 양념 흡수율이 떨어지고 컬 사이사이까지 양념이 배도록 하려면 좀더 많은 양념소스가 필요하다. 엠보치킨의 경우 염지 자체가 독특한 향미를 지녔고 파우더에도 강한 스파이스가 가미되어 있기 때문에 양념소스와 만나면 그 맛이 충돌한다. 반면 민무늬치킨은 양념치킨용으로 최적이다. 어떤 양념을 만나느냐에 따라, 아무개답게 그 변신은 무궁무진하다. 간장소스를 만나면 간장치킨으로, 마늘소스를 만나면 마늘치킨으로 수더분하게 변한다. 좀더 작게 잘라서 물엿이 훨씬 더 많이 들어간 소스와 만나면 '닭강정'으로도 변신 가능하다. 그래서 후라이드보다는 양념치킨으로 승부를 거는 브랜드나 일반 호프집, 닭강정을 취급하는 업장에서는 민무늬치킨을 튀겨낸다. 물론 크리스피치킨은 크리스피치킨대로 팔고, 민무늬치킨을 따로 파는 경우도 있다.

한편 치킨을 먹다먹다 지쳐서, 없던 시절 먹던 '향수'를 찾아서 또는 자기가 경험하지 못한 '만들어진 향수'를 소비하기 위해 시장통닭을 찾아 꾸역꾸역 모여드는 사람들도 생겨나고 있다. 그러다 보니 민무늬치킨도 후라이드에서 중요한 분파를 이루고 있다.

• 후라이드의, 후라이드에 의한, 후라이드를 위한

이 책은 '프라이드치킨'이 아닌 '후라이드치킨'의 뒤꽁무니를 쫓고 있다. 흑인노예의 음식이 세계 최대의 글로벌 프랜차이즈와 만난 미국식의 프라이드치킨이 한국으로 들어와 '후라이드치킨'으로 재탄생하고, 모방을 넘어 재창조의 수준까지 나아간 음식이 한국의 치킨이다. 어디에서 유래되었든 치킨은 이곳에 뿌리를 내렸고 요리법은 하루가 다르게 변신해간다. 무엇보다 관련 종사자들이 이만큼 많다면, 이 음식이야말로 그 나라의 당대를 증거하는 음식일 것이다. 생전 해 먹어보지도 않은 신선로나 구절판 같은 음식은 우리의 삶을 담아내기에 역부족이다.

그렇다면 라면과 믹스커피 그리고 치킨이야말로 한국의 지금을 이야기할 수 있는 음식일 것이다. 그 음식이 닿아 있는 사회의 접촉면이 워낙 다양하고 그 자체로 근대의 음식 형성과 미래를 보여주고 있기 때문이다. 그리고 저 세 음식이 한국음식으로 자리 잡게 된 것은 해방 이후 원조경제에 힘입은 바 크다. 밀가루와 식용유의 조합 없이 불가능한 것이 치킨과 라면이고, 믹스커피 또한 다국적 기업의 값싼 커피 원료와 프리마가 없었다면 생성 불가능한 음식이다. 한국 사람들이 지난 30~40년 동안 줄창 먹어댄 덕분에 가장 민감해진 혓바닥은 저 세 음식에 특화되어 있다. 음식이 모두 몸에 좋고 맛도 좋아야 하는 건 아니다. 종종걸음으로 달려온 근대화 과정에서 가장 많이 바뀐 것이 사실 '혓바닥'이고 몸이다. 그래서 당대를 대표하는 현실 음식의 역사를 훑어보는 것, 음식의 지금 여기를 보려면 후라이드치킨을 보는 것부터다.

그동안 음식칼럼니스트들부터 맛집블로거들, 그리고 대중들까지 치킨에 대한 수많은 콘텐츠를 생산해놓았다. 당연한 일이다. 파는 사람도 많고 먹는 사람도 많으니, 말도 많고 탈도 많은 문제적 음식이기 때문이다. 또 각자의 후라이드가 있고 각자의 양념치킨을 가졌다는 점에서 '모든 이'의 역사이기도 하다. 그래서 한국 후라이드치킨의 역사야말로 각자의 경험 속에서 녹아나는 생활사의 성격을 갖는다. 누구나 첫 치킨을 먹은 경험, 치킨과 얽힌 기억들을 갖고 있으며 각자의 이야기를 떠들 수 있기 때문이다.

여기에는 분명 함정도 존재한다. 우리나라에서 치킨을 처음 경험한 사람들이 눈을 부릅뜨고 생활인으로 살아가고 있다는 것이다. 궁중음식이나 반가의 음식은 경험하고 관여한 사람들이 워낙 한정되어 있어서 그들이 역사라고 우기면 역사가 된다. 하지만 치킨은 다르다. 만인이 각자의 치킨 역사를 갖고 있다.

치킨집 사장으로 산다는 것은

204

치킨집은
아무나 하나

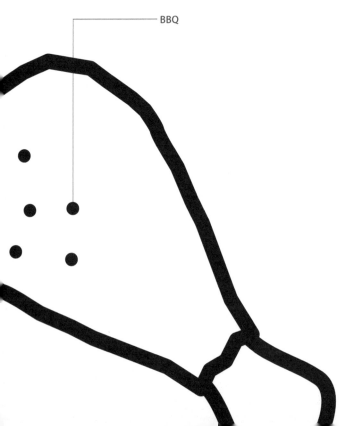

BBQ

치킨 시켜라, 쿠폰 모아라. 벨이 울린다! 치킨이 왔다! 다린 내 거다!
목은 니 거란다.

— 〈판타스틱 치킨〉(원곡 〈판타스틱 베이비〉, 빅뱅)

한동안 유튜브를 강타한 〈치킨송〉 UCC의 노래 가사다. 아이돌 그룹 '빅뱅'의 〈판타스틱 베이비〉를 개사해 제작한 이 UCC는 엄청난 조회수를 자랑했고 퍼날라지는 공유 회수도 상당했다. 물론 유튜브나 웹상에는 이것 말고도 치킨과 관련한 UCC와 영상 자료는 차고 넘쳐난다. 우리 일상과 가장 가까운 음식인 치킨. 좋은 이야기든 나쁜 이야기든 치킨에 대한 이야기도 차고 넘쳐난다.

주말, 마땅한 찬거리도 없고 밥도 하기 싫을 때 가장 만만한 선택이다. 인근에 사는 조카들까지 불러 치킨을 먹자 하니 좋아하는 치킨도 제각각. 양념이 맛있어서, 튀김옷이 바삭해서, 하다못해 치킨무가 맛있어서란다. 30~40대 어른들에다 초중고생까지 뒤섞여 있는 상태에서 모두를 만족시킬 수 있는 치킨을 고르는 것은 신의 한 수다. 양도 중요하고 각자의 취향도 제각각인지라 결국 반반치킨에 간장치킨을 추가한 '제3브랜드 치킨'을 주문했다. 일종의 중립국 선택이자 평화 선언. 그렇게 우리집 벨은 울렸고 치킨이 왔다.

치킨을 뜯으면서 조카에게 "너는 왜 굳이 ○○치킨이어야 하니?"라고 물었더니, 그 대답이야말로 '맥도날드화' 현상의 핵심을 찌른다. "몰라, 그냥 유명하잖아." 맞다. 그냥 유명해서 먹고, 다른 사람들이 먹으니 먹고, 익숙해서 먹는 것, 그것이 치킨 프랜차이즈의 특징이다.

사람들 대부분 단골 치킨집이 있을 것이다. 필자도 단골 치킨집이 있다. 그런데 얼마 전 치킨집 사장님이 바뀌었다. 브랜드도 그대로고 치킨 맛도 변화가 없는데 단골집 사장님만 바뀐 상황. 그러고 보니 눈 뜨면 간판이 바뀌는 시대에 단골집 갖기란 쉬운 일은 아니다. 오죽하면 IMF 시절, 유일하게 흥한 업종은 간판 가게뿐이라는 이야기가 있었을까. 프랜차이즈 왕국 한국에서 단골 치킨집이 있다는 것은 결국 '브랜드 충성도'에 다름 아니다. 그들은 비법이라 말하지만 알고 보면 오십보백보다. 닭을 튀긴다. 소스 바른다. 끝!

비록 단골 치킨집 사장님은 사라졌지만, 그 간판 그대로 남아 변함없는(혹은 오십보백보의) 맛을 보여주고 있다. 이것이야말로 프랜차이즈의 힘!

이 브랜드 충성도 효과에서 하나의 특별한 차원은 조지 리처가 '맥도날드화'라고 칭한 현상과 관련이 있다. 맥도날드 조직이 그 전형을 보여주고 있는 패스트푸드 공급체계의 철저한 합리화는 통제, 효율성, 수익성과 맞물려 있고, 이런 합리화는 예측 가능성을 낳는다. 매장이 어디에 있든, 소비자들이 구입한 식품의 양, 구성, 맛, 성분은 익히 알고 있던 그대로인 것이다. 문화의 지구화 및 사회적·지리적 이동성 모두가 증가하는 상황에서, 국내 또는 외국에서 만나게 되는 표준화된 브랜드 먹을거리는 계급, 문화, 그리고 때로는 심지어 국경을 넘어 음식 신뢰의 원천이 된다.

유럽 여행을 떠난 대학생들에게 맥도날드의 간판은 어떤 의미일까? 낯선 외국에서 만나는 맥도날드는 5,000원 안팎의 낯설지 않은 안온한 한 끼다. 현지 음식에 대한 정보가 충분하지 않고, 괜히 비싼 돈 내고 먹지도 못할 음식이 나오면 어쩌나 하는 것이 큰 부담이니, 한국에서 자주 접했던 프랜차이즈 패스트푸드점을 만나면 반가울 수밖에 없다.

한국형 프랜차이즈 산업의 최전선에 서 있는 치킨시장도 마찬가지다. 창업을 고민하는 사람들이라고 로열티의 부담이나 '갑의 횡포'를 모르지 않는다. 하지만 '브랜드 인지도'가 무엇보다 중요하다. 독립 치킨점들이 인지도를 높이려면 엄청난 노력을 해야 한다. 끊임없는 홍보는 물론 '맛의 승부'를 내야 하는데, 어이없게도 치킨시장에서 승부를 가리기 가장 어려운 것이 바로 '맛'이다. 하는 수 없이 할인 행사나 사은품 제공, 전단지 작업 등을 쉬지 않고 해야 하는데, 이런 이벤트야말로 프랜차이즈가 가장 잘한다. 프랜차이즈의 실체를 알면서도 많은 예비 창업자들이 프랜차이즈를 선택하는 이유이기도 하다. 자영업의 몰락과 골목상권 붕괴, 프랜차이즈 본사의 횡포가 사회문제로 심심찮게 다뤄지지만, 그래도 프랜차이즈 열풍이 꺾이지 않는 것은 초반 모객에 이만한 '안전빵'이 없기 때문이다. 연예인과 스포츠 스타의 사진이 박힌 돗자리나 물통은 기본이고 연예인 달력과 브로마이드를 제공하고, 지상파 광고나 드라마 협찬 등으로 끊임없이 브랜드를 노출한다. 결국 프랜차이즈 치킨점의 성공 여부는 맛이 아니라 브랜드 인지도와 상점이 입점한 상권의 수준에 달렸다. '정 할 것이 없으면 치킨집이나 차리자' 할 만큼 아무나 할 수 있는 사업이 치킨집이지만, 또 아무나 할 수도 없는 것이 치킨집이다.

• '급'이 다른 프랜차이즈 치킨의 높은 문턱

BBQ는 치킨 프랜차이즈의 흔들리지 않는 1위 기업이다. BBQ의 모그룹인 '제너시스 BBQ 그룹'은 한국 프랜차이즈 외식업계의 신화이자 벤치마킹의 대상이었다. 맥도날드나 KFC와 같은 글로벌 프랜차이즈가 아닌 '토종 프랜차이즈'의 성공사례로 꼽히면서, 창업주인 윤홍근 회장 역시 주목을 받았다. 윤홍근 회장은 '프랜차이즈협회'의 초대 협회장을 맡았고, '외식산업협회' 회장을 연이어 맡으면서 외식업계의 만형 노릇을 자처해왔다. 또한 정부와 친밀한 관계를 유지하면서 '한식 세계화' 담론에 힘을 싣기도 했다.

아무나 갈 수는 없지만 그냥 구경이라도 가는 서울대처럼, 치킨점 창업을 고민하는 사람이라면 BBQ 창업부터 고민해본다. 왜? 1등이니까! 필자도 체험 겸 취재를 위해 여러 프랜차이즈 창업 설명회에 참가하면서 제일 먼저 BBQ의 문을 두드려보았다. 때마침 BBQ는 7년 만에 가맹점 모집에 나서고 있었기 때문이다. 그동안 BBQ는 명시적으로는 가맹점 모집을 하지 않았다. 이유는 같은 제너시스 그룹에 속해 있는 치킨 브랜드 BHC 때문이었다.* 원래 '별하나치킨'이라는 브랜드로 영업을 하던 BHC는 2004년 조류독감으로 부도 위기에 몰렸고, 제너시스 BBQ 그룹이 30억 원에 인수하면서 사명을 BHC로 바꾸었다. 즉 BBQ와 BHC는 같은 제너시스 그룹의 치킨 브랜드였다. 인수와 함께 BHC는 BBQ에 이어 단박에 업계 2위를 차지했고, 2013년 매장 수는 1,000여 개에 이를 정도로 성장했다.

---

* 명시적으로 가맹점을 모집하지는 않았지만 그것은 BHC와 영업권과 업태의 형태가 겹치는 '배달형(익스프레스)'에 한해서였다. 카페형 매장의 모집은 꾸준히 이루어졌고, 기존의 배달형 매장에 대해 카페형으로 전환할 것을 요구하기도 했다. 즉 2013년 9월, BBQ 본사가 다시 모집 활동을 시작한 것은 '배달형'에도 적극 진출하겠다는 뜻이다. 이미 2013년 상반기 BHC 매장 근처에 BBQ 매장이 들어서서 BHC 업주들의 반발을 사는 등 분위기가 많이 변하고 있었는데 이때 업계에는 BHC 매각설이 돌고 있었다.

그런데 2013년 코스닥 상장을 목표로 했던 제너시스 BBQ 그룹은 여러 장벽에 부딪쳤다. 기존 코스닥 시장에 프랜차이즈 외식업이 상장된 경우가 없었기도 했고, 무엇보다 영업 실적이나 소위 '실탄'이 생각보다는 부족했기 때문에 심사 과정에서 번번이 물을 먹고 있었던 것이다. BBQ는 결국 BHC를 씨티은행 계열의 외국계 펀드회사에 약 1300억 원에 매각했다. 이로써 제너시스 BBQ 그룹은 코스닥 상장을 위한 '실탄 장전'을 할 수 있게 되었고, 이제 다른 회사가 되었으니 가맹점 수가 1,000개가 넘는 BHC 매장 옆에 BBQ 매장을 출점할 수 있게 되었다. 골목상권 보호와 갑의 횡포를 방지하기 위해서 공정거래위원회가 제한하고 있었던 '같은 브랜드 내 출점 제한'에서 자유로워진 것이다.*

BBQ 창업 설명회에 참가 신청을 하려면, 먼저 창업 예정 지역과 창업 시기, 그리고 창업 자금 규모를 적어서 제출해야 한다. 필자는 BBQ치킨점의 여러 유형 중에서 창업 자금이 가장 적게 드는 '익스프레스', 즉 배달전문점 유형을 선택했다. 창업 자금은 넉넉잡고 1억 원

* 2012년 공정거래위원회는 모범거래기준 가이드라인에 의해 동일한 본사의 가맹점 800미터 이내에 신규 출점하는 것을 금지했으며, 치킨업종은 아예 적용 대상 치킨점을 명시했다. 그 5개 가맹본부는 (주)제너시스비비큐(BBQ), (주)GNS BHC(BHC), 교촌F&B(주)(교촌치킨), (주)페리카나(페리카나치킨), (주)농협목우촌(또래오래)이다. 또한 피자업종 2개 가맹본부[미스터피자의 (주)엠피케이그룹, 도미노피자의 한국도미노피자(주)]가 새로 마련된 모범거래기준의 적용 대상이 된다. 그러나 프랜차이즈 본사들의 요구로 2014년 상반기에 이르러, 그 기준은 점차 느슨해지고 있다.

을 적었는데, 실제로 30대 후반의 여성 창업 예정자가 동원할 수 있는 자금을 설정했다. 전세 대출에다 모아놓은 예금을 합치고 빚을 어느 정도 질 것을 각오한다면 1억에서 최대 1억 5000만 원 정도가 동원할 수 있는 최대자금이라고 판단한 것이다.

BBQ는 치킨에 관한 한 체계적인 교육 시스템을 자랑한다. 그 교육은 경기도 이천의 'BBQ 치킨대학'에서 이루어진다. 석박사 출신들이 만드는 치킨을 콘셉트로 내세우는 BBQ는 '맥도날드 햄버거대학'을 모델로 해서 치킨대학을 만들었다. 치킨대학을 나온다고 학위를 주는 것은 물론 아니지만 예비 창업자들을 대상으로 교육이 이루어지기도 하고, 일정 정도 비용을 지불하면 단체를 대상으로 치킨캠프도 연다.

2010년 2월, 치킨과 관련한 여러 사회현상을 다룬 MBC 〈다큐스페셜-닭Q멘터리〉 편에서 BBQ 치킨대학 내부가 공개되었다. 요즘 대학에서 교수들이 학생들 야단쳤다가는 큰일 나지만, 치킨대학 교수님들의 그 당당함이란! 절박한 학생들(?)은 다소곳하게 치킨을 튀겨내며 검사를 받고 있었다. BBQ 모자와 유니폼에 가려져 있지만 그들의 쇠잔한 어깨와 언뜻언뜻 드러나는 희끗한 머리카락은 어딘지 모르게 짠하게 다가왔다.

물론 BBQ 창업이 얼마나 '비싼' 일인지 몰랐을 때의 일이다. 보통 치킨점 평균 창업 비용이 6000만~8000만 원으로 형성되어 있기 때문에, 1억 원 정도면 BBQ에 문을 두드릴 자격이 충분하다 여겼지만 그건 혼자만의 착각이었다. BBQ의 부름을 받지 못한 필자는 자동적으로 치킨대학 입학도 좌절되었다. BBQ 본사 홈페이지를 통해 창업 설명회 참가 신청을 하면 문자로는 잘 접수가 되었으니 조만간 연락을 하겠노라고 답신이 오지만, 그뿐이다.

"BBQ는 그리 만만한 곳이 아니에요." 다른 치킨 프랜차이즈 창업 설명회에 참가할 때마다 들은 이야기다. 사람들은 BBQ가 감히 1억 원 정도로 들이댈 수 있는 곳이 아니라고 했다. 게다가 필자가 선택한 '익스프레스형'은 본사에서 그다지 선호하지 않는 유형이라고도 했다. 치킨 배달시장은 포화 상태고, 1위인 BBQ도 점유율이 10퍼센트 정도에 불과하다. 그래서 요즘 BBQ를 비롯해 메이저 치킨 프랜차이즈들이 창업을 권유하는 것은 '카페형'이다. 기존의 치킨점들이 저녁 장사에 집중하며 홀 영업과 배달을 병행하거나 아예 배달만 집중하는 유형이었다면, 카페형은 다르다. 낮 시간 회전율도 감안해 고급스런 카페 스타일의 인테리어와 스낵 메뉴로 주부와 아이들을 주요 고객으로 삼으려고 한다. 같은 브랜드라 해도 어떤 유형의 매장을 차리느냐에 따라 그 창업 비용은 몇 배의 차이가 나게 된다. 2014년 상반기 BBQ 홈페이지에는 익스프레스 유형의 창업 비용은 약 5700만 원 정도, 카페형은 1억 8000만 원 정도로 명시되어 있다. 물론 순수 창업 비용에 포함되지 않는 숨은 비용은 점주가 알아서 할 문제다. 프랜차이즈 창업 비용에 포함되지 않는 것들이 아주 많다. 건물 임차비와 권리금, 관리비, 부가세와 각종 공과금, 냉난방비, 전기나 가스 시설비, 인건비 등이다.

특히 건물 임차료와 권리금은 상권의 수준에 따라 천차만별로 달라진다. 카페형의 경우 낮 시간에 주부와 어린이들을 주고객으로 삼아야 하므로 분명 아파트 단지나 학교를 끼고 있는 A급 상권지에 입점해야 할 것이다. 그렇다면 단순 계산만 해도 적어도 3억~4억 원 정도의 자금을 쥐고 있어야만 '1등 브랜드'의 최신 스타일로 창업할 수 있다는 얘기다. 이렇게 1등 브랜드 치킨점 창업의 꿈을 날린 사람들은 2등, 3등의 순으로 내려가다가 결국 '등급 외'까지 문을 두드리게 된다.

프랜차이즈 치킨점 창업에도 양극화 현상이 뚜렷하다. 100만 원짜리 과외와 10만 원짜리 동네학원 수업으로 진입할 수 있는 대학 레벨에 차이가 나듯, 치킨점도 마찬가지다. 돈이 있다면 메이저 브랜드 치킨점을 차리지만, 그 사다리의 끝에는 노점 형태의 '닭강정'과 '장작구이통닭'이 있다.

• 해외 창업을 반긴다, 치킨 검정고시 학원

BBQ 치킨대학 입학이 좌절된 후 다른 치킨 프랜차이즈 창업 설명회에 몇 차례 참석하면서, 새로운 장벽에 부딪쳐야 했다. 치킨을 튀겨볼 수 없다는 것이었다. 설명회에 참석하는 사람은 한 마리까지는 아니어도 닭다리 하나라도 먹어보면서 창업 교육이 이루어지겠거니 기대한다. 하지만 실상은 그렇지 않다. 창업 설명회에 참석하면 일단 잘 만들어진 프레젠테이션을 보여주거나 팸플릿을 나누어준다. 창업 설명회를 주최하는 측에서는 그 자리에서 진짜와 가짜를 나눈다. 창업에 정말로 관심 있어 보이는 사람을 '매의 눈'으로 추려내 다시 연락하는 것이다. 진짜 '치킨'을 알려주는 것은 그다음이다. 필자는 아무리 봐도 가짜 티가 났던 것일까. 아마도 이글이글 타오르는 '생존 본능'의 눈빛이 아니었던 모양이다. 창업 예정 시기를 질문받을 때마다 1년 정도로 여유를 두고 고민 중이라고 답했고, 그래서 구경꾼 정도로 분류되었을 것이다. 당연히 당장 몇 달 안에 하겠다고 덤벼드는 예비 창업자들부터 대접해야 하지 않겠는가!

　필자처럼 프랜차이즈의 선택을 받지 못한 예비 창업자도 갈 곳은 있다. 치킨학원이다. 1등만 기억하는 더러운 세상이긴 하지만, 치킨점은 크게 두 종류가 있다. 체인점, 업자들 말로 '첸점'이라고 부르는 프랜차이즈 유형이다. 그리고 '갠점'으로 불리는 독립 개인점 유형이 있다. 프랜차이즈는 브랜드 사용권과 기술 전수를 전제로 가맹비와 교육비를 낸다. 그리고 통일된 인테리어와 로고를 사용하고 본사 매뉴얼에 따라야 한다. 개인점은 그야말로 '알아서' 하는 시스템이다. 명목상 수수료가 빠지지 않는다는 점에서 개인점은 매력적이다. 최근에는 프랜차이즈 본사의 횡포에 대한 정보도 많이 듣고 비난도 많아져, 처음부터 개인점 창업을 염두에 둔 예비 창업자도 있고, 체인점에서 개인점으로 전환하려는 점주들도 많다. 이렇게 독립 경영을 꿈꾸는 사람들을 위해, 굳이 분류하자면 '치킨 검정고시' 학원이 있는 것이다. 일단 이곳은 진입장벽이 없다. 창업 비용이 얼마나 있는지, 언제 차릴 것인지 사전 질문도 없을뿐더러, 교육비만 입금하면 바로 참여할 수 있다.

치킨학원의 교육장에 들어서는 순간 저절로 멈칫하게 된다. 필자 말고는 모두 '아저씨들'이었기 때문이다. 교육장의 허름함도 우리의 처지를 참 짠하게 만들었는데, 참가한 아저씨들의 희끗희끗한 머리카락도 짠했다. 물론 그들도 필자를 짠하게 여겼을 것이다. 참가자들의 면면은 다양했다. '닭강정' 메뉴를 추가해볼까 싶어서 참가한 분식집 사장님, 안주에 치킨을 추가해볼까 싶어 참가한 호프집 사장님, 업종 전환을 고민 중인 사장님, 그리고 퇴직 이후의 삶을 준비하는 중년의 아저씨까지. 하지만 가장 눈에 띄는 것은 '해외 창업'을 고려하고 참가한 사람들이었다. 멀리 미국, 남미, 호주 등지에서 비행기까지 타고 참석한 예비 사장님들이 꽤 많았던 것이다.

치킨학원에서는 프랜차이즈 창업 설명회에서 품었던 한을 풀 수 있었다. 치킨의 기본 메뉴인 크리스피 후라이드치킨, 양념치킨, 옛날통닭, 간장치킨, 마늘치킨, 파닭, 닭강정까지 웬만한 치킨은 다 튀겨볼 수 있었던 것이다. 참가자가 많아 비록 두 조각씩 기름에 빠뜨려보는 수준이긴 했지만 몇 만 원인 실습비로는 과하다 싶을 정도로 튀겨보았다. 아침부터 저녁까지 치킨을 튀기고, 소스를 바르면서 하루종일 실습이 이어졌다. 처음에는 자신이 만든 크리스피치킨이 신기해서 신나게 먹었지만 시간이 흐르면서 점점 먹을 수가 없게 되었다. 기름 냄새 때문에 도저히 식욕이란 것이 생기지가 않았다. 기름 냄새에 질려 치킨집 주인들은 오히려 살이 빠진다는 이야기가 거짓말이 아니겠구나 싶었다.

그런데 치킨 조리 실습에서 우리가 해본 것은 오로지 튀기고 소스 바르고 예쁘게 담는 일의 반복이었다. 참가자 모두가 궁금해하는 닭의 염지 방법과 소스 만들기, 그리고 물과 튀김 파우더의 비율이 핵심인 '배터링' 기술은 베일에 꽁꽁 싸여 있었다.

우리가 먹는 치킨은 짭짤하고 부드러운 맛을 내는데, 그 맛의 비결이 바로 염지 과정이다. 35일령 브로일러종의 닭살은 염지 과정을 거치지 않으면 그냥 퍽퍽한 살코기 맛만 나고 너무 쉽게 굳어진다. 그래서 모든 치킨은 반드시 염지 과정을 거치는데, 염지액은 단순히 소금과 향신료만 넣은 것이 아니라 다양한 식품 첨가물이 들어간다. 그 다양한 식품 첨가물의 정체와 비율, 그것이 염지 방법의 핵심이다. 그리고 배터링battering은 전분류를 기본으로 여기에 독특한 풍미를 내는 향신료 등을 첨가한 일종의 프리믹스가루를 혼합하는 과정이다. 이 가루를 물과 혼합해 염지 닭을 코팅해주지 않으면 육즙이 빠져나와 서 닭고기가 퍽퍽해지는 것은 물론, 무엇보다 바삭한 튀김을 만들 수 없기 때문에 이 과정이 당연히 중요하다. 엠보치킨의 경우 물반죽을 묻히지 않고 가루만 얇게 입히는데, 이 과정을 '브레딩breading'이라고 한다. 배터링이든 브레딩이든 일단 프리믹스가루의 성분이 중요하다. 밀가루와 옥수수가루, 녹말, 셀룰로스 등이 들어가 있고 여기에 각종 향신료와 식품 첨가물이 첨가되어 있다. 배터링을 잘하기 위해서는 가루와 물을 잘 섞어야 하고 그 비율도 중요하지만, 기본적으로 배터믹스의 원료 혼합 비율이 좌우한다. 치킨 맛의 미묘한 차이는 사실 이 염지 과정과 배터믹스가 결정한다고 볼 수 있기 때문에 치킨의 핵심 기술 요소인 셈이다. 하지만 이것은 그들만의 '비법'이었고 참가자가 접근할 수 없는 신의 영역이었다. 배터링 과정에서는 동영상 촬영이 금지되기까지 했다.

결국 치킨학원, 즉 개인 치킨점 컨설팅업체도 일종의 프랜차이즈 기법을 차용하고 있다고 볼 수 있다. 염지 닭의 유통과 배터링 파우더, 양념소스 제조를 직접 하거나 공급하는 것으로 부가가치를 올리는 것이 핵심이기 때문이다. 교육비로 돈을 버는 것이 아니었다. 그리고 이들 컨설팅업체에게 매력적인 교육생은 해외에서 온 예비 창업자들이었다. 함께 실습에 참여한 교육생들에게 나중에 신분을 밝히고 연락을 취해보니, 필자를 비롯한 국내 교육생들에게는 따로 연락이 오지 않았다고 한다. 그런데 해외 참가자들은 꾸준히 연락을 받고 있다는 대답을 들었다. 컨설팅업체는 국내 창업자들을 통해 염지 닭과 소스 공급라인을 구축하는 것을 목표로 하지만, 여기에는 추후 관리의 문제가 따른다. 염지 닭과 소스에 대한 질문에 모두 응해줘야 하고 품질에 대한 꾸준한 관리도 중요하기 때문이다. 그런데 해외 창업은 다르다. 일단 각 나라별로 사용 가능한 식품 첨가물이 다르고 통관 문제도 만만치 않다. 그래서 염지액과 파우더, 소스 완제품 공급(수출)이 현실적으로 어렵다. 대신 컨설팅업체는 해외 창업자들에게 '노하우 전수 비용'을 받는다. 레시피를 넘기는 조건으로 수수료를 받는 것인데, 이것이야말로 남는 장사인 것이다. 하다못해 국내 창업자들은 쫓아다니면서 귀찮게 할 공산이 있지만 해외 창업자들은 그럴 걱정도 없다. 레시피를 넘겨받았다 하더라도 잘하면 레시피 덕이요, 못하면 '사장님 탓'이 될 수 있기 때문이다.

치킨 교육에서 튀김 노하우는 공개할 수 있는 영역이다. 어차피 많이 튀기다 보면 각자의 노하우도 생기게 마련이다. 하지만 염지와 양념소스는 다르다. 물론 염지액과 소스는 기성 제품으로도 판매되고 있지만, 치킨점 입장에서 비법이란 것을 가지려면 기술 이전 비용을 지불해야 한다. 치킨점 점주들이 모여 있는 각종 인터넷 동호회에는 심심찮게 '기술 전수'에 대한 글이 올라온다. 개인점으로 운영하는 치킨집들의 소스 비법이나 염지 기술 전수 비용은 최소 300만 원에서 500만 원 정도다. 그리고 입소문과 언론을 타고 유명해진 개인점들이 내는 로열티는 3000만 원에 육박한다. 프랜차이즈 치킨 중에서 가장 비싸다는 BBQ의 가맹비(일종의 로열티)가 1000만 원인 데 비하면 상당히 비싸다고 할 수 있다.

'5만 원짜리' 치킨 일일 과외에서 배울 수 있는 것은 딱 그만큼. 핵심 기술은 넘볼 수 없었다. 그런데 창업 컨설팅에도 각각의 급이 있다. 교육비가 250만 원을 훌쩍 넘는 대형 외식 컨설팅회사도 있기 때문이다. 국가 인증까지 받은 이 업체는 우리나라 최대 규모의 외식업 컨설팅회사지만 창업을 고민하는 수준에서 덜컥 지르기에는 부담스러운 금액이다. 하지만 이 비싼 교육에는 확실히 '한 방'이 있다.

우선 염지액과 소스 제조 실습이 교육과정에 들어 있고, 무엇보다 창업을 꿈꾸는 사람들을 설레게 하는 과목인 '특급 소스 제조 실습'이 있다. 그래서 비싼 교육비를 기꺼이 지불할 수 있는 것이다. 치킨의 승부처는 튀김 기술이 아니라 소스와 염지다. 소비자들은 닭살이 아니라 짭짤하고 부드러운 치킨 맛과 양념소스 맛에 반응한다. 그래서 기성품으로 판매되는 소스에 몇몇 재료를 더 첨가하여 만드는 것을 '비법 소스'라 내세우는 업체들도 생겨나고, 아예 소스 장사를 겸하는 경우도 생기는 것이다.

2014년 3월경, 치킨점 점주들의 인터넷 카페에 한 초보 가입자가

'염지 노하우'를 좀 알려달라는 글을 올렸다가 비난에 가까운 구박을 받았다. 치킨점의 생존기반이라 할 수 있는 것이 바로 염지 비법인데, 그걸 이리 쉽게 알려달라고 하니 "개념을 탑재하라"는 질타가 쏟아진 것이다.

• 가맹비보다 오븐 팔기, 오븐치킨 프랜차이즈가 사는 길

치킨점은 '프랜차이즈'와 '개인점'으로 나뉘지만, 치킨의 종류로 보면 '튀기거나 굽거나'다. 여기에서 치킨은 '닭'과는 완전히 다른 존재다. 끓이거나 볶는 것은 '닭'이라 부른다. 닭백숙과 닭갈비, 닭도리탕을 생각하면 된다. 튀기거나 구웠을 때 닭은 비로소 치킨으로 와서 우리에게 '치느님'이 되는 것이다

한때 굽는 치킨, 즉 '오븐치킨'의 열풍이 대단했다. 아직도 몇몇 오븐치킨 브랜드는 치킨 브랜드 10위 안에 랭크되어 있다. 하지만 그 인기가 예전만 못하다. 한때 대두유로 튀기는 후라이드치킨의 트랜스지방 유해성 논쟁이 벌어진 적이 있었다. 이때 BBQ는 '올리브유'로 튀김 기름을 바꾸면서 치킨 브랜드 1등 자리를 굳혔지만, 웰빙 열풍을 타고 아예 기름을 쓰지 않고 오븐에 굽는 치킨은 '기름 쪽 뺀' 이미지를 만들었다. 치킨은 먹고 싶지만 칼로리와 건강이 걱정인 상황에서 오븐치

킨은 치킨업계의 대안으로 떠올랐다. 몸값이 제일 비싼 아이돌 그룹 '소녀시대'를 모델로 앞세운 굽네치킨은 한때 BBQ의 아성에 도전할 정도로 성장했지만 영광의 나날은 옛말이 되었다.

치킨의 본질은 '튀김'이다. 기름과 닭이 만났을 때의 그 압도적인 고소함과 바삭한 식감으로 사람들의 입맛을 사로잡은 것이 치킨이다. 그런데 튀김의 문제를 전면에 부각시켜 튀기지 않은 것으로 승부를 낸 것은 치킨 존재의 배반이기도 했다. 치킨 하면 후라이드고 후라이드 하면 치킨이다. 연어만 모천으로 회귀하는 것이 아니다. 사람들은 찜닭, 불닭, 오븐치킨, 닭강정에 휘말리다가도 결국 후라이드치킨으로 돌아온다.

그래서 최근에는 오븐치킨 전문점들도 주방 한켠에 튀김기를 설치하고, 손님이 원한다니 어쩔 수 없다며 '후라이드치킨'을 팔고 있다. 오븐치킨이 후라이드치킨을 따라가지 못하는 본질적인 이유인 '바삭한(크리스피) 식감' 때문이다. 그래서 이 바삭한 식감을 살리기 위해 쌀파우더를 입힌 베이크치킨도 나와 있다. 구웠으되 튀긴 맛을 내려는 최후의 수단이기도 하다. 그렇다고 오븐치킨의 수요가 완전히 사라진 것은 아니다. 한때 불었던 찜닭 열풍이 꺼졌다고 해서 '봉추찜닭'이 사라지지 않듯이, 새로 시도된 치킨도 장기적인 메뉴로 안착되어 꾸준히 이어져나가는 경향이 있다.

오븐치킨 브랜드 중에서 가장 잘나가는 굽네치킨은 최근 광고에서 '기름에 푹 빠진 닭'과 '기름이 쏙 빠진 닭'을 대비시키는 카피로 후라이드치킨과의 차별성을 강조하고 나섰다. 그리고 소녀시대가 아닌 따뜻하고 사랑 가득한 가족 이미지를 드러낼 수 있는 배우 정혜영과 가수 션 부부를 모델로 기용했다. 가족의 건강을 생각하려면 당연히 '기름에 푹 빠진 닭'이 아니라 '기름이 쏙 빠진 닭'인 오븐치킨을 선택해야 한다고 강조하는 것이다. 본래 치킨이란 '영양간식'도 아니요 '웰빙음식'은 더더욱 아니지만, 오븐치킨은 이 코드를 선택할 수밖에 없고, 여전히 소구력이 있는 코드이긴 하다.

필자는 오븐치킨 프랜차이즈의 창업 교육에도 참가해 팸플릿을 배급받고 설명을 들었다. 슈퍼바이저로 불리는 컨설턴트의 설명 요지는 이거였다. "오븐치킨은 끝나지 않았습니다!" 오븐치킨의 열풍이 꺼진 지 오래라는 평판을 다분히 의식하고 하는 말일 게다. 그리고 지금이 가맹비와 교육비, 본사에 지급하는 보증금이 면제되는 '특별 기간'이기 때문에 창업하기에 딱 좋다는 이야기도 덧붙였다. 메이저 브랜드 BBQ의 경우 익스프레스형은 1000만 원, 카페형은 2000만 원의 가맹비가 든다. 그리고 어느 정도 인지도가 있는 브랜드 치킨점의 가맹비도 500만 원 정도다. 그런데 오븐치킨 중에서는 메이저 브랜드라고 할 수 있는 이 브랜드는 왜 이리 융숭한 대접을 하는 것일까?

그 해답은 주방 기본 설비에서 찾을 수 있었다. 메이저 브랜드인 린나이나 동양매직의 튀김기는 100만 원 안팎이면 구입할 수 있다.

하지만 같은 브랜드의 영업용 컨벡션 6단 오븐의 가격은 그 10배인 1000만 원에 육박한다. 하지만 보통 업장에서 사용하는 오븐은 국산보다는 수입산을 쓰는 경우가 많다. 독일산 라치오넬 같은 고급 오븐기의 가격은 1200만 원에 육박한다. 영업을 원활하게 하려면 이 컨벡션 오븐을 적어도 두 대 이상 설치해야 한다. 내가 발로 뛰어서 중고 오븐기계를 들이고 싶어도 프랜차이즈에서는 주방 집기의 선택권이 없다. 치킨점의 핵심 기구인 튀김기나 오븐은 당연히 본사 사양을 따라야 하는 것이고 인테리어 또한 마찬가지다. 그래서 가맹비가 사실상 없다 해도 주방 설비가 오븐치킨 프랜차이즈의 가맹비 손실을 보존할 수 있는 '비밀'인 것이다. 그날 '무개념'을 각오하고 던진 질문은 장사를 하다가 망하면 오븐 처리는 본사에서 해주느냐는 것이었지만, 그야말로 '무개념' 질문일 뿐이었다. 선택권은 없지만 처분은 알아서 해야 하는 것이 모든 외식 프랜차이즈의 속성이다.

요즘 오븐치킨은 배달로 승부가 잘 나지 않는다. 치킨점 트렌드가 카페형으로 몰리고 있는 것은 오븐치킨도 마찬가지. 그러다 보니 매장에서 술을 마시는 손님들을 위해 다양한 안주가 세팅되어 있고, 이 안주들도 파우치만 뜯으면 바로 제조가 가능한 형태로 본사에서 공급한다. 그렇지만 본사에서 세팅하는 안주의 구성을 보면 도저히 팔릴 것 같지 않은 메뉴도 있다. 치킨집에서 술을 마신다는 것은 그야말로 치킨을 먹겠다는 뜻인데, 서브 안주의 종류가 지나치게 많고, 특히 샐러드의 경우는 구색 갖추기에 지나지 않아 보였다. 게다가 다른 안주와 달리 샐러드의 양상추를 비롯한 채소는 가맹점에서 '사입'하게 하고 드레싱만 본사에서 공급한다.

같은 프랜차이즈의 치킨점도 입점하는 상권의 수준이나 분위기에 따라 주고객이 많이 달라진다. 업무지구 주변의 노른자위 상업지구에는 술 마시려는 남성 손님들이 많다면, 아파트 주변과 주택가에서는 주부와 아이들이 주고객이다. 주고객의 성별에 따라 시켜 먹는 메뉴도 다 다를 수밖에 없다. 그래서 컨설턴트에게 본사에서 제시하는 메뉴를 의무적으로 모두 취급해야 하는지 물었다. 샐러드의 경우 잘 팔리면 상관없지만 그렇지 않을 경우 신선채소라 로스율(손실)이 만만치 않을 것이기 때문이다. 컨설턴트는 본사에서 개발한 메뉴는 모두 취급하는 것이 원칙이라고 했다. 채소의 경우 '조금씩 자주' 사서 신선도를 지키고 로스율을 만회해야 한다는 것이다. 하지만 업장을 운영하다 보면 양상추 한두 통을 사러가는 것이 오히려 더 손실이다. 그래서 부자재 공급업체를 선정해 식품을 공급받는 경우가 많다. 그렇지 않아도 인력 부담이 많은 소규모 업장에서 직접 장을 보는 것이 생각보다 쉬운 일이 아니기 때문이다.

오늘도 많은 프랜차이즈 설명회에서는 자체 개발한 '다양한 메뉴' 선전에 열을 올리고 있을 것이다. 그런데 치킨집의 본질은 치킨을 파는 것! 다양한 메뉴는 다양한 로스율을 내고 만다.

• 요람에서 무덤까지, 삶의 프랜차이즈화

한국에는 여러 이익단체가 있다. 그중에서도 힘깨나 쓰는 단체에 '한국프랜차이즈산업협회'도 빠지지 않는다. 1998년 창립해 초대 회장과 2대 회장은 그 유명한 BBQ의 윤홍근이었다. 이 협회는 '프랜차이즈 대상'을 선정하는 기관이기도 하다. 최고의 영예인 대통령 표창을 비롯해 국무총리 표창, 산업부장관 표창, 중소기업청장 표창으로 이루어진다. 프랜차이즈 업체들이 심사 신청을 하면 협회에서 선정해 수상자를 결정한다. 수상자에 선정되는 것만으로도 홍보에 큰 도움이 되기 때문에 수상 경쟁이 상당히 치열하다고 알려져 있다.

그리고 이 협회는 자체적으로 '한국프랜차이즈산업 박람회'를 개최하는데, 2014년 3월에 열린 박람회가 벌써 31회차였다. 그 박람회에는 130여 개의 프랜차이즈업체가 참석했는데, 해외 투자 상담부스를 따로 운영할 정도로 그 위세가 대단했다. 프랜차이즈의 꽃이라고 할 수 있는 외식업체는 참가자들에게 무료 시식을 풍성하게 제공하고, 즉석 상담부스도 운영한다. 그리고 박람회 기간 동안 가맹계약을 체결하면 가맹비 할인이나 면제의 특권도 제공한다며 홍보에 열을 올리고 있었다. 무엇보다 인상적인 것은 관람객의 숫자가 어마어마하다는 점이다. 유료지만 관람객도 많고 또 그만큼 다양한 시식과 체험 행사가 이어지는 박람회였다.

프랜차이즈의 중심이 여전히 외식업이긴 하지만* 사업의 영역은 점점 더 다양해지는 추세다. 도서대여, 학원, 부동산은 물론 애완동물 관련 서비스, 미용과 세탁, 영양제, 이벤트 회사 등등 프랜차이즈가 진출하지 않은 업종이 없어 보일 정도였다. 협회에 따르면 국내 프랜차이즈 시장 규모는 100조 원이 넘고, 프랜차이즈 브랜드만 해도 3,000여 개에 이른다고 한다. 이제 동네 세탁소가 사라지는 것은 시간 문제다. 그 옛날의 양품점이 이제 흔적도 남지 않았듯이 말이다. '크린토피아 ○○점'으로 남아 드라이클리닝은 계속 이루어지겠지만, '국가공인 세탁기능사의 집'이라는 간판은 세탁 프랜차이즈 간판에 가려질 날이 머지않아 보인다. 산후조리원부터 상조회까지, 프랜차이즈야말로 우리 세대의 생로병사와 함께 하고 있는 중이다.

---

* 역대부터 현재 협회장이 모두 외식 프랜차이즈의 대표라는 것만 보아도, 한국프랜차이즈산업협회의 중심은 외식업이라고 할 수 있다. 제1, 2대(1999. 1~2005. 3) 윤홍근 (주)제너시스 회장, 제3대(2005. 4~ 2008. 3) 이병억 (주)이수푸드빌 회장, 제4대(2008. 4~ 2012. 9. 22) 김용만 (주)김가네 회장, 제5대(2012 9. 23~현재) 조동민 (주)대대FC 회장이다.

통제가 이윤이 되는 시장, 프랜차이즈

치킨업종의 특징이 있다면 프랜차이즈라 하더라도 특정 지역에 서만 맛볼 수 있는 브랜드가 있다는 것이다. 지역 맹주가 따로 있는 시 장이 바로 치킨시장이기도 하다. 1980년대 후반부터 양념치킨의 인 기가 거세게 몰아쳤을 무렵, '처갓집양념통닭'은 양념치킨의 대표적 인 브랜드였다. 지금도 1세대 브랜드로 안정적으로 운영되는 편이고, 여전히 가맹사업도 이루어지고 있다. 그런데 경남 지역의 상황은 다 르다. 전국을 들썩이게 했던 처갓집양념통닭이 당시 경남의 대표적인 도시 마산, 창원, 진주 등지에서는 힘을 쓰지 못했다. 경남에서 가장 인기 있던 양념치킨은 처갓집이 아니라 '장모님치킨'이었다. 지금도 장 모님치킨은 경남 권역을 중심으로만 영업을 하고 있어서 서울 사람들 은 먹어보기 힘든 양념치킨이다. 하나의 치킨 브랜드가 특정 지역을 넘어서 전국으로 이름이 퍼져나가기 시작하면 전국구 치킨이 되어야 하고, 본격적으로 '기업화'되기 시작한다. 잘나가는 치킨 프랜차이즈 인 '페리카나'와 '멕시카나', '교촌'이 전국구의 길, 기업화의 길을 걸은 대표적인 치킨 브랜드다. 페리카나는 대전에서 시작해 대구를 찍고 전 국으로 진출했고, 멕시카나는 안동과 대구권에서, 교촌은 구미와 경 북권에서 시작한 치킨점들이다. 최근에는 대구에 본사를 두고 있는 '호식이두마리치킨'이 전국구 치킨으로 치고 올라왔다. 부산의 유명 한 지역 치킨체인인 '무봤나촌닭'이 프로야구단 롯데 자이언츠의 포 수 강민호를 모델로 기용하고 올해 사직구장의 펜스 광고를 하는 이 유는, 우선 부산의 대표 치킨 브랜드로 인지시키려는 목적도 있지만 상호 노출을 통해 전국구 치킨으로 올라서려는 의도가 크다. 이미 호 식이두마리치킨이 야구장 펜스 광고 전략을 통해 전국구 치킨으로 자 리매김한 마케팅을 따라가는 것이다. '무봤나촌닭'은 이미 수도권 일 부에 매장을 갖고 있기 때문에 지역 맹주를 넘어서 공격적으로 수도 권 진출을 꾀할 것이다

이처럼 치킨은 지역에서 먼저 입소문이 나고 전국구로 자리매김 하는 특징이 있다. 전국구 브랜드가 되기 위해서는 프랜차이즈 본사 의 물품 공급 권역을 얼마나 넓힐 수 있느냐가 핵심이다. 그리고 지역 지사 개설과 운영이 얼마나 활발한지도 관건이다. 중소 브랜드의 경우 본사와 지역 지사 한두 군데만 운영하기 때문에 지역에서는 전혀 알

지 못하는 브랜드도 많고, 그 반대로 수도권에서는 전혀 알 수 없는 치킨이 지역에서는 활발한 경우도 많다. 보통 글로벌 프랜차이즈가 수도권에서 먼저 승부가 나고 지역 광역시로 퍼져나가는 경향과는 정반대의 경우가 바로 치킨시장이다.

• 좋은 갑, 나쁜 갑, 이상한 갑

지역에서 인지도가 생기고 자신감이 붙은 프랜차이즈 치킨점은 지역 거점을 마련하기 위해 지사를 개설한다. 프랜차이즈 본사 입장에서는 지역에서 가맹점을 모집하고 관리하는 지사의 영업 능력이 본사의 이윤과 직결된다. 지사 운영은 치킨업종뿐만 아니라 모든 프랜차이즈 운영의 핵심 요소이기도 한데, 실제로 지방에서 프랜차이즈 치킨점을 운영하면 본사보다는 지역 지사와 접촉이 더 잦다.

그래서 치킨 프랜차이즈 본사 홈페이지에는 가맹점 모집 광고와 함께 '지사장' 모집 광고도 종종 올라온다. 상식적으로 생각하면 지사장은 본사의 직원이어야 하는데, 왜 모집을 하는 것일까. 본사에서는 가맹점 모집도 중요하지만 공격적으로 지역 영업을 뛰어줄 지사 모집도 영업의 관건이다. 브랜드마다 상황은 조금씩 다르지만, 가맹점주가 지사장을 겸하는 경우도 많다. 처음에는 자기 점포만 경영하다가 인근 지역의 가맹점들을 묶어 관리하는 방식이다. 그리고 또 다른 방법으로 본사에서 직접 지사장을 모집하는 경우도 있다. 프랜차이즈 본사와 지사는 브랜드 핵심 업무의 프로세스를 공유하는데, 그 핵심은 '이익률 배분', 즉 커미션을 얼마씩 나눌 것인가이다.

본사는 광고나 홍보, 메뉴 개발 등의 역할을 수행하지만 실제로 발로 뛰어서 가맹점을 늘리는 데는 지역 지사의 역량이 중요하다. 그래서 지역 지사장들은 사실 '영업맨'이다. 지역 내 가맹점을 관리하고 가맹점 모집과 계약을 대행하거나(모든 치킨 가맹점이 서울 본사에 가서 도장을 찍는 것이 아니다), 가맹점에 공급해야 하는 물류를 대행하고, 본사의 업무 지침을 전달하는 역할도 한다.

본사 입장에서도 지사의 역량이 중요하지만, 프랜차이즈 가맹점주 입장에서도 지사장의 역량이 중요하다. 그들의 관리 능력과 물류 공급 능력이 치킨점 영업을 원활하게 할 수도 있고 또 반대로 방해할 수도 있기 때문이다. 게다가 이들은 본사와 가맹점의 연결 주체로, 가맹점의 의견을 전달할 수도, 차단할 수도 있는 존재다.

그런데 이 지사장의 위치는 사실 애매하다. 일종의 유사 소사장 제도로, 본사에 보증금을 내고 영업을 뛰는 것이기 때문이다. 그 보증금은 적게는 물류대금 보증금조로 100만 원에서 3000만 원까지인데, 주로 1000만 원에서 2000만 원 사이의 보증금을 낸다. 경영의 논리로 보자면 본사가 잘 되어야 지사도 잘 되고, 지사가 잘 되어야 가맹점도 잘 되는 것이긴 하지만 사실 본사는 지사를 책임지는 구조가 아니다. 지사도 본사에 사실상 '가맹'을 한 것이기 때문이다. 그래서 직접 치킨을 튀기지는 않더라도 어떤 식으로든 영업이익을 내야 한다. 그래서 본사와 지사 계약을 맺을 때 가맹점 개설 수익에 따른 이익률 분배, 인테리어 영업권, 물류 수익의 분배 등을 합의하고 영업을 뛰는 것이다. 이런 일련의 수익구조를 '지사권'이라고 부른다. 그래서 치킨점 양도(매매) 광고 못지않게 '지사권 양도(매매)' 광고도 많다. 심지어 본사의 설명과 달리 지사의 영업이익이 적어서 보증금 반환 문제로 분쟁을 겪기도 하고, 지사는 남았는데 본사가 부도가 나서 보증금을 돌려받지 못하는 경우도 생긴다.

지사는 본사와 연결은 되어 있지만, 독립적인 운영을 상당히 보장받는다. 그래서 어떤 지사의 영업 능력이 탁월할 때, 그 지사장이 지역 가맹점주들에게 부리는 횡포를 본사 차원에서 제어하지 못하는 경우도 있다. 그래서 치킨 프랜차이즈의 지사 운영과 관련한 사건들은 끊임없이 일어난다. 지사장이 가맹점주들을 대상으로 '슈퍼 갑질'을 하는 문제가 종종 일어나는 것이다.

물론 지사장들도 할 말은 많다. 자신의 관리권역에 있는 무능한 가맹점들은 골칫거리고, 소비자들로부터 들어오는 클레임 처리도 우선 지사의 몫으로 떨어진다. 특정 영업장에 대한 지속적인 클레임은 결국 지사장의 관리 능력 문제로 이어지기 때문에 사실 지사장 노릇도 쉬운 것은 아니다. 영업 능력이 뛰어나고 관리권역 가맹점들의 영업 실적이 좋으면 본사에 큰소리를 칠 수 있지만, 그렇지 못한 경우에는 죽으라면 죽는 시늉을 해야 한다. 결국 본사, 지사, 가맹점 모두가 물고 물리며 1등만 대접해주는 구조인 것이다. 분명한 것은 본사가 직영을 하지 않는 이상, 치킨 프랜차이즈 가맹점주에게는 본사와 지사 모두 '갑'일 공산이 크다는 것이다. 그것을 '가족'이라 부르든 '파트너'라 부르든, 가맹점주에게 좋은 갑이란 없다. 오로지 나쁜 갑, 이상한 갑만 있을 뿐이다.

• 만 마리는 아무나 튀기나

1960년대 서울영양센터에서 한국의 치킨은 시작되었다고들 말한다. 삶는 닭에서 굽거나 튀기는 닭으로 변신했다는 뜻이다. 치킨의 계보를 따질 때 보통 1세대 브랜드를 '처갓집', '멕시카나', '페리카나'로 분류하곤 한다. 수출 몇 억 달러 달성은 과자 따먹기로 쉬워 보였던 1980년대 중반, 양념치킨의 등장은 우리의 외식시장 풍경을 완전히 바꾸어놓았다. 1세대 치킨 브랜드 중에서 아직도 살아남아 노익장을 과시하는 브랜드가 위의 세 브랜드다. 많은 치킨 브랜드가 새로 생긴만큼 사라지기를 반복하지만, 저 세 브랜드는 앞서거니 뒤서거니 하면서 양념치킨시장을 여전히 잘 떠받치고 있는 한국 치킨의 살아 있는 역사다.

부침은 있지만 브랜드 충성도가 높은 소비자들이 여전히 있고, 부모 세대가 먹고 자라서 아이들한테까지 사주는 치킨이라는 콘셉트를 내세우기도 한다.

그런데 최근 1세대 브랜드의 대표주자인 멕시카나의 '갑질'이 새삼 알려지면서 공분을 사고 있다. 민주당(지금은 새정치국민연합) 의원들이 주축으로 만들어진 '을지로위원회'*를 비롯해 참여연대, 민주사회를 위한 변호사모임 등 시민단체까지 나서서 (주)멕시카나를 공정거래위원회에 제소하면서 그 속내가 알려진 것이다.

멕시카나 본사와 가맹점주들의 갈등은 2012년 1월, 본사에서 공급하는 염지 닭 공급가가 660원 오르면서 시작되었다. 게다가 닭의 품질도 형편없어졌다는 것이 가맹점주들의 주장이었다. 이 시기는 그동안 육계전문회사인 하림과 거래를 해왔던 멕시카나가 닭 거래처를 '사조인티그레이션'으로 바꾼 때와 일치한다. 사조인티그레이션은 '사조참치'로 잘 알려진 회사다. 그런데 최근 해표식용유, 오양맛살, 대림선 어묵 등 가공식품회사를 인수합병하고 사료사업을 비롯해 육계사업

---

* 민주당 내에서 '을을 지키는 길(路)'이라는 뜻으로 만든 의원 모임. 주로 갑의 횡포, 대형마트나 프랜차이즈 본사의 횡포에 맞서 가맹점주들이나 소상공인의 권익을 신장시켜 경제민주화를 달성하는 것을 목표로 두고 활동하고 있다.

에도 진출하는 등 식품산업의 새로운 맹주로 떠오르고 있다. 문제는 사조인티그레이션의 닭 가공 기술이 아직 안정적이지 않았다는 점이다. 멕시카나 본사가 닭 공급처를 사조로 바꾸면서 염지 닭의 품질이 매우 떨어졌는데 오히려 공급 가격은 올랐기 때문에 가맹점주들이 항의하고 나선 것이다.

원료의 표준적인 규격과 품질, 매뉴얼에 따른 조리법은 프랜차이즈 외식업 운영의 기본이다. 그런데 치킨의 가장 중요한 원료인 염지 닭의 품질이 흔들린 것은 점주들 입장에서는 상당히 골치 아픈 문제다. 게다가 지나치게 팽창되어 있는 치킨시장에서 원가를 올리는 것은 가맹점주들에게 치명타다. 포화 상태인 시장에서 소매가를 올리는 것은 거의 불가능하기 때문에 원료 값이 오르면 그 부담은 고스란히 가맹점주가 떠안게 되는 것이다. 본사의 닭 공급가가 마리당 660원 오르면서 각 점포마다 매달 100만 원 정도의 순손실이 생겼다는 것이 가맹점의 주장이다.

멕시카나 본사는 염지 닭 가격을 인상한 이유가 닭의 염지 방식을 침지 방식에서 텀블러 방식으로 '선진화'했기 때문이라고 주장한다. 침지식은 닭을 염지액에 침수시켜서 숙성시키는 방법이고, 텀블러식은 세탁기나 레미콘 같은 기계에 닭과 염지제를 넣고 돌리는 방식이다. 둘 중 어떤 방식이 선진화된 것이라고 할 수는 없다. 다만 텀블러 기계가 비싸기 때문에 대형 업체에 어울리는 방식이기는 하다. 게다가 염지 과정에서 이물질이 혼입되는 등 공정이 깔끔하지 못해 업장에서 닭을 재손질해야 하는 일이 벌어짐으로써 점주들은 더욱 반발했다. 이는 사조가 닭 염지를 하청업체에 맡기면서 품질 관리가 제대로 이루어지지 않기 때문이라고 보고 있다.

멕시카나는 창업주인 최광은 회장이 2010년 전문 CEO를 영입하면서 공격적인 경영을 시작했다. 그중 하나가 2012년 멕시카나 본사에서 갑자기 내세운 '만수클럽' 프로젝트다. 이 프로젝트는 업장마다 한 달에 치킨 1만 마리를 팔자는 것인데, 이 목표를 달성하는 업장을 '만수클럽'에 등극시키겠다는 것이다. 보통 치킨점은 한 달 평균 800마리 정도를 팔고, 장사가 잘 되는 업장의 경우 1,000마리 정도를 판다고 집계된다. 그런데 1년도 아니고 한 달에 1만 마리를 판다는 것은 기존 판매량의 10배 이상의 성과를 내야 하는 일이다.

'상징 선언'에 가까운 것 아니겠느냐는 예측을 뒤엎고 멕시카나 본사는 이 프로젝트 시행을 각 업장마다 강요했다는 것이 가맹점주들의 주장이다. 한 마리당 15,000원에 팔리는 후라이드치킨을 10,000원에 할인 판매하고 쿠폰 10장을 모으면 서비스로 한 마리를 제공하며 최초 구입 고객에게는 쿠폰 5~6장씩 주는 식으로 공격적 영업 전략을 강요했다는 것이다. 하지만 이 프로젝트를 수행한 업장은 오히려 손해를 떠안게 돼 그 불만이 상당했던 것으로 알려졌다. 점주들은 가뜩이나 닭의 품질이 떨어진 것 때문에 고객 항의가 많아져서 어려운 판에 염가 할인 판매까지 강요하여 가맹점에게 피해를 입혔다고 말하고 있다. 이뿐만이 아니다. 멕시카나는 점주들에게 주6일 영업을 강제하고, 유명 아이돌 가수의 사진이 박힌 판촉물을 강제로 구매하게 하는 등 치킨 프랜차이즈가 할 수 있는 횡포를 모조리 실행했다.

이런 상황에서 일부 가맹점주들이 멕시카나와의 가맹계약을 해지하고 다른 브랜드로 바꾸려 했고, 본사는 가맹계약을 위반하였다며 점주들을 대상으로 민사소송을 제기했다. 참다 못한 가맹점주들은 2013년 연말에 피해자모임을 조직하고 본사에 대응을 준비하고 있다. 물론 멕시카나 본사도 할 말이 없는 것은 아니다. "우리만 그런 거 아니거든!"

· **그래도 사장님은 본사가 두렵다**

치킨에 관한 책을 준비한다고 했을 때, 지인들은 치킨집이 엄청 많으니 동네 치킨집 사장님 인터뷰만 해도 책 한 권은 나오겠다는 말을 많이 했다. 그런데 이 책을 쓰면서 가장 어려운 것이 치킨집 사장님 인터뷰였다. 사실 프랜차이즈 치킨점을 운영하는 점주들의 경우 상당한 경계심을 가질 수밖에 없다. 본사에 불리한 이야기를 한 것을 들키기라도 하면 어떤 불이익을 받을지 모르기 때문이다. 말도 많고 탈도 많은 치킨집이지만, 기왕에 들어선 길이기 때문에 가맹점주들은 본사가 하라는 대로 할 수밖에 없다. 마음 같아서는 때려치우고 싶지만 이미 '올인'한 상태에서 업종를 바꾸거나 개인점으로 전환하는 것도 쉽지 않기 때문이다.

심지어 멕시카나 사건을 통해 염지 방식이 여러 가지 있다는 것도 처음 알게 된 가맹점주들도 있었다. 그동안 인젝션(주사 방식)이든, 침지식이든, 텀블러식이든 본사에서 갖다주는 대로 썼고, 앞으로도 그렇게 장사를 할 것이기 때문이다. 그래서 본사에서 '텀블러' 방식으로 바꾸어서 가격이 올랐다고 하면 그런가 보다 할 수밖에 없기도 하다.

여러 경로를 통해 접촉한 멕시카나 점주들은 하나같이 자신이 누구인지를 절대 드러내지 말아달라고 당부했다. 점주들이 본사에 갖는 두려움은 예상보다 컸다. 언론 인터뷰에서 당당하게 자신의 피해를 밝힐 수 있는 사람들에 대해서는 본사와 인연을 '쫑낸' 사람들의 용기라고 표현했다. 각 점주들은 프랜차이즈 본사의 길들이기를 당해 본 적은 없어도 '잘 안다'라고 이야기할 정도로 잘 단속되고 있었다. 이것이 아마도 한국 프랜차이즈의 경영 비법인지도 모른다. 알아서 기도록 할 것!

어렵게 성사된 멕시카나 점주와의 인터뷰를 싣는다. 갑의 횡포에 분개하다가도 프랜차이즈 본사와 공동운명으로 묶일 수밖에 없어

고개 숙이는 이 시대 치킨집 사장님들의 심정이 잘 드러나 있다.*

• 지금 멕시카나 점주들이 협의회를 꾸려서 본사와 맞서려는 준비를 하고 있는데, 이에 대한 의견은 어떻습니까?

"다 함께 대응하자고 공문이 오긴 왔어요. 하지만 일단 우리는 단골장사거든. 멕시카나가 원래 그렇잖아, 오래된 브랜드여서 사람들 인지도도 있고. 그리고 이 동네에서 10년 정도 자리 잡아서 나는 상호를 바꾸거나 그럴 생각이 없어요. 그러니까 사실 피해본 사람들 심정도 이해는 하는데, 일단 나도 살아야 하니까."

• 실제로 멕시카나 본사에서 공급하는 닭 맛이 변했던가요?

"맛은 모르겠고, 사실 좀 귀찮아지긴 했어요. 그전엔 닭이 좀 깔끔했달까? 그런데 이것도 사실 복불복인 게 어떤 매장에는 불량 닭(멍닭)이 들어갔겠지. 그런데 우리 매장은 그런 건 없었는데, 지난번에 예민한 손님이 닭 맛이 예전만 못하다기에 좀 변했구나 싶긴 했어요. 그래도 뭐 어떡해, 팔아야지. 항의 들어오면 죄송하다고 하고 서비스를 드리던가 아니면 공짜로 주면서 버틸 수밖에 없어요.

---

* 여러 사장님의 인터뷰에 기반해 재구성한 것임을 밝혀둔다. 여러 속사정을 밝혀주신 사장님(들)께 감사의 마음을 전한다. 어디에서 인터뷰를 했는지 그리고 몇 명을 인터뷰했는지 밝히지 못하는 것은 여전히 '멕시카나 ○○점 사장'으로 살아가야 하는 점주들을 보호하기 위한 고육지책임을 밝히며 독자들의 양해를 구한다.

사실 손님들은 국내산 닭이면 상관없다고 생각하지. 오히려 항의를 받은 적이 있었던 건 순살치킨이 국내산 닭이 아니어서였죠."

• 멕시카나가 국내산 닭을 안 쓰나요?

"이것 봐 이것 봐. 다들 잘 모르다가 나중에 알게 되면 굉장히 배신 감 느낀다니까. 순살치킨 같은 경우는 브라질산이나 미국산 쓰죠. 물량도 달리고 하니까. 그래도 우리는 유명 브랜드니까 그렇지, 좀 이름값 떨어지는 치킨점은 수입산 많이 써요. 다리나 날개 같은 건 더 그렇고. 그런데 이것도 처음엔 불만 많더니 이제는 익숙해졌는지 이걸로 문제 삼는 경우는 거의 없어요. 그리고 제일 많이 나가는 게 후라이드랑 양념인데 이건 철저하게 국내산 쓰거든."

• 프랜차이즈 본사는 어떻습니까?

"우리 업장에 들러주는 부장(슈퍼바이저)은 참 좋은 사람이야. 점주 들 마음 많이 이해해주고. 그런데 본사가 하라면 해야지 뭐 어쩌겠 어요. 사실 프랜차이즈라는 게 그래. 갑을관계라고 하는데 내가 보 기엔 우리는 사실 '병', '정'쯤? 진짜 갑은 손님이지. 본사보다 무서운 게 손님이고 그다음이 본사예요. 문제는 우리가 뭐 할 수 있는 게 없 어요. 쉬는 날을 맘대로 정할 수가 있나, 메뉴를 새로 추가하는 것도 쉽지는 않고. 사실 메뉴를 개발하고 그런 건 엄두도 안 나죠. 그래서 본사에서 시키는 대로 하는 건데, 다른 업체 횡포도 엄청나다고 들었어요.

닭 공급을 며칠 동안 중지해버리면 업장 입장에서는 정말 난리가 나는 거거든. 그게 젤 무섭지. 닭 없으면 장사 못하는 거고. 치킨집은 며칠만 전화 안 받으면 손님들이 사라져요. 본사에서 꼬투리 잡으려면 잡을 게 많지. 아무리 관리한다고 하지만 수많은 가게를 어떻게 다 체크를 하겠어요. 그래도 책잡으려면 걸리게 돼 있어요."

• 요즘 사회적으로 '갑의 횡포'라고 해서 프랜차이즈 본사들에 대한 문제제기가 많은데 어떠신지요?

"이 장사를 언제까지 할 수 있으려나, 생각하면 갑갑하죠. 본사에서 떼어가는 물류비도 만만치 않고 이런저런 사은 행사도 동참해야 하고. 이제 5월 어린이날 되면 손님들은 다들 올해는 무슨 경품 나오느냐고 묻는다니까. 이제 손님들도 아는 거야. 당연히 경품 행사가 있을 거란 걸. 많이 팔리긴 해도 결국 계산기 두드려보면 제자리거든. 몸은 몸대로 녹아나고."

• 이번 멕시카나 염지 닭 공급가격이 오른 것이 업장 매출에 어떤 영향을 주고 있는지요?

"100원에 울고 웃는 게 치킨 장사야. 말해 무엇해. 치킨무 값도 오르고 맥주 단가도 오르고. 안 오른 게 없어. 사실 각 점주들이 제일 화가 난 것이 이 부분일 거예요. 닭 값을 너무 올려 받는다는 거. 조류독감이다 뭐다 해서 매출도 줄었는데 원료 값까지 오르면 정말 죽어나거든."

• '만수클럽' 얘기 들어보셨어요?

"알기야 알지. 그런데 그게 말이 안 되는 거거든. 우리집도 비교적 안정적으로 장사를 하는 집이라고는 해도 성수기에 하루 100콜 정도 받아보거든요. 뭐 국가대표 축구 경기가 있는 날이라든가 하는. 그런데 그런 날은 정말 손꼽을 정도고 요즘은 하루에 50콜 받는 날도 드무니까."

• 이번 멕시카나 사태에 대해 어떻게 생각하시는지요?

"고생하는 거 다 알지. 근데 한편으로는 조심스러운 게, 손님들은 속속들이 이런 사정을 몰라. 그런데 언론에서 떠들고 자꾸 멕시카나가 문제다, 그러면 손님들이 문제 있는 치킨인가 보다 할 수 있거든. 그럼 안 그래도 지금 소비자들이 떨어져나가서 걱정인데, 괜히 긁어부스럼 될 수도 있다는 거지. 그래서 본사하고 협의가 잘 되어서 공급가격은 내려가고, 잘 좀 협의가 됐으면 싶어요.

나서는 사람들한테 공감은 하죠. 공감은 하는데, 우리가 능력이 없으니까 선택한 거잖아. 사실 처음 시작할 때는 꿈도 컸지. 그런데 지금은 그냥 버티는 거야. 이 나이에 바꿔 탈 수도 없고. 점점 힘들어진다는 건 느껴요. 그래도 나는 좀 일찍 자리를 잡은 편이어서 괜찮지만 이 동네만 해도 치킨집이 몇 갠데. 그런데 다들 살아남지를 못해. 닭강정집도 그렇게 많더니 지금은 거의 없잖아. 치킨이란 게 그래요. 얼마나 유행이 빠른지 금방금방 변하거든. 그래도 안정적으로 가는 건 후라이드, 양념이죠."

아마 프랜차이즈 치킨점에 소속된 '사장님'들의 심정은 위의 인터뷰 내용과 크게 다르지 않을 것이다. 본사의 횡포도 잘 알고 을의 서러움도 공감하지만, '생존'이 걸린 문제여서 적극 나설 수 없는 상황인 것이다. 권리를 주장하면서 길거리로 나서기에는 하루벌이가 시급한 상황이다. 그래서 사실 조직 동원력이 상당히 떨어지는 것이 '을의 모임'들이다. 하루 모두 문을 닫고 여의도 가서 데모를 하자고 해도 잘 뭉쳐지지 않는 집단이 바로 프랜차이즈 가맹점주들이다. 하루가 버겁고 하루가 무섭다. 이는 단순히 멕시카나만의 문제가 아닐 것이다. 멕시카나의 항변대로 '더 나쁜 놈'들은 있다. 치킨 프랜차이즈들은 최근 공정거래위에 제소되는 프랜차이즈 본사들 중 단골로 걸리는 프랜차이즈가 외식업이라는 불만이 많다.* 실제로 슈퍼 갑인 대기업들을 규제하는 것은 엄두도 내지 못하면서 만만한 자기들만 걸고 넘어진다는 것이다. 그런데 이는 그 누구도 건드릴 수 없을 만큼 강력해져서 '슈퍼갑'의 길을 가고 싶다는 욕망을 드러내는 말이기도 하다.

이래도 프랜차이즈 치킨점을 하겠느냐는 질문은 사실 공허하다. 기술도 빽도 없을 때 우리가 마지막으로 두드리는 문이 프랜차이즈이기 때문이다. 다만 1등 메이저 프랜차이즈 치킨점을 차릴 수 없는 나의 창업 비용이 야속할 뿐.

* http://www.kfadg.or.kr/bbs//bbs/board.php?bo_table=news05&wr_id=1620

206

한국에서
치킨집 사장으로 산다는 것

대체 호경기가 있긴 한 나라였나 싶을 정도로 잔뜩 움츠린 2010년 세밑. 연평도 사건으로 온 나라가 뒤숭숭하던 때, 북한과 남한만 치킨 게임을 벌인 것이 아니었다. 대한민국에서야말로 진짜 '치킨전쟁'이 벌어지고 있었다. 롯데마트 앞에서는 개장 훨씬 전부터 사람들이 길게 줄을 서 있고, 대기표를 받았지만 앞에서 순서가 끝나버린 사람들은 악다구니로 점원에게 항의를 하고 있었다. 롯데마트에 가면 불구경만큼 재미있다는 싸움구경을 매일 할 수 있었다.

2010년 12월 9일, 롯데마트는 전국 82개 점포에서 후라이드치킨을 한 마리당 5,000원에 판매한다는 대대적인 광고를 했다. 이 치킨이 이른바 '통큰치킨'. 정말 커다란 둥근 통에 담아 팔던 롯데마트 '통큰치킨'의 인기는 상상 이상이었다. 치킨 전문점의 후라이드치킨 한 마리 가격이 15,000원 선이고, 저가인 두마리치킨도 마리당 13,000원이다. 하다못해 노점에서 파는 시장통닭도 한 마리에 12,000원 정도니, 롯데마트 '통큰치킨'의 가격은 얼마나 놀라운가. 그렇다 보니 통큰치킨을 '득템'하기 위한 줄이 길게 늘어서고, 매장마다 300마리 정도로 한정 판매를 하는 바람에 치킨은 금세 동이 나버렸다. 아침부터 줄을 서서 기다리던 사람들의 항의가 빗발쳤다. 이야말로 식량 파동이 벌어졌을 때의 풍경과 다르지 않았다. 통큰치킨을 구입하지 못한 분노는 일반 치킨점을 향했다. 소비자들은 5,000원에 사 먹을 수 있는 치킨을 그동안 왜 그렇게 비싸게 팔았던 거냐며 '후라이드치킨 바가지론'을 펼쳤다. 대형마트가 골목상권의 대표적인 업종인 치킨까지 파고든 것에 대한 비판도 일었지만, 대형마트에서든 시장에서든 소비자들이 싸고 맛있는 음식을 사 먹는 것은 정당한 권리라는 반박도 만만찮았다.

• 통큰치킨, 치킨공화국의 심장부를 쏘다

방송사들은 앞다투어 통큰치킨 문제를 다루었다. 때마침 이명박 당시 대통령이 논란에 기름을 부었다. "나도 2주에 한 번 치킨을 먹는데, 치킨 값이 비싸다고 생각한다"고 발언한 것이다. 청와대에도 치킨이 배달되느냐는 비아냥도 있었지만, 결과적으로 대통령이 롯데마트에 힘을 실어준 듯한 이 발언을 두고 치킨점과 관련 업체들은 큰 분노를 드러냈다. 이명박 전 대통령이야 자기도 치킨 좋아하는 서민이라는 점을 드러내려 했을 테고 서민들의 심정에 동의한다는 뜻이었겠지만, 문제는 치킨집 사장님들도 사실 '서민'이라는 것이다.

누구의 편을 들기 위해서든, 우선 프랜차이즈 치킨점의 치킨 값이 어떻게 형성되는지 알아볼 필요가 있다. 먼저 가장 중요한 닭 값. 치킨점에 공급되는 닭은 조각을 내고 염지를 해서 진공포장(실링포장)을 한 상태다. 보통 10호(1킬로그램 정도)의 절단 염지 닭이 4,000원에서 5,000원 사이다. 2014년 상반기,* 프랜차이즈점이 아닌 개인점의 경우 하림 10호 염지 닭이 4,500원 정도에 들어온다. 하지만 이것은 개인점의 경우이고 프랜차이즈의 경우 이보다 더 비싸게 염지 닭을 받는다. 프랜차이즈의 경우 개인점처럼 여러 납품업체를 선정할 수 없어서 닭 가격 유인 효과가 없다. 그저 본사에서 공급해주는 대로 받아

* 2010년 당시, 한국프랜차이즈협회가 공개한 원가에 따르면 2014년의 가격과 큰 차이가 없다. 가맹업자들은 평균 4,500원에 닭을 받고 식용유, 파우더, 포장박스, 비닐, 콜라 등의 재료비에 2,732원을 지불하고 인건비, 임대료, 공과잡비 등 평균 4782원을 더해져, 치킨 한 마리의 원가는 12,014원이다. 따라서 치킨 한 마리를 16,000원에 판매할 경우 약 4,000원이 가맹업주의 이익으로 남는다는 설명이다. 당시 안석영 한국프랜차이즈협회 정책기획팀장은 "여론과 달리 프랜차이즈 본사가 가져오는 이익은 극히 일부분이고 폭리는 아니다"라며 "그러나 이번 사태를 계기로 소비자들의 요구와 준엄한 충고를 겸허히 받아들여 앞으로 더욱 좋은 품질과 서비스로 보답할 것이다"고 밝혔다(2010년 12월).

서 써야 한다. 그런데 2014년 3월을 전후해 조류독감과 각종 물류비용의 상승으로 닭 값이 크게 올라서 개인점에서 받는 염지 닭 시세가 5,000원 선에 형성되었다. 그리고 프랜차이즈의 경우 5,300원 선을 훌쩍 넘어서면서 원가 부담이 상승했다. 결국 보통 치킨점의 닭 원가에 해당하는 가격으로 롯데마트는 튀겨서까지 판 셈이다.

그리고 치킨 원가에 두 번째로 중요한 식용유. 업소용 해표식용유 18리터가 39,000원 선이다. 서브브랜드인 오뚜기나 대상, 동원의 식용유가 30,000원 선인데 이 가격도 공동구매를 기준으로 한 것이고, 실제로 공급될 때에는 조금 더 오른다. 보통 닭 50마리에서 80마리 정도를 튀기고 나면 식용유를 교체해야 하기 때문에 치킨 한 마리당 식용유의 원가는 1,000원 선까지 보아야 할 것이다. 닭 값 못지않게 식용유가 원가 압박을 주는 요인인 것이다.

치킨을 치킨답게 만드는 '튀김옷' 비용. 튀김용 파우더는 배터용과 브레더용으로 나뉘는데 크리스피치킨의 경우 두 가지를 모두 써야 한다. 그래서 파우더 비용도 무시할 수 없다. 이 가격이 적게는 500원에서 800원 선을 차지한다. 닭 외에 여러 가지 부자재도 무시할 수 없다. 그중 배달용 치킨 박스가 380원(피자형 박스일 경우), 그보다 낮은 급의 박스면 300원 정도다. 손님들이 사랑해 마지않는 치킨무 400원, 후라이드치킨을 찍어 먹는 소포장 소스가 70원, 냅킨이 6원, 포장 박스에 까는 유산지(파치먼트)가 10원이다. 치킨 한 마리를 튀겨서 배달

하는 데 드는 원가가 8,500원에서 9,000원 정도 들고, 여기에 탄산음료와 쿠폰까지 제공해야 한다. 그리고 배달은 아르바이트를 고용하든 대행업체를 쓰든 그 수수료가 2,000원 선이다. 거기다 매장 운영비와 인건비까지 합치면, 마진율이 매우 낮은 음식이 치킨이라는 것이 업계의 설명이다.

개인점의 경우 염지 닭은 조금 더 싸게 공급받을 수 있지만 상황 자체가 크게 다르지는 않다. 본사에 내야 하는 홍보비와 물류비가 없다는 점에서 개인점의 마진이 조금 나을 것 같지만, 브랜드 치킨보다 인지도가 떨어지는 것이 현실이다. 저렴한 가격으로 승부를 걸 수밖에 없어서 치킨 가격이 평균 1,000원에서 2,000원 정도가 더 낮다. 때문에 이윤이 크게 남지 않는다.

그렇다면 롯데마트의 통큰치킨은 어떤 재주로 5,000원짜리 치킨을 팔 수 있었을까? 롯데마트는 유통의 최강자다. 식용유나 튀김용 파우더는 자체 생산이 가능한데다 대형마트의 촘촘한 유통라인으로 싼 원료를 대량으로 동원할 수 있다. 그렇다고 해서 롯데마트가 통큰치킨을 팔아서 이문을 남긴 것은 아니다. 아무리 유통을 틀어쥐고 있다 해도 '5,000원 치킨'은 불가능하다. 롯데마트도 속내를 숨기지 않았다. 통큰치킨은 사실 역마진을 감수하고 판매하는 사은 차원의 상품이라는 것이다. 사은 행사를 내세웠지만 통큰치킨의 모객 효과는 뛰어났다. 치킨을 사러왔다 다른 물건을 구매하기도 하고, 치킨을 못 사니 그 대체품을 사기 때문이다. 무엇보다 롯데의 '통큰'이라는 이미지를 각인시킬 수 있었다. 기업은 브랜드 이미지를 높이고 인지시키는 데 수억 원의 광고비를 아끼지 않는다. 고작 치킨 300마리 정도는 무료 시식 행사나 홍보 업무의 일환일 뿐이다. 기업은 논란을 싫어하지 않는다. 무플보다 악플이라도 달리는 게 나은 것은 연예계만이 아니다. 롯데마트는 덕분에 일주일 내내 언론의 입을 타고 내렸다는 점에서 홍보 아닌 홍보 효과를 누릴 수 있었다.

롯데마트의 통큰치킨은 일주일 만에 막을 내렸다. 치킨점 점주들과 프랜차이즈 본사가 이례적으로 후라이드치킨의 원가를 밝히며 롯데마트를 비난하고 나섰다. 그리고 기업형 수직 계열화 문제로 입장 차이를 보여왔던 한국양계협회와 한국계육협회도 오랜만에 한 목소리를 냈다.* 그리고 몇몇 정치인도 이 대열에 합류했고, 당시 지식경제부 장관마저 대형마트가 소상공인들에게 적합한 업종인 '치킨'을 건드리는 것은 상도덕에 어긋난다는 취지의 발언으로 힘을 실어줬다. 이는 치킨업계에서 보여줬던 딱 한 번의 '통큰 단결'이기도 했다. 공급과잉 시장인 치킨업계에서 치킨점들은 극에 달한 경쟁에 몰려 있다. 심지어 배달권역 침범 문제로 같은 브랜드끼리도 충돌하는 것이 치킨업

---

* 한국양계협회는 기업 계열화에 기본적으로 반대하는 입장을 가진 협회로, 회원들도 독립 양계 농가를 중심으로 꾸려져 있다. 반대로 한국계육협회는 기업 계열화 문제에 적극적으로 찬성하는 것은 물론, 협회에 회원사로 육계 관련 기업들이 가입되어 있어서 상반된 의견을 개진하곤 한다.

계다. '통큰치킨'은 적이 분명했다. 그래서 '통크게' 대동 단결할 수 있었다. 대기업 앞에서 그저 '을'일 뿐인 처지를 서로 확인한 채로 이 사건은 일단락되었다.

사실 이 통큰치킨의 불을 지른 것은 롯데마트가 아니라 이마트다. 2010년 9월, 이마트는 10,000원으로 대형 피자를 팔기 시작했다. 이에 동네 피자가게 사장들이 반발하고 나섰지만 치킨업계보다 훨씬 힘이 약한 피자업계는 단결력을 보여주지 못했다. 이마트 피자는 여러 논란에도 불타나게 팔렸고, 여전히 잘 팔리고 있다. 대형마트 업종에서 2인자의 자리에 머물러 있는 롯데마트가 치킨을 택한 것은 적절한 승부수였다. 피자의 완벽한 대체품은 단연 치킨이다. 게다가 일주일 동안만 판매한다는 소식에 사람들은 통큰치킨에 관심을 더 쏟았다. 인터넷에서는 통큰치킨 사진을 찍어 올리고, 맛에 대해 평가하는 '득템' 기록이 한동안 유행이었다. 롯데마트로서는 손해 볼 것이 없었다. 비록 일주일 만에 통큰치킨을 팔지 않겠다고 선언하고 마치 영세업자들의 입장을 존중하는 표정을 지었지만, 이 싸움의 진정한 승자는 롯데마트였다. 롯데마트의 '통큰'은 대중에게 각인되면서 이후 자사의 PL제품에 '통큰'이라는 브랜드를 붙일 수 있었다. 이후에 출시된 '통큰갈비', '통큰넷북' 등이 불타나게 팔린 것은 통큰치킨의 후광 때문이었고, '통큰'은 여전히 롯데마트의 심볼로 남아 있다.

• '통큰느님'을 허하라

통큰치킨 판매가 중단되었다는 소식에 가장 큰 불만을 드러낸 건 노인과 청소년(대학생)들이었다. 당시 통큰치킨을 사기 위해 줄을 길게 서서 순서를 기다리는 소비자들은 뚜렷한 세대 특징이 있었는데, 그건 노인과 청소년이 많았다는 점이다. 경제적 취약 세대인 이 두 집단에게 '통큰치킨'이란 무엇이었을까?

용돈이 부족한 노인과 청소년들에게 통큰치킨은 치킨을 먹을 수 있는 절호의 기회였던 것이다. 노인들은 직접 먹기 위해서라기보다는 손주들에게 주고 싶어서 줄을 섰다. '통큰치킨'은 몇 시간을 기다릴 수 있는 시간은 있지만 돈은 없었던 노인들이 할아버지, 할머니 노릇을 할 수 있는 기회였을지도 모른다. 쇠도 씹어 먹을 나이의 청소년과 대학생들에게도 마찬가지였다. 자주 먹는 음식이기는 하지만 늘 용돈은 부족한 청소년들이 한 마리 값으로 세 마리를 먹을 수 있는 기회였던 것이다.

치킨은 뜨거울 때 먹어야 제맛이고 집으로 배달까지 해주는 것이 매력인데, 저 추운 날 마트까지 가서 몇 시간씩 줄을 서는 것을 이해할 수 없다고 생각한 사람이 많을 것이다. 다 식어빠진 치킨을 사 먹는 이유를 모르겠다는 반응도 많았다. 하지만 누군가에게는 정말 기회였던 것이다.

통큰치킨은 사라졌지만 통큰치킨의 부활을 기다리는 사람들이 생겨났다. 인터넷에는 통큰치킨을 '통큰느님'이라 부르며 '통큰치킨을 기리는 모임'이 생기기도 했다. 이 인터넷 카페는 '프랜차이즈 치킨 불매'를 목적으로 하는 안티 카페였다. 그동안 먹었던 치킨 값이 너무 비쌌던 것이라며, 돈 없는 자기들도 치킨을 자주 먹을 수 있는 기회를 프랜차이즈 치킨이 빼앗았다고 분개했다. 그리고 각 브랜드별 치킨에 대한 악평을 쏟아내며, '통큰느님'의 부활을 기리자는 뜻으로 모여들었다. 누군가는 '항의 집회'를 제안했다. 실제로 모 브랜드 치킨 본사 앞에 모여 '통큰치킨' 영정을 들고 플래시몹을 펼치기도 했다. 처음엔 너도나도 참여 의사를 밝혔지만 막상 당일에는 '쪽팔림'이 앞서 참석률이 저조했지만 말이다.

분명하게 드러난 것은 치킨이야말로 '문제적 음식'이라는 사실이다. 공깃밥 가격을 올린다고 했으면 사람들이 그만큼 분노했을까? 혹은 공깃밥 가격을 내린다고 했으면 그만큼 호응했을까? '안 먹고 말지'라는 말로 정리해버리기에 치킨은 강력하고 위대하다. 이제 한국 사람들이 가격 인상에 가장 민감하게 반응하는 것은 쌀이 아니라 라면과 치킨이다.

통큰치킨의 7일 천하는 그렇게 막이 내렸고, 프랜차이즈 치킨 불매운동을 내세웠던 '통큰느님' 카페도 더 이상 활동이 이루어지지 않고 있다. 하지만 통큰치킨 사건이 던진 메시지는 유효하다. 지금도 롯데마트는 치킨을 판다. 이마트도, 홈플러스도 즉석식품 코너에 가면 모두 치킨을 판다. 이미 튀김기는 세팅되어 있고 여전히 롯데마트는 유통의 핵이기 때문에 싸게 동원할 수 있는 재료는 무궁무진하다. 롯데마트도 통큰치킨을 기획하면서 그 가격에 계속 팔 생각을 하지는 않았을 것이다. 어느 순간 가격을 정상화시켜서 판매할 생각이었을 것이다. 이 논란을 통해 롯데마트는 잃은 것이 없었고, 치킨점 점주들만 '바가지' 씌우는 장본인이 되어 있었다.

• 사장이라 쓰고 노동자라 읽는다

"너희가 배달을 아느냐!"

롯데마트 '통큰치킨' 사태에서 치킨집 사장들이 외친 공통의 분노는 저 한 마디에 녹아 있다. 매장을 운영하는 것을 배제한 채 치킨 한 마리만 갖고 따지는 것이 얼마나 야속한지 사람들은 몰라도 너무 모른다는 것이다. 그리고 이미 터져나갈 정도로 많은 치킨집에 대형마트까지 끼어들어 시장을 쥐고 흔드는 것에 대한 분노였다.

치킨집은 어느 순간 동네북이 되었다. 예전에는 풀리지 않는 인생을 '막장 인생'으로 부르면서 실제로 막장에 들어가는 광부들 마음을 싸하게 만들더니, 이제는 '치킨집'이 그 자리를 대신하는 분위기다. 인생 뭐 하다가 안 풀리면 치킨집이나 차리겠다는 그 자조가 유행처럼 퍼져 있다. 하긴 탄가루에 찌들거나 튀김기름에 찌들거나 '쩐내'가 나는 것은 비슷할 수도 있겠다. 인터넷에 돌아다니는, 고등학생이 그렸다는 한 그림에서 보듯이 이공계든 인문계든 결국 치킨집을 차리게 된다는 자조에 많은 사람들이 공감했던 모양이다. 2014년 대한민국에서 자영업의 상징은 치킨집이 되었고 최후의 선택지도 치킨집이다. 물론 하나의 상징일 뿐, 모두가 치킨집을 차리는 건 아닐 테지만 말이다. 그리고 사실 저 그림을 보는 '진짜 치킨집 사장님'들의 기분이 어떨지 걱정스러운 마음도 앞선다.

한국의 고용 안정성이 바닥 수준인 것은 어제오늘 일도 아니고, 자영업자 중에서도 영세 자영업자 비율이 높다는 것이 큰 사회문제인 것만은 분명하다. 2010년 기준으로 한국의 비임금 노동자, 즉 자영업자의 비중은 30퍼센트에 육박하고, 이는 OECD 국가 중에서 두 번째로 높지만 해결책은 묘연하다. 정부가 제시한 해결책은 투자를 방해하는 '규제'를 철폐해서 일자리를 창출하자는 것 정도인데, 그 첫 번째 규제 풀기는 '푸드트럭 합법화' 수준이다. 이는 2014년 3월 20일, 박근혜 대통령이 경제 활성화를 방해하는 규제를 개혁하겠다며 규제개혁 장관회의를 열면서 시작된 이야기다. 그때 일반 화물차를 개조해 음식을 팔 수 있게 하는 푸드트럭 제작업체의 대표가 각종 규제로 푸드트럭이 불법으로 묶여 있다며 개선을 요구했다. 박근혜 대통령은 그 자리에서 푸드트럭 합법화를 검토하라고 지시했고 2014년 7월부터 푸드트럭 영업을 합법화하기로 결정되었다.

본래 푸드트럭은 자동차관리법과 식품위생법에 위반되기 때문에 불법이었다. 합법화되어 여기저기 쫓겨다니지 않고 장사를 할 수 있다면 영세 자영업자들에게 도움이 될 수 있을 것이다. 그러나 지금도 한 집 건너 한 집이 음식점인 상황에서, 푸드트럭 합법화가 기존 외식업체들까지 가혹한 경쟁으로 내몰 것이라는 반대 의견도 만만치 않다. 무엇보다 기존 노점상들과의 형평성 문제가 제기된다. 이리저리 쫓기면서 장사를 해왔던 음식 노점상들은 푸드트럭에만 혜택을 주는 것은 말도 안 된다며 반발하고 있다. 트럭에서 과일이나 채소를 팔면 불법이고, 트럭에서 음식을 조리하면 합법이라는 것은 논리에 맞지 않는다.

장사를 하는 사람들의 생존권을 보장하는 차원에서 접근해야 한다고 볼 때, 푸드트럭 제조업자의 주장이 입안된 것은 성급했다고 할 수 있다. 실제로 전국노점상연합회에는 푸드트럭을 사면 노점이 합법화되는 것이냐는 문의가 많이 들어온다고 한다. 노점상인들이 기존의 트럭보다 훨씬 더 비싼 푸드트럭을 덜컥 살까 봐 걱정된다는 이야기도 나오고 있다. 게다가 푸드트럭 개조시장은 물론, 대기업이 자사가 보유하고 있는 대형 쇼핑몰 광장에서 푸드트럭 영업에 뛰어들 준비를 하고 있다는 논란까지 얹어지고 있다. 시작은 서민경제 활성화와 영세상인 보호였으나 그 끝은 알 수 없는 노릇이다.

치킨집의 경쟁자는 치킨집만이 아니다. 바로 바꿔 탈 수 있는 치킨의 대체품목들이 한둘이 아니기 때문이다. 치킨과 햄버거, 피자는 대체성이 강한 품목들이다. 요즘 치킨집 사장님들을 부글거리게 하는 것은 '미피 50%'다. 이는 피자 프랜차이즈 '미스터피자'가 50퍼센트 할인 행사를 하는 날을 말한다. 금요일만 기다리고 있었는데, 하필 그날 미스터피자가 할인 행사를 해버리면 치킨집은 불금이 아니라 '물금'을 보내야 한다. 롯데리아나 맥도날드의 할인 행사가 있거나 해피밀 세트에 끼워주는 장난감이 새로 출시되면 치킨집과 피자집은 또 영향을 받는다.

게다가 치킨집 앞에 버젓히 장작구이통닭 트럭이 영업을 하는 일도 있다. 그럼 치킨점 점주들은 구청에 불법노점 단속을 요청한다. 그런데 워낙 공무원 인력이 적다 보니 바로 단속이 뜨지 않는다. 그러자 아예 경찰에 신고해버리는 것이 낫다는 '노하우'까지 서로 공유한다. 먹고살기도 힘든데 너무 야박하지 않느냐 할 수도 있지만, 피차 생존이 걸린 문제다. 경쟁자는 많고 소비자는 한정되어 있는 외식시장에서 서로가 서로를 물고 뜯을 수밖에 없다.

정치경제학의 시조 카를 마르크스의 계급 분류법에 따르면, 이 세상에는 두 가지 계급이 존재한다. 부르주아와 프롤레타리아. 즉 자본가와 노동자로 양분된 계급사회가 바로 자본주의다. 그런데 여기에 해결할 수 없는 '끼인 계급'이 존재한다. 크든 작든 땅뙈기를 소유하고 있는 농민이 어떤 계급에 속하는지의 문제고, 자기 가게를 가지고 '사장님' 소리를 듣는 소상공업자들도 자본가인가의 문제다. 그래서 '프티 부르주아'라는 설명이 끼어든다. 크든 작든 사장님은 자산을 가진 '소자본가'라는 것이다. 많든 적든 자기 자본으로 차린 치킨집이니 자본가가 맞기는 맞다. 그렇다면 OECD 국가 중에서 두 번째로 사장님이 많은 국가인 한국이야말로 자본가의 천국이라 할 만하다. 하지만 우리 주변에 '레알 사장님'들이 얼마나 될까. 자영업자는 말 그대로 자기 스스로를 고용한 '노동자'일 뿐이다. 좀더 정확히 쓰자면 '비고용 노동자'다. 어쩌면 안정되게 '고용당하고' 싶은 사람들이기도 하다.

40대 이상의 남성을 만나면 딱히 호명할 방법이 없어 서로를 '사장님'이라 부르고, 그 아내를 '사모님'이라 부를 뿐이다. 대형마트나 대형 조리업체, 청소용역회사에 고용된 40~50대 여성 노동자를 '여사님'이라 부른다고 그들이 진짜 여사님이 아니듯.

• 배달에 울고 배달에 산다, 알바느님 모시고 살기

치킨집의 경쟁력은 '배달'이다. 한국의 치킨점들이 글로벌 치킨 프랜차이즈인 KFC를 밀쳐내고 당당히 패스트푸드 1위의 위엄을 고수하고 있는 데는 배달의 힘이 크다. 중국요리와 더불어 치킨은 시켜 먹는 대표적인 음식이다. 또 배달은 점주들에게 '업장 확대'의 의미이기도 하다. 가게의 규모(테이블 수)는 한정되어 있지만 배달은 영업장을 확대하는 것과 마찬가지기 때문에 배달을 병행하지 않으면 그만큼 수입이 줄어드는 것도 치킨점 운영의 특징이다. 그래서 고되더라도 배달을 포기할 수가 없다.

치킨점 규모가 어느 정도든 자기 가게에서 점주들은 엄연히 '사장님'이긴 하다. 비록 부부가 단 둘이 꾸려나간다 해도 알바생들이나 주방 아주머니들이 '사장님'이라 부르니 말이다. 그런데 매장 운영을 할 때 가장 구하기 어려운 것이 배달 아르바이트다. 오토바이 면허증 소지자여야 하고, 주류를 취급하다 보니 미성년자 고용은 원칙적으로 불가하기 때문이다. 2014년 현재 아르바이트의 최저임금은 5,210원이지만 치킨집 배달 알바의 시간당 임금은 6,000원을 넘긴 지 꽤 되었다. 워낙 일이 험하고 고된데다 구하기가 쉽지 않다 보니 법정 최저임금보다 조금 더 쳐주는 것이다. 그런데도 배달 아르바이트를 구하는 일은 쉽지 않고, 어렵게 구했다 하더라도 "그 나이에 오토바이 몰고 다니는", "뻔한 녀석들"일 뿐이다. 고등학교를 자퇴했거나 그저 '오도방'이 타보고 싶은 불안한 잉여들.

그래서 치킨집 영업의 관건은 얼마나 착실한 배달 알바를 데리고 있느냐에 달려 있다고 말할 정도다. 심지어 '알바느님'이라 부르며 떠받치고 살아야 하는 존재이기도 하다. 며칠 일을 하다 통보도 없이 나오지 않는 것은 양반이다. 현금을 훔쳐 달아나거나 아예 '오토방'을 몰고 사라지기도 한다. 심지어 어떤 알바는 셔터를 내리고 밤새 친구들을 불러서 닭을 튀겨 먹고 도망가기도 했다는 '베스트 사연'까지, 배달 아르바이트와 관련한 사건사고는 무궁무진하다. 무엇보다 점주를 가장 힘들게 하는 상황은 오토바이 사고다. 배달 중에 인사 사고라도 나면 배상 문제부터 보험처리 문제, 그리고 오토바이가 망가지는 일이야말로 치킨집을 때려치우고 싶게 만드는 베스트 오브 베스트 사연이다.

게다가 몇 년 전부터 맥도날드가 '맥딜리버리 서비스', 즉 배달시장에 뛰어들었다. 이에 질세라 롯데리아까지 '홈서비스'의 이름으로 배달영업에 뛰어들면서 '배달의 민족'끼리의 전쟁이 한창이다. 패스트푸드의 대표 선수들인 치킨, 피자, 햄버거는 서로 치열한 경쟁 관계에 놓여있다. 치킨 사 먹으러 갔다가도 피자 냄새에 확 꽂히면 바로 피자로 갈아타기 때문이다. 물론 햄버거도 마찬가지다. 다만 햄버거를 그동안 견제할 수 있었던 것은 배달음식이 아니고 방문을 해야만 먹을 수 있는 '귀찮음' 때문이었다. 이제 그 알량한 경쟁무기마저 잃어버리고 있는 것이다. 롯데리아는 본래 치킨을 주력 상품으로 판매하던 곳이었으니 그렇다 치고, 최근엔 맥도날드가 '맥윙'이라는 메뉴로 치킨을 직접 튀겨서 팔고 있다. 이전까지 맥도날드에서 치킨 관련 메뉴는 '맥치킨버거'와 '맥너겟' 정도였는데 이제 치킨시장에도 살짝 발을 걸치기 시작한 것이다. 게다가 급이 다른 글로벌 프랜차이즈인 '피자헛'도 치킨과 피자를 세트메뉴로 구성해 아예 고민하지 말고 피자도 먹고 치킨도 먹으라며 부추기고 있다.

영세한 치킨점과 달리 맥도날드나 롯데리아의 배달 아르바이트 시급은 7,500원 수준이다. 그리고 아무래도 법인 기업체다 보니, 고용조건이 치킨점보다 나은 편이다. 결국 치킨집들은 메뉴 경쟁에 이어 배달 경쟁까지 해야 하는 상황이 돼버렸다. 그래서 구인 광고에 가장 흔한 것이 치킨집 '배달 알바'를 구하는 광고고, 치킨집 문에는 늘 '배달 알바 구함'이 붙어 있다.

치킨집 알바들도 할 말이 많다. 전국에 3만 6000여 개의 치킨집이 있으니 그만큼 다양한 사장님들이 있을 것이고, 개중에는 '또라이 사장'도 있기 때문이다. 비정규직 청년 노동자들의 노동조합인 '청년유니온'의 상담 내용 중에는 배달 아르바이트와 관련한 것들이 많다. 연장수당, 식사와 적절한 휴식을 제공받지 못하거나 인격 모욕을 당하는 것 등은 알바 공통의 상담 내용이다. 그리고 배달 중에 일어난 사고의 배상을 온전히 아르바이트에게 떠넘기는 '악덕 사장'의 문제까지, '배달 민족'의 애환은 그야말로 끝이 없다. 청년유니온은 2015년도 최저임금위원회 최저임금 심의에 맞춰 2014년 청년 임금인상 요구안을 조사한 결과, 희망 최저임금이 시급 7,489원이라고 밝혔다. 만 15~39세의 청년들을 대상으로 '2014 청년 임금인상 요구안 조사'를 진행한 결과라고 한다.

치킨집 배달 알바비는 6,000원 수준이고 이것마저도 점주들은 부담스러운 것이 현실이니, 사장 노릇도 알바 노릇도 참으로 힘든 세상이다.

중국에서까지 인기를 끌었다는 한 드라마에서 여주인공은 눈 내리는 창밖을 보며 말한다. "눈 오는 날에는 치킨에 맥주인데……." 그리고 실제 치맥하는 장면이 나오고, 이 장면 한 컷 때문에 조류독감도 이겨내고 중국에서 치맥 광풍을 일으켰다고 한다. 그런데 정말 눈 오는 날에는 치맥이 제격일까? 맞는 말이긴 하다. 눈이나 비가 오면 사실 치킨집의 배달 주문은 평소보다 치솟게 마련이다. 눈이나 비가 오는 날 튀김음식이 당기는 이유에는 여러 설이 있지만, 일단 밖에 나가기 귀찮을 때 시켜 먹기 가장 좋은 음식이 치킨이기 때문이다.

그래서 눈이나 비가 내리면 영업에 대한 기대감도 생기지만, 한편으로 사장님들은 두렵기도 하다. 배달 대행업체를 쓰고 있는 가게면 할증료를 줘야 하고, 그나마 배달이 자꾸 밀려서 왜 치킨이 안 오냐는 항의 전화도 많이 받기 때문이다. 그리고 무엇보다 안전 문제가 걱정이다. 눈과 비가 시야를 가리고 길은 미끄럽다. 그래서 사고가 날 확률도 당연히 평소보다 높아 신경이 쓰인다. 그래서 이렇게 궂은 날씨에는 아예 승용차로 배달에 나서기도 하다. 치킨 한 마리 배달하자고 비싼 휘발유 쓰는 것이 남는 장사인가, 계산기를 두드려보기도 하지만 어쩔 도리가 없다. 한 번 떠난 손님은 돌아오지 않는다!

현관에 빗물을 뚝뚝 떨어뜨리며 카드 리더기를 긁는 배달맨의 곱은 손, 이 또한 우리를 먹여 살리는 귀한 손이다.

• 누구를 위한 서비스인가, 배달 대행과 배달 앱 서비스

치킨집 사장님들을 속 터지게 하는 것은 또 있다. 이 죽일 놈의 '콜'(주문전화)이 언제 떨어질지 모르기 때문이다. 불금을 기대하고 배달 알바를 고용했지만 '물금'이 이어지고, 알바가 카운터에 앉아 하릴없이 스마트폰 갖고 노는 꼴을 보고 있자니 천불이 나는 것이다. 소소하게 이어지는 결근이나 배달 사고는 옵션이고 말이다.

그래서 아예 '배달 대행 서비스'를 이용하는 치킨점들도 많다. 배달 대행 서비스란 일종의 파출부 시스템이다. 일정액의 가입비를 내고 배달 건당 수수료를 더해서 내는 방식이다. 가정에서 가사도우미 서비스를 받으려면 인력사무소에 일정액의 가입비를 내고, 도우미에게 수고비를 따로 줘야 하는 것과 같다. 배달을 전문으로 하는 음식점이 많아지고 있고, 또 한국형 외식업의 특징이랄 수 있는 배달은 이제 음식 종류를 가리지 않는다. 온 동네를 누리는 오토바이는 치킨부터 떡볶이까지 '모든 것'을 싣고 다닌다. 심지어 맛집에 가서 야식을 대신 사다주는 배달 대행업체도 있다.

배달 대행 서비스의 수수료는 동네마다 다르다. 틈새를 비집고 형성된 신규 시장이다 보니 정확한 규준도 없다. 어느 지역은 월회비 20만 원에 배달 건당 수수료가 2,500원인 곳도 있고, 월회비가 15만 원이나 10만 원인데 건당 수수료가 3,000원에서 3,500원인 업체도 있다. 그리고 눈이나 비가 오면 할증 수수료 500원이 붙고, 바쁜 주말에도 역시 할증이 붙는다. 치킨 한 마리의 원가에서 배달이 차지하는 비중이 상당한 것이다. 그래서 말 안 듣는 배달 알바도 골치지만, 이 배달 대행업체도 치킨집 사장을 골치 아프게 하기는 마찬가지다. 수수료도 부담스럽지만 '친절 서비스'의 문제가 걸리기 때문이다. 이들이 배달하는 것은 '○○치킨'이지만 그저 대행업자일 뿐이다. 그래서 불친절하게 굴었다고 손님들이 항의를 하더라도 개선할 방법이 없다. 비록 수수료는 주지만, 워낙 배달 일을 맡기는 가게들이 많아 배달 대행업체에 '세게' 항의할 수 없기 때문이다.

문제는 또 있다. 대행업체는 '1타 3피', 적어도 '1타 쌍피'를 하고 싶어한다. 한 번 오토바이 시동을 걸어 출발하면 같은 배달권역에 있는 음식들을 한꺼번에 처리하는 것이 훨씬 더 이득이기 때문이다. 그래서 배달 대행업체의 박스에는 보쌈과 족발, 치킨이 섞여 있고 여기저기 들르다 보니 결국 '늦게', '식어서', 콜라와 맥주는 '미지근해져서' 도착했다고 손님들은 항의하는 것이다.

배달 대행업체가 여기저기 난립해 있는 동네는 그나마 낫다. 업체가 하나뿐이라 독점 형태로 운영하는 동네에서 수수료는 부르는 게 값이고, 아예 배달 대행업체가 없는 읍면 단위의 치킨집 사장님들은 오늘도 울면서 배달을 하고 있다.

한국에서 배달음식업에 종사하는 인원은 16만 명으로 추산되고, 그 매출 규모는 연간 10조 원 정도로 내다보고 있다. 1인 가구가 늘면서 '혼자 먹기' 애매한 사람들이 배달음식업의 주요 고객이고, 그래서 배달시장의 규모는 점점 커지고 있다. 소비자들은 전단지 광고를 보고 전화로 주문을 하기도 하고, 인터넷으로 검색을 해서 프랜차이즈 본사 홈페이지에서 직접 주문하기도 한다. 이 서비스가 프랜차이즈점과 개인점의 경쟁력을 가르는 기준이기도 하다. 그리고 최근에는 스마트폰으로 검색해서 아예 주문·결제까지 처리하는 모바일 애플리케이션이 대세다.

대표적인 배달 앱으로 '배달의민족'과 '요기요', '배달통'이 있다. 최근 이 배달 앱업체는 지상파 광고까지 하면서 앱업체 1위를 차지하기 위해 치열한 경쟁을 벌이고 있다. 2010년 한국에서 가장 먼저 배달 앱 서비스를 시작한 '배달의민족'은, 덕분에 가입한 음식점이 가장 많다. 그래서 아직까지 배달 앱 점유율 1위의 자리를 유지하고 있다. 또 이 앱을 만든 창업 스토리가 일종의 벤처기업 성공 스토리로 비쳐지면서 심심찮게 언론을 타기도 했다. 후발주자인 '요기요'는 독일계 벤처회사로, '배달의민족'의 1위 자리를 노리며 최근 그 상승세가 무서운 배달 앱이다. 물론 지상파 광고로 맞불을 놓는 중이다.

요즘엔 앱을 통한 음식 주문이 늘어나면서 음식 프랜차이즈 입장에서는 싫어도 이용하지 않을 수가 없다. 그런데 그 수수료가 점주들을 압박하는 요인이 되기 시작했다. 배달 앱업체들의 수수료는 13~16 퍼센트에 이른다.* 수수료에 차이가 있는 이유는 수수료를 좀더 내면 앱 상단에 노출해주기 때문이다.

과한 수수료로 비판을 받는 애플리케이션업체의 해명은 이렇다. 어차피 전단지 광고 작업에도 이만큼의 돈이 드는데다, 배달 앱의 홍보 효과가 뛰어나기 때문에 결코 비싼 가격이 아니라는 주장이다. 어느 주장이 옳든, 죽어나는 것은 치킨집인 것만은 분명해 보인다. 고전적인 전단지 광고를 포기하고 온전히 앱업체만 이용할 수도 없기 때문이다. 스마트폰을 쓰지 않거나 앱 이용이 능숙하지 않은 사람들은 여전히 전단지 광고를 보고 반응한다. 그래서 이래저래 떼이는 돈만 많은 것이 치킨 장사인 것이다.

치킨집 사장님은 외치고 싶다. "요기요! 배달의 민족으로 살기 너무 힘들어요. 깎아주세요!"

* 2014년 4월, 배달 애플리케이션 수수료에 대한 비판이 계속되자 '배달의민족' 쪽에서 수수료를 한 자리 수 이내로 내린다고 발표했다.

더 강한 통제가 더 많은 이윤으로,
한국 치킨 프랜차이즈의 변모

'명동영양센터'가 전기구이통닭의 원조라면, 한국 치킨 프랜차이즈의 원조는 '림스치킨'이다. 한국 사람들이 유난히 좋아하는 '최초'라는 타이틀을 거머쥐고 있는데도 일부 지역에는 거의 알려지지 않은 브랜드다. 인지도는 예전에 비해 떨어졌지만, 창업주가 아직도 경영일선에 있고 여전히 가맹사업도 하고 있다. 그리고 무엇보다 '림스 스타일'이라는 말을 업계에서 만들어놓았다는 점에서 중요하다. 물반죽이나 크리스피치킨의 배터링 과정 없이 파우더를 얇게 입혀 튀겨낸 '엠보치킨'을 사람들은 '림스 스타일'이라고 부른다.

림스치킨은 1977년 명동 신세계백화점 지하 식품부에서 출발했고, 본사는 그보다 2년 앞선 1975년에 설립되었다. 제조부터 판매까지 담당하는 최초의 프랜차이즈 형태를 보여줬다는 점에서 한국 최초의 치킨 프랜차이즈로 공인받고 있다. 림스치킨은 당시 명동영양센터의 통닭과는 달리 네 조각으로 절단한 닭을 기름에 튀겼다. 림스치킨은 독특한 파우더 맛으로 인기를 끌었는데, '3G 파우더'라고 해서 마늘Garlic, 생강 Ginger, 인삼가루Ginseng를 넣은 파우더로 특허를 보유하고 있다. 1983년에는 '뉴욕 국제발명전'에서 이 파우더로 수상까지 했다. 이후에 림스치킨은 외국의 식품 박람회에 의욕적으로 참가했으며 1990년 '진생치킨'이라는 콘셉트로 미국 뉴욕에 진출하기도 했다.

• 초창기의 치킨 프랜차이즈

림스치킨이 중요한 이유는 통닭이 아닌 '치킨'의 이름으로 최초로 가맹사업을 시작했기 때문이다. 롯데리아가 1979년에 한국에 처음 진출했으니, 이보다 2년이나 앞서서 프랜차이즈 사업에 뛰어든 것이다. 음식문화사의 관점에서 보면 림스치킨은 한국형 외식 프랜차이즈의 초창기 모습을 보여주는 한편, 구워 먹는 치킨에서 튀겨 먹는 치킨으로 넘어가는 과정을 보여주고 있다. 통닭 형태뿐만 아니라 조각 닭으로 판매했다는 점도 독특하다. 또 브랜드를 인지시키는 가장 효율적인 방법으로 통일된 간판과 매장 인테리어, 그리고 포장 용기라는 것을 간파했다는 점에서도 한국형 치킨 프랜차이즈의 준거를 제공했다. 이제 명동 일대에서 전기구이통닭을 사가던 중산층의 아버지가 림스치킨을 전용 포장지에 담아가기 시작했고, 이것이 림스치킨의 인지도를 높였다.

림스치킨이 1977년 신세계백화점 지하 식품부를 '1호점'으로 천명하고 본격적으로 가맹사업에 뛰어든 것은 1982년 경기도 남양주시 화도읍(마석)에 전용 생산 공장을 개설하면서부터다. 현재도 림스치킨의 본사는 경기도 남양주시 화도읍에 있다. 식품 프랜차이즈의 핵심은 맛의 표준화 달성이라는 점에서 전용 생산 라인을 갖추는 것이 중요하다. 무엇보다 전용 공장을 세울 수 있을 정도의 경영 수익이 났다는 것이고, 그만큼 림스치킨이 잘 팔렸다는 뜻이기도 하다. 마석의 전용 공장에서 주로 생산한 것은 림스치킨 전용 파우더였다. 당시 골목상권에서는 시장통닭이나 켄터키치킨센터와 같은 개인 치킨점들이 대세였는데, 림스치킨은 굳이 명동까지 나가지 않아도 동네에서 '고급 치킨'을 즐길 수 있다는 점에서 큰 매력이었다.

림스치킨이 후라이드치킨의 대명사가 된 때는 1980년대 중반으로, 1982년 전용 공장을 지은 후 의욕적으로 가맹점을 늘려가던 시기였다. 당시 림스치킨 가맹점을 운영한 경험이 있는 분과의 인터뷰를 통해 초창기 림스치킨의 운영방식에 대해서 들을 수 있었다.

인터뷰 대상자는 현재 59세의 여성으로, 림스치킨이 한창 잘나가던 1988년에 치킨점을 인수했다. 서울 강동구 고덕동 아파트 상가에 위치한 실평수 6평의 매장을 권리금 900만 원, 임차비 포함 인수비 1100만 원, 총 2000만 원을 들여 인수했다. 2014년 현재 서울 강동구에는 림스치킨 매장이 없다. 당시 자료를 찾아보면 림스치킨 가맹점을 운영할 경우 300만 원의 가맹비를 내야 했다. 현재 치킨 프랜차이즈 본사의 가맹비가 500만 원 선인데, 화폐가치를 생각한다면 가맹비가 비싼 편이었고 그만큼 인기 브랜드라는 방증이다. 당시에도 림스치킨은 술 안주로 인기가 많았고 치킨 못지않게 '맥주 판매'로 이윤을 올려야 했다. 그러나 여성 혼자서 운영했기 때문에 주류 취급에 대한 부담이 있어 주류를 취급하지 않았다고 한다.

요즘은 홀 운영을 하지 않는 배달형 치킨점에서도 생맥주 배달은 하지만, 당시에는 홀 운영을 하지 않는 이상 술 판매는 하지 않았다. 포장과 배달을 병행하는 형태였고 하루 평균 30마리 정도를 판매하였다. 가게를 인수하고 림스치킨 본사에서 받은 교육은 위생교육 정도였다. 처음 림스치킨을 운영하려는 가맹점주들은 본사에서 간단한 조리교육을 받기도 했지만 지금처럼 전문적인 사업 설명회나 교육은 아니었다고 한다. 오히려 가게를 넘긴 전 점주한테 배운 것이 더 많았다.

당시 본사에서 공급한 것은 생닭과 튀김용 파우더, 포장 용지였다. 생닭은 7호에서 8호(700~800그램) 정도의 크기로, 네 조각으로 절단한 닭이었다. 지금도 엠보치킨은 이 정도 크기의 닭을 사용하고 4~6조각으로 내서 튀긴다. 현재 프랜차이즈 본사의 공급 시스템과 가장 다른 것은 염지 상태의 닭이 아니라 생닭을 공급했다는 것이다. 염지는 레시피에 따라 각 점포에서 이루어졌는데, 당시의 염지법은 지금은 잘 사용하지 않는 우유 염지였다. 우유와 각종 양념을 넣고 염지를 했다는 점에서 같은 브랜드여도 가맹점마다 맛의 차이가 났을 것이다. 생닭 한 마리의 공급가는 1,500원 정도였고, 후라이드치킨 한 마리를 4,800원(1988년)에서 5,500원(1990년)에 판매했다.

생닭과 함께 본사에서 공급하는 파우더의 경우 한 봉지(정확한 용량을 기억하지 못함)가 11,000원으로, 봉지 파우더 하나로 30~40마리 정도의 닭을 '브레딩'할 수 있었다. 즉 하루 평균 한 봉지 정도의 파우더를 사용했다고 보면 된다. 현재 식자재 도매상에서 후라이드용 치킨 파우더의 가격은 5킬로그램 20,000원 선이다. 인터뷰 대상자는 당시 림스치킨이 파우더 제조와 판매로 상당한 이윤을 냈을 것으로 판단하고 있다. 그는 치킨을 만드는 노하우가 쌓이면서 파우더를 절약하는 방법을 터득해 원가 절감을 꾀했다고 말했다.

본사에서 직접 공급하는 물품 중에는 포장 용기와 비닐도 있다. 프랜차이즈의 상징은 통일된 간판과 CI, 포장 용기다. 행인이 림스치킨 봉지를 들고 가는 것만으로도 홍보가 되기 때문이다. 당시 림스치킨의 포장 용기와 비닐 풀세트가 개당 200원 선으로, 후라이드치킨 한 마리에서 차지하는 원가 비중이 꽤 큰 편이라고 볼 수 있다.

현재의 치킨 프랜차이즈와 현저히 다른 부분은 식용유를 사입했다는 것이다. 당시 영업용 해표식용유 1.8리터를 사용했는데, 1990년 신문 기사에 따르면 해표식용유 1.8리터 도매가가 23,700원 정도인 것으로 보아 점포 공급비는 25,000원 정도였을 것으로 추정된다. 현재 해표식용유 1.8리터의 가격은 40,000원 정도다. 당시 치킨을 비롯한 많은 튀김요리에는 일반적으로 쇼트닝을 사용했으나 그는 처음부터 식용유를 사용했다고 한다.

1989년 삼양라면의 공업용 우지 사용이 사회문제가 되었고, 연이어 쇼트닝과 마가린의 트랜스지방이 문제로 등장하기도 했다. 따라서 식용유를 사용하는 영업점이 계속 늘어났을 것으로 짐작되지만, 본사 차원에서 식용유 브랜드를 지정하거나 쇼트닝 사용을 하지 못하도록 강제하지는 않았다. 사실 1989년 이전에는 콩기름과 쇼트닝의 차이를 잘 모르던 때였다. 현재 치킨 프랜차이즈의 본사는 식용유 종류를 통제하거나 직접 공급한다. 어느 순간 치킨에서 닭보다는 식용유의 품질이 관건이 되고 있기 때문에, 각 브랜드마다 순식물성유(대두유), 카놀라유, 해바라기유, 올리브유를 쓴다는 것을 큰 홍보 포인트로 잡고 있다.

치킨에 곁들여 나가는 치킨무도 업장에서 직접 담갔고, 양배추 샐러드도 제공했다. 메뉴는 후라이드치킨 한 종류였는데, 최고 성수기는 소풍과 운동회, 어린이날이 있는 4~5월, 그리고 크리스마스였다는 점은 지금과 비슷하다. 다만 지금처럼 스포츠 특수는 없었다고 한다. 국내에서 벌어지는 스포츠 중계가 야구나 복싱 정도였기 때문에 매출로 이어지지 않았다.

성수기에는 닭을 사입하여 쓰기도 했고, 당시는 조각 닭으로도 판매했기 때문에 인기 부위인 닭다리는 많이 받아놓았다고 한다. 매장에서 자체적으로 염지를 했기 때문에 가능한 일이었다. 지금은 프랜차이즈 본사에서 염지 상태로 공급하기 때문에 영업점에서 닭을 사입할 수 없다.

현재 치킨점은 배달 전문, 홀 전문, 홀+배달의 복합형 등으로 유형이 나뉘지만 당시에는 그런 개념이 없었다. 다만 맥주로 이윤을 남기는 것이 중요하다는 점은 지금도 비슷하다. 하지만 앞에서 밝혔듯이 인터뷰 대상자는 맥주를 취급하지 않았고, 그래서 다른 매장에 비해 이윤이 덜 남았을 것으로 보인다.

프랜차이즈 가맹점을 경영하면서 가장 어려웠던 것은 들쭉날쭉하는 닭의 품질이었다고 한다. 본사에 몇 번 항의를 했지만 개선되지 않았다. 아마 닭 공급업자도 림스치킨 본사와 계약을 맺고 있는 일반 업체였을 것이라고 보고 있다. 당시의 림스치킨 본사와 가맹점의 관계는 그저 간판 사용 권리와 식자재 공급업체 정도의 의미였다고 볼 수 있다.

1980년대 중반부터 1990년대 초반까지 림스치킨은 고속도로 휴게소에 출점하고 미국에 2개의 점포를 진출시키는 등 황금기를 보냈다. 하지만 1980년대 말부터 등장하기 시작한 양념치킨의 위력은 대단했다. 치킨의 주류가 후라이드치킨에서 양념치킨으로 넘어가면서 림스치킨은 큰 타격을 입었다. 림스치킨 본사에서도 부랴부랴 양념소스를 개발해 각 가맹점으로 공급했지만, 맛에 현격한 차이가 있었기 때문에 소비자들의 외면을 받았다. 급하게 개발한 양념의 맛도 문제였지만, 엠보치킨 자체가 독특한 염지의 맛과 얇은 껍질을 즐기는 것이기 때문에 양넘과 어울리지 않기 때문이다.

이후 림스치킨의 가맹 비율은 현저히 떨어지고 양념치킨 가맹점들이 대폭 늘어나면서 상당히 위축되고 만다. 현재 남아 있는 림스치킨 매장에서는 '림스 스타일'의 엠보치킨은 '오리지널 림스치킨'으로 부르며, 크리스피치킨을 따로 팔고 있다. KFC에서 원래 팔던 치킨이 '오리지널 치킨'의 신세로 전락한 것과 마찬가지다. 이제 림스치킨 매장에서는 크리스피치킨과 양념치킨, 그리고 파닭까지 판매하고 있다. 그렇게 후라이드치킨 단일 메뉴로 치킨계를 호령하던 치킨종가는 과거의 영광을 뒤로 한 채 그럭저럭 추억을 팔고 있는 중이다.

• 통제가 이윤의 원천

1980년대 림스치킨의 운영방식은 지금과는 사뭇 달랐다. 지금의 프랜차이즈는 염지 닭과 식용유, 각종 부자재를 본사가 독점 공급하고 그 과정에서 부가가치를 남긴다. 뿐만 아니라 취급하는 생맥주조차 각 가맹점이 선택할 수 없다. 치킨점을 한다는 것은 당연히 주류도 취급한다는 것이고, 맥주 브랜드 선택권도 당연히 본사가 갖고 있다. 결국 통제가 수직화하여 본사의 권한이 크게 확대되는 방향으로 치킨 프랜차이즈는 변모해온 것이다. 그리고 이런 수직적인 통제야말로 이윤의 원천으로 작용하고 있다.

展 **3**

치킨은 무엇으로 사는가

307

치킨의 이름으로?
모델의 이름으로!

연예인은 인기로 먹고산다. 인기의 정도에 따라 거머쥐는 광고의 양과 수준이 달라진다는 뜻이다. 화장품과 백색가전, 이동통신, 음료, 제과 등은 톱스타들만 찍을 수 있는 광고다. 물론 패션 광고도 톱모델의 기준이긴 하지만 요즘은 패션시장 자체가 아웃도어로 이동하면서 아웃도어 광고 정도는 찍어줘야 톱스타로 인정받는다.

그런데 지난 10년 사이에 톱스타 중에서도 가장 '핫'한 아이돌 모델들의 각축장이 된 광고시장이 치킨이다. 30~40대 이상이라면 누구나 기억하는 치킨 광고의 전설은 페리카나 광고다. 1989년 당시 〈쇼비디오자키-네로 25시〉에서 네로 역할을 맡은 최양락이 그 아내 날라리아 역을 맡은 임미숙과 함께 찍은 페리카나 광고는 30대 이상이라면 지금도 그 씨엠송을 부를 수 있을 정도다.

• 코미디언에서 아이돌로, 치킨 모델의 역사

1980년대 들어서 치킨 광고시장의 물꼬를 튼 것은 글로벌 프랜차이즈인 KFC의 한국 상륙과 양념치킨의 등장이다. 당시 KFC 광고는 차분하게, 그동안 한국 사람들이 먹었던 '켄터키치킨'이 사실 짝퉁이었으며, 드디어 오리지널 켄터키프라이드치킨이 등장했다고 알리는 광고를 했다. 하지만 양념치킨의 광고 전략은 달랐다. 대표적인 양념치킨 브랜드인 페리카나는 최양락의 씨엠송을 통해 대박을 터뜨렸고, 처갓집양념통닭은 〈쇼비디오자키―쓰리랑부부〉의 김미화와 김한국을, 지금은 없어진 이서방양념치킨은 뽀빠이로 잘 알려진 이상용을 내세웠다. 그 외에도 군소 양념치킨 브랜드들은 코미디언을 모델로 기용하고 독특한 씨엠송을 통해 인지도를 높이는 전략을 썼다.

지금처럼 TV채널이 다양하지 않던 시절에 어린이들과 청소년은 코미디 프로그램의 충성스런 시청자였다. '애들'이나 먹는 치킨의 주요 소비자도 어린이와 청소년이었고, 부모를 졸라서 치킨을 팔아주는 것도 '애들'이었다. 그래서 당대 최고의 치킨 광고 스타는 배우도 가수도 아닌, 어린이에게 소구력이 있는 '코미디언'들이었다. 그런데 그 '애들'이 자라서 20대가 된 1990년대, 치킨 광고시장의 판도가 또 한 번 바뀐다.

후라이드치킨으로 시작해 양념치킨을 먹고, KFC와 파파이스와 같은 글로벌 프랜차이즈 치킨 맛을 골고루 섭렵한 세대가 지금의 30~40대, 1970년대에 출생한 세대다. 이들이 20대였던 1990년대 초중반, 전통적인 치킨 브랜드를 제치고 단박에 치킨업계 1, 2위를 차지한 교촌치킨과 BBQ는 20대의 마음을 휘어잡기 위해 코미디언이 아닌 가수와 배우를 광고 모델로 기용했다. 소비 주체로 자리 잡은 20~30대 여성들에게 어필할 수 있는 모델은 단연 남성 스타였다. 그래서 교촌치킨은 일찌감치 가수 god와 비를 모델로 기용했고, 이후에 신화나 슈퍼주니어를 모델로 쓰면서 치킨시장의 중심으로 파고드는 데 성공했다. 2014년 교촌치킨의 모델은 KBS 드라마 〈꽃보다 남자〉 주인공으로 단박에 한류스타 대열에 오른 이민호다. 교촌치킨은 중국을 비롯해 아시아 시장에 공을 들이는 중이라 이민호의 인지도가 반드시 필요했을 것이다.

1990년대 후반에서 2000년대 초반, 교촌과 함께 단박에 메이저 브랜드로 진입한 BBQ도 전형적인 빅모델 전략을 쓴다. 1990년대 말 가장 뜨거웠던 걸그룹 핑클을 비롯해, 당대 최고의 광고 모델인 김선아, 차태현, 동방신기, 비스트, 신세경, 원더걸스, 현아 등을 기용했고, 최근에는 메이저리그 야구선수인 류현진을 모델로 내세우고 있다.

2005년 오븐치킨에 신규 진입한 굽네치킨이 단번에 무명 브랜드를 탈출할 수 있었던 비결은 소녀시대였다. 지금도 최고의 주가를 달리고 있지만, 2008년에서 2010년 사이 소녀시대는 중년의 남성들까지 '삼촌팬'이라는 이름으로 팬덤 현상의 중심으로 끌어들이는 파워를 보여주었다. 당시 굽네치킨이 화제가 된 것은 치킨 자체가 아니라 신생 브랜드가 어떻게 소녀시대를 모델로 잡을 수 있었는가였다.

굽네치킨의 소녀시대 전략은 그야말로 대박이 났다. 소녀시대 멤버들이 상큼한 씨엠송을 부르며 '담백한 굽네치킨'이라는 콘셉트를 전면으로 내세운 광고는, 기존의 느끼하고 들쩍지근한 후라이드치킨과 양념치킨에 대한 전복이었다. 튀기지 않고 구웠기 때문에 아무리 먹어도 소녀시대처럼 날씬할 수 있다는 것을 이미지로 보여주었고, 결과는 대성공이었다. 굽네치킨의 성공으로 이후 한국에서는 오븐치킨 열풍이 불었다.

굽네치킨은 모델 마케팅의 모범사례이기도 하다. 소녀시대의 이미지와 네임파워를 광고뿐 아니라 마케팅 전략에 적극 활용한 것이다. 2009년에는 2,000원만 추가하면 '소녀시대 다이어리'를 제공하고, 이벤트로 '소녀시대 브로마이드'를 사은품으로 제공하는 전략을 썼다. 이 브로마이드 앞면에는 3명 멤버의 단체 컷이 있고, 뒷면에는 9명 멤버 전체 컷으로 구성되었다. 그리고 그 이듬해에는 아예 전면에는 멤버 전체의 사진으로, 뒷면에는 멤버 1인 사진으로 구성했다. 소비자들(소녀시대의 팬들?)은 자신이 좋아하는 멤버의 브로마이드를 얻기 위해 굽네치킨 아홉 마리를 다 시켜 먹거나, 아니면 매장에 전화를 해서 자기가 좋아하는 멤버가 들어 있는 브로마이드를 부탁하는 진풍경을 연출하기도 했다. 같은 팀이지만 멤버 간 팬덤이 따로 형성되어 있는 그룹의 특성상, 브로마이드를 누가 먼저 소진시키는지도 주목받을 정도로 소녀시대 브로마이드 행사는 큰 관심거리였다. 그런데 이 브로마이드 행사를 진행한 시기는 9월에서 10월 사이였다. 여름 성수기가 지나고 추석 명절을 앞두고 한창 지갑을 닫을 때, 소녀시대 브로마이드는 치킨 비수기를 뚫는 힘을 보여줬다.

소녀시대 광고 덕분에 굽네치킨의 가맹 문의가 치솟기도 했다. 치킨 프랜차이즈 본사는 닭과 부자재를 팔아서 먹고 산다. 그러려면 가맹점포가 많아야 한다. 그래서 빅모델 위주의 치킨 광고는 소비자들에게 어필하는 것도 중요하지만, 가맹점 모집에 가장 효율적인 방법이면서 기존의 가맹점주들을 안심시키기에도 좋은 전략이다. 최근 오븐치킨의 열풍이 주춤거리면서 소녀시대는 굽네치킨에서 떠났고, 광고 방영 횟수도 현저히 줄었다. 일반인 모델을 한동안 기용하고 TV 광고는 하지 않다가, 최근 다시 심기일전 중이다.

굽네치킨의 소녀시대 전략의 성공 이후에 치킨 광고시장의 판도는 걸그룹을 비롯한 아이돌 그룹의 각축장이 되었다. 치킨 1세대 브랜드인 멕시카나와 페리카나도 각각 아이유와 씨스타를, BBQ에서 분리돼 새로운 전기를 마련하려는 BHC는 군통령이라 불리는 걸스데이를 기용했다. 목우촌 계열사인 또래오래는 아이돌 밴드 FT아일랜드가 모델이다. 네네치킨은 MBC 〈무한도전〉 멤버들을 광고 모델로 기용해 그 효과를 톡톡히 본 덕에 여전히 유재석을 모델로 쓰고 있다. 연령대가 비교적 높은 소비자들이 주로 찾는 처갓집양념통닭은 체리부로가 인수한 치킨 프랜차이즈여서, 체리부로 전속 모델인 스타셰프 에드워드 권이 처갓집 모델도 겸하고 있다.

치킨 광고시장이 스타들의 각축장이 되다 보니 요즘 스타의 인기 척도는 어떤 치킨 광고를 찍느냐일 정도다. 그래서였을까. 통신사와 가전제품, 음료, 화장품 광고를 두루 섭렵했던 '광고의 여왕' 전지현은 군통령 걸스데이를 밀어내고 BHC 광고 모델을 수락했다. 아마 BHC 로서도 승부수일 것이다. BBQ에서 독립해 인지도를 높이는 것은 물론 새로운 전기를 마련해야 하기 때문이다. 〈별에서 온 그대〉의 여주인공 '천송이' 역할로 중국의 치맥 열풍을 일으킨 전지현은 그동안 화장품, 이동통신 등 광고의 꽃을 주름 잡던 스타다. 예전 같으면 그런 스타가 치킨 광고를 찍는 것은 상상하기 어려웠을 것이다. 하지만 이제 판이 바뀌었다. 스타는 치킨 광고를 좋아해!

• 여주인공은 치킨집 알바생

치킨 프랜차이즈의 광고 전략 중에서 빅모델 전략에 이어 가장 많이 쓰는 방법은 드라마나 예능 프로그램의 PPL Product Placement(제품

간접 광고)을 통한 노출이다. PPL은 2010년 5월부터 허용되었는데, 시장 규모는 해가 다르게 커지고 있다. 규정상 방송 시간의 5퍼센트 이내, 브랜드당 30초 이내, 제품 크기가 전체 화면의 4분의 1을 넘지 않는 선에서 브랜드를 노출할 수 있지만, 때로는 '경고'를 감수하면서도 과한 노출을 마다하지 않는다.

PPL 중에서 가장 비싼 비용을 지불하는 것은 아예 '직업'으로 등장하는 것이다. 주인공이 일하는 직장이 극의 주요 배경으로 등장하는 방식이다. 최근에 기업을 배경으로 하는 드라마가 많아진 이유는 드라마의 주요 줄거리 안에 해당 제품의 효능과 탄생 과정을 자연스럽게 노출할 수 있어 기업들이 기꺼이 제작비의 상당 부분을 대기 때문이다. 그게 아니면 주인공은 끊임없이 아르바이트를 뛰어야 한다. 청춘 스타들이 대거 등장한 SBS 〈상속자들〉(2013년)이라는 드라마에서, 여주인공 박신혜는 네네치킨 배달 아르바이트와 망고식스 매장 아르바이트를 하는 고학생으로 나온다.

이 아르바이트 에피소드는 주인공의 처지를 부각시키는 것은 물론, 상대 남자 주인공들과 만남의 계기를 제공하는 중요한 장소로 매장을 등장시킨다. 네네치킨 시켜 먹다가 남자 주인공과 만나고 망고식스에서 사랑을 고백하는 식이다.

KBS 드라마 〈꽃보다 남자〉(2009년)의 여주인공 구혜선은 제작비의 상당 부분을 댄 '본죽'의 알바생으로 나왔다. 2013년에 방영한

KBS 주말 드라마 〈최고다 이순신〉의 여주인공 아이유는 카페베네가 만든 레스토랑 '블랙스미스'의 점원 노릇을 했고, 엄마 고두심은 아이유가 메인 모델로 있는 멕시카나에서 치킨을 튀기고 포장하는 일을 했다. 분명 블랙스미스 측이 더 많은 제작비를 댔을 것이다. 직업군 PPL에서 주인공들이 직접 일을 하면 훨씬 더 비싼 협찬료를 받을 수 있지만, 조연급들이 종사하는 직업군으로 나오면 그보다는 낮은 금액이 책정되기 때문이다.

가장 고전적인 PPL은 해당 제품을 시켜 먹거나 회식 장면에 드러내는 것이다. 그런데 현대극인 경우 치킨이나 피자, 커피의 협찬이 가능하지만 사극의 경우에는 어떻게 하는 걸까? 사극도 광고가 가능하다. 자막 노출이라는 방법이 있기 때문이다. 매회 종영 시 등장하는 협찬 기업 자막도 상당한 광고 효과가 있다. 때로는 드라마가 슬픈 장면에서 끝났는데, 바로 이어져 올라오는 '○○치킨' 자막 때문에 그 감동이 뚝 끊겼다는 불만이 심심찮게 터져나오기도 한다. 드라마의 감동과 내용까지 끊어가면서 이렇게 PPL이 등장하는 이유는 그 광고 효과가 상상 이상이기 때문이다. 저녁 시간에 집중되어 있는 드라마에 치킨을 먹는 장면이 노출되면 해당 브랜드 치킨의 배달 주문이 늘어난다. 하지만 무엇보다 브랜드 인지도가 곧 생명인 치킨시장에서 광고는 포기할 수 없는 생존전략이다.

• 진짜 연예인 치킨의 등장

자본주의의 모든 상품이 마찬가지겠지만, 치킨시장도 어떤 광고 모델을 쓰느냐에 따라 판매율은 물론 제품 이미지가 많이 달라진다. 그러다가 연예인이 직접 경영에 나서기도 한다. 특히 치킨은 스타들에게 도전해볼 만한 프랜차이즈 사업으로 인식되고 있는 모양이다. 치킨회사에 지분 투자를 하고 마케팅과 홍보에 적극 나서는 방법을 택하는 것이 일반적이다. 브랜드 인지도를 높이기 위해 광고나 마케팅에 사활을 걸어야 하는 일반 업체와 달리 연예인이 차린 치킨회사는 사람 자체가 걸어다니는 광고가 되곤 한다.

그래서 치킨 브랜드 이름은 정확히 기억하지 못해도 '강호동치킨', '이경규치킨', '컬투치킨'으로 일컬어지면서 신규 시장 진입이 상당히 쉽다. 본래부터 외식사업에 관심이 많던 코미디언 이경규는 치킨 프랜차이즈 사업에도 뛰어들었다. 90년대 '압구정김밥'으로 프랜차이즈 사업 경험이 있는 이경규는 '돈치킨'이라는 브랜드로 치킨시장에 진출했다. 자신의 캐릭터를 브랜드 이미지로 연결시키는 데 성공해 현재 300호점까지 문을 연 중견 치킨업체로 키웠다. 강호동이 지분을 보유한 '강호동치킨678'은 2012년에 등장했는데, 강호동이 방송에 복귀하면서 가맹점도 함께 늘어나 200호점까지 매장이 늘어났다. 2014년 목동야구장 펜스 광고를 시작했고, 2013년 집계된 매출액은 221억 원에 이르는 것으로 알려져 있다. 코미디언 김병만은 자신이 모델이었던 '투마리치킨'의 대표이사로 자리를 잡았고, 코미디언 허경환도 '포차in허닭'이라는 자신의 이름을 걸고 맹렬하게 사업을 확장하고 있다. 그리고 가수 겸 개그맨으로 최고의 인기를 누리고 있는 컬투도 자신들의 이름을 내건 '컬투치킨'을 자신들이 출연하는 프로그램에 사은품으로 거는 등 간접광고 효과를 톡톡히 누리고 있다.

이쯤 되면 치킨업이 그리 만만한 외식업인가 하는 생각도 든다. 그런데 이는 달리 말하면 그만큼 이미지에 살고 이미지로 죽는 것이 치킨이라는 뜻이다. 맛으로 승부가 갈리지 않는 맛의 세계, 이상한 나라의 치킨이다.

• 연예인 브로마이드는 누구 돈으로 만드나

치킨 프랜차이즈의 영업 전략에서 판촉 행사가 빠질 수 없다. 시즌별 할인 행사는 기본이고 5월 어린이날 전후로는 장난감과 문구류가 경품으로 제공된다. 각 브랜드마다 시시때때로 경품 행사도 벌이는데, 최근에는 모델을 활용한 사인회 행사도 이에 해당한다. 그런데 이 판촉 행사는 개인점이 수행할 수 없는 프랜차이즈의 힘이기도 하면서 점주들의 희생이 필요한 일이다.

같은 브랜드로 통일되어 있지만, 사실 업장이 어디에 입점해 있느냐에 따라서 각 치킨점의 영업 양상은 크게 달라진다. 일례로 지방의 대학가에 자리 잡은 치킨점의 경우 가장 큰 변수는 '방학'이다. 주요 소비자인 대학생들이 뿔뿔이 흩어지는 방학이면, 브로마이드가 아니라 소녀시대가 직접 와도 소용이 없다. 그리고 전통적으로 치킨 판매의 비수기인 3월, 9월*에 대학가 치킨점들은 오히려 바쁘다. 개강 행사에 빠질 수 없는 것이 치킨이기 때문이다. 또한 대학생들이 시험 기간에 가장 간단하게 시켜 먹는 메뉴가 치킨이기 때문에 시험 특수도 반짝 누릴 수 있다. 그러니 본사에서 기획하는 판촉 행사가 각 점포의 시기와 맞지 않을 수도 있는 것이다. 하지만 본사가 판촉 행사 의무이행을 강요하고, 경품 제작비나 할인 행사 손실을 점주들에게 떠넘겨서 본사와 가맹점 간 분쟁의 원인이 되곤 한다.

지난 2007년 BBQ 매장을 운영하는 가맹점주들이 BBQ 본사인 제너시스 그룹을 공정거래위원회와 법원에 제소한 적이 있었다. 2005년 치킨이 트랜스지방 논쟁에 휘말리면서 BBQ는 올리브치킨을 출시했다. 그리고 6개월간 대대적으로 판촉을 펼치라는 지시가 내려왔다. 이 기간 동안 BBQ 본사는 판촉 홍보비 명목으로 모든 가맹점에서 한 마리당 200원씩을 추가로 걷고 6개월간 각종 판촉물을 강매하다시피 가맹점으로 떠넘기면서 월 매출액의 7퍼센트(100만 원 내외)를 본사에 내도록 요구했다는 것이다. 당시 가맹점주들은 올리브유로 기름을 바꾸면서 기름 가격이 지나치게 올라 후라이드치킨 한 마리당 단가가 2,000원 정도 상승된 반면, 매출은 생각보다 늘지 않아 노심초사하고 있었다. 이런 상황에서 본사가 판촉 비용을 점주들에게 고스란히 떠넘기면서 갈등이 증폭되었다. BBQ 본사는 판촉 행사는 점주들과 협의된 사안이며, 본사도 판촉 행사 비용으로 200억 원을 지출했기 때문에 점주들에게 일방적으로 희생을 강요한 것은 아니라고 해명했다.

프랜차이즈의 체인점을 운영하는 데에는 이런 문제가 늘 걸려 있다. 프랜차이즈의 장점이라면 안정된 기술 전수와 광고 효과, 물류 공급을 꼽을 수 있다. 하지만 개인 선택의 폭이 넓지 않다는 것이 맹점이다. 광고비나 판촉비의 명목으로 의무적으로 공제하기도 하고 다양한 수수료가 발생하는 것이 프랜차이즈의 특징인 것이다. 이런 사안을 두고 본사와 가맹점의 의견은 다를 수밖에 없다. 치킨시장의 과열 양상 때문에 본사는 본사대로 광고와 홍보 행사에 사활을 걸어야 하고, 실제로 치킨을 팔고 있는 점주들은 이래저래 떼어가는 수수료가 피와 같기 때문이다. 갈등이 그야말로 일상화되어 있는 구조다.

* 3월과 9월은 새 학기가 시작되면서 자녀들에게 가장 많은 돈이 지출돼 외식을 줄이는 시기다. 그래서 치킨점들은 '마의 3월', '마의 9월'이라 부르기도 한다.

308

스포츠와 치맥

BASEBALL

한국에서 치킨점이 갑자기 늘어난 때는 2002년 월드컵을 전후해서였다. 1만여 개에 이르던 치킨점이 2002년을 기점으로 71퍼센트 증가하면서 갑자기 2만 5000여 개로 늘어나버린 것이다. 사실 스포츠 경기를 보면서 치킨을 먹는 문화가 새삼스러운 것은 아니다. 1982년 프로야구가 출범하면서 야구 경기를 보면서 통닭을 먹는 풍경도 흔해졌다.

소득이 늘어나고 통닭의 인기가 나날이 오르면서 소풍이나 야유회 때 치킨과 맥주를 먹는 풍경도 낯설지 않게 되었다. 이미 1970년대 명동영양센터에서 생맥주와 전기구이통닭을 함께 먹는 것은 당시 최신의 외식 트렌드였다. 따지고 보면 '치맥'은 우리에게 아주 익숙한 문화이고 그 역사도 치킨이 일상의 음식으로 자리 잡으면서 함께 시작되었다고 할 수 있다.

치킨 하면 맥주, 맥주 하면 치킨인 전통을 모를 리 없는 육계회사와 치킨회사는 2002년 한일 월드컵을 앞두고 단단히 준비를 했다. 육계회사들이 닭 사육량을 늘리는 것은 물론 치킨회사들도 넉넉하게 닭을 확보해두었다. 월드컵이 끝나고 나면 바로 '복날 특수'가 기다리고 있기 때문에 2002년 여름은 '닭의 나날들'이었다. 홈어드벤티지를 어느 정도 예상은 했지만, 한국 대표선수들의 선전은 예상을 뒤엎었다. 간절했던 16강을 우습게 넘기고 8강을 넘어 4강까지 내달리면서 온 나라가 "대~한민국!"을 외쳐댔다. 한 손에는 치킨 조각을 들고, 또 한 손에는 맥주를 들고 말이다. 때마침 화창한 날씨도 이어지고 점점 더 뜨거워지는 열기에 맥주와 치킨 먹기 좋은 날들이 이어졌다. 그런데 문제는 이상한 데서 터졌다. 이른바 난데없는 치킨 파동.

'치킨 파동'이란 경기 전 치킨을 주문하면, 경기가 다 끝나고 스포츠뉴스 하이라이트 방송할 때나 배달되는 것을 뜻한다. 사람들의 학습능력은 뛰어나서 미리 가서 튀겨오거나 예약도 했지만 이미 예약은 다 차버린 뒤였다. 아예 배달을 하지 않고 업장 영업만 하는 배짱도 부려보았던 꿈 같은 시절. 치킨집도 이런 기회를 놓칠 수 없어서 대형 텔레비전을 설치하고 야외 매장을 설치했다. 구청에 민원이 들어가거나 말거나 늦은 새벽까지 치맥을 팔아댔다. 지금도 그때의 교훈을 잊지 않고 국가대표 축구 경기가 있는 날은 닭을 넉넉히 받아놓는다.

2002년 월드컵 당시에는 치킨점마다 염지 닭을 확보하느라 애를 먹었다. 프랜차이즈 본사에서 공급하는 닭만으로는 모자라 몰래 '사입' 닭을 쓰기도 했지만, 본사는 본사대로 난리가 나서 가맹점 관리를 제대로 할 수 없을 정도였다. 맥주업계도 덩달아 행복한 비명을 질렀다. 주류 공급업체의 직원들이 과로로 쓰러졌다는 얘기에, 생맥주를 따를 시간이 없어서 아예 병맥주로만 팔았다는 전설이 더해진다. 그 야말로 치맥의 시절이었다.

이때부터 '치맥'이라는 말은 일반명사가 되었다. 비록 국립국어원의 표준국어대사전에는 등재되지 않았지만 각 포털사이트의 오픈사전에는 '치맥'이 당당히 자리 잡았고, 지금 분위기로 봐서는 국어사전에 자리 잡을 날도 머지않아 보인다. 이제 스포츠와 치맥은 떼려야 뗄 수 없는 문화현상으로 매김했다.

• 대~한민국 치맥

치킨 때문에 축구를 잘했는지, 축구를 잘해서 치킨이 잘 팔렸는지 알 수 없지만 2002년 월드컵의 숨은 승자는 치킨업계였다. 당시 닭 물량을 확보하지 못해 애를 먹은 치킨점은 2006년 독일 월드컵을 앞두고 만반의 준비를 갖추었다. 본사에서도 일찌감치 닭 물량을 확보하고 각 가맹점들은 대형 HD 텔레비전을 앞다투어 설치하고 야외 매장 시설을 확보했다. 주류업계도 나름대로 생산량을 늘렸다. 무엇보다 치킨 프랜차이즈 본사가 가장 신났던 것은 월드컵을 앞두고 가맹점이 늘어난 것이다.

사실 평생 치킨집을 하겠다고 결심하는 경우는 많지 않다. 대목에 들어와서 치고 빠지고 싶어하는 사람들이 많고, 그 욕망을 놓치지 않은 것도 프랜차이즈다. 하지만 2002년의 영광은 재현되지 않았다. 원정 1승에 만족해야 했던 2006년 독일 월드컵. 평소보다야 치맥이 많이 팔렸지만 생각보다는 싱겁게 끝났다. 드디어 16강에 진출한 2010년 남아공 월드컵도 치킨업계에 아쉬움을 남겼다. 어쩌면 2002년은 치킨업계에 선물처럼 반짝 온 시즌일 것이다. 그래도 월드컵 하면 치맥이 떠오를 만큼 강력한 문화현상으로 자리 잡았기 때문에, 월드컵은 여전히 치킨업계에 가장 중요한 특성수기다. 실제로 월드컵이 있는 해는 전년 대비 30퍼센트 매출이 증가한다고 알려졌다.

2014년은 대망의 브라질 월드컵이 열리는 해다. 아무리 공장에서 찍어내듯이 키워낸다고는 하지만 닭도 엄연한 생명인지라 무작정 빨리 키울 수는 없는 노릇이다. 닭 생산량을 늘리려면 일단 종란 생산을 늘려야 하고 그만큼 사료도 충분히 확보해야 한다. 병아리에서 치킨용 닭으로 출하하는 시기야 35일 남짓이지만 사전 준비는 있어야 한다. 그래서 브라질 월드컵 특수를 노리려고 육계회사들은 몇 달 전부터 준비를 했다. 2014년 4월 11일 통계청의 발표를 보면 대형 육계업체들이 동계 올림픽과 월드컵, 아시안게임 등의 특수를 노리고 육계사육량을 늘려왔다고 한다.

대형 육계회사들이 이런저런 이유로 늘린 사육량으로 인해, 여름

쯤에는 육계 값이 하락할 것으로 보고 있다. 이렇게 되면 가장 큰 피해자는 육계 계열업체에 소속되어 있지 않은 독립 양계 생산자들이다. 우리가 배운 경제학 지식에서는 공급과 수요가 만나는 지점에서 상품 가격이 적절하게 정해져야 한다. 그래야만 시장 자본주의는 명분이 생긴다. 그런데 육계시장은 자유로운 가격메커니즘이 작동되는 시장이 아니다. 보이지 않기는커녕 노골적으로 '보이는 큰손'들이 가격을 흔들어놓는다.

하림을 비롯한 상위 5개의 육계회사가 닭시장을 주도하면서 영세한 독립 양계업자들과 치킨점 점주들은 그들이 정한 가격메커니즘에 종속될 수밖에 없는 구조다. 치킨점에 공급되는 닭 공급가는, 오를 때는 엄청나게 오르지만 내려가는 일은 많지 않다. 그들은 다양한 유통라인을 가졌고 창고에 쌓아둘 수 있는 능력도 있고 가공을 해서 부가가치를 올릴 수도 있다. 그리고 대형마트에서 1+1 행사를 펼치는 한이 있어도 한 번 올려놓은 닭 공급 가격은 조절하지 않으려 한다. 그래서 마트의 닭 값은 저렇게 싼데 왜 치킨 값만 이렇게 비싸냐는 항의를 들을 수밖에 없다.

2014년 월드컵 특수를 앞두고 증권시장에서 육계회사와 맥주회사의 주가가 연이어 상종가를 쳤다. 이른바 '치맥 대박론'이 점쳐지면서 호재를 맞이했기 때문이다. 하지만 우려스러운 것은 2014년 브라질 월드컵은 한국 시간으로 새벽이나 아침 일찍 치러진다는 점이다.

아무리 월드컵은 치맥과 함께라지만 신새벽부터 치맥이 가능할지는 두고 볼 일이다.

• 배달보다는 현장, 야구장 치킨

치맥과 뗄 수 없는 스포츠가 야구다. 프로축구의 인기보다는 단연 프로야구의 인기가 높다. 그리고 축구의 경우 월드컵이나 올림픽 같은 국가대항전이 판매에 미치는 영향이 크다. 또한 국가대항 경기도 어느 나라와 붙느냐가 상당히 중요한 것이 축구다. 당연히 '한일전'이 벌어지면 치킨점에서도 닭을 미리 넉넉하게 초벌튀김을 해둔다. 하지만 약체팀과의 평가전이라면 치킨 판매량이 평타(평일 수준의 판매량) 정도라 업장에서도 큰 기대를 하지 않는다. 축구는 곧 국가 행사다.

하지만 야구는 다르다. 한국 야구는 프로야구가 중심이고 WBC나 올림픽 경기가 있지 않은 이상(그나마 이제 올림픽에서 퇴출당했다) 국내 야구 중심이다. 메이저리거들의 경기는 시차 때문에 오전 방송이 많아 치맥과 연결되지 않는다. 하지만 야구는 이른 봄의 개막부터 늦가을의 코리안시리즈까지 경기가 이어지고, 거의 매일 경기가 있다. 그래서 치킨도 꾸준히 팔린다는 점에서 치킨업계가 상당히 마케팅에 공을 들이는 스포츠가 바로 야구다. 하지만 야구 경기가 열릴 때마다 치킨 판매가 올라간다면 이보다 쉬운 장사가 없을 것이다. 축구와 마찬가지로 야구 경기가 있는 날 배달 주문이 크게 늘어나는 것은 플레이오프 때 정도다. 야구 경기와 치맥의 관계는 철저히 '오프라인' 중심이다. 즉 야구장에서 야구 경기를 보면서 치맥이 이루어지는 것이다.

1982년 출범해 국민 스포츠로 자리 잡은 야구는 하나의 문화현상이기도 하다. 특별히 야구에 관심이 없는 사람에게도 야구장은 가족 단위의 나들이 장소면서 연인들의 데이트 장소로 각광받는다. 야구팬은 치맥을 즐기면서 야구 경기를 보고, 야구에 관심이 없는 사람은 응원전 구경을 하면서 치맥을 즐기면 된다. 그래서 야구장 입구에 들어서기만 해도 치킨 냄새가 가득하다. 영화관에서는 팝콘인 것처럼 야구장에서는 치맥이 자리를 잡았다.

야구 경기는 저녁에 치러지기 때문에 직장에서 바로 퇴근한 관람객들이 끼니와 음주를 동시에 해결할 수 있는 메뉴로 단연 치맥이 최고다. 적어도 서너 시간 동안 이어지는 경기 시간에 최적화된 메뉴도 치킨인데, 치킨은 천천히 즐길 수 있는 안주이기 때문이다. 프로야구가 개막하는 3월 말, 치킨업계는 드디어 한숨을 돌린다. 3월은 명절이 끝난 지 얼마 지나지 않았고 무엇보다 새 학기에 이리저리 들어가는 돈이 많아 치킨을 비롯해 외식업계 전체가 위축되는 시즌이다. 따라서 3월 말에 프로야구가 개막하면 치킨 프랜차이즈업계는 한시름 놓는 것이다. 그렇지만 야구 시즌이라고 해서 모든 치킨점의 매출이 올라가지는 않는다. 철저히 오프라인 중심인 야구에서 치킨점 최고의 입지 조건은 야구장이다. 계절을 타기는 하지만 그래도 봄부터 늦가을까지 이어지는 야구 시즌에는 다른 업장보다 훨씬 높은 판매율을 보장받기 때문이다. 그다음 상권은 야구장 주변 치킨점이다. 이곳은 관람객들의 배달 주문은 물론 포장 손님의 발길이 끊이지 않는다. 또 점주가 직접 닭을 들고 나가 노점 형태로 판매하여 매출 신장을 꾀할 수도 있다. 이처럼 유리한 입지이다 보니 가장 비싼 값에 거래되는 곳이기도 하다. 치킨점뿐만 아니라 경기장 근처의 편의점과 마트는 최고의 상권으로 쳐준다.

참고로 매물시세표를 보면 잠실야구장 내 5평짜리 일반 매점의 권리금이 4000만 원, 월세 1200만 원, 관리비 200만 원에 이르는 것으로 나온다. 이 매물이 치킨점이 아닌 구장 내 일반 매점인 것을 감안하면 치킨점은 그보다 훨씬 높은 가격이 형성돼 있을 것이다. 부산 사직구장에 입점한 모 치킨점의 경우 그 권리금이 1억 8000만 원에 달한다. 야구장에 들어선 매점 운영권을 두고 이런저런 잡음이 끊임없이 들리는데, 그만큼 큰 이권이 오간다는 사실을 보여준다.

야구장 인근의 치킨점도 야구 경기가 있는 날에는 최소 30퍼센트에서 70퍼센트 이상 매출이 증가하는 것으로 조사되었다. 비메이커, 소위 '시장 닭'도 신나는 날이다. 노점들도 가마솥을 걸고 통닭을 튀겨내고 쥐포를 구워서 판다. 야구장 인근에 있지 않은 치킨점 사장님들은 아예 치킨을 잔뜩 튀겨와 즉석에서 판매하기도 한다. 크리스마스 이후에 가장 큰 대목을 맞이할 수 있는 절호의 기회를 너도나도 잡고 싶은 것이다.

치킨은 야구를 보면서 먹기에 좋은 것은 분명하지만, 야구장에 입점해 있거나 야구장 인근에 있는 매장이 아니면 대부분의 치킨점들은 눈에 띄는 영향을 받지 못한다. 다만 야구 중계를 통해 치킨 광고가 노출되고 그 광고 효과를 어느 정도 입을 뿐이다.

야구장은 그 자체로 상업공간이다. 야구장 곳곳에 붙은 광고판의 가격은 적게는 수천만 원대에서 수억 원대까지다. 야구장 펜스 중에서 단위면적당 광고비가 가장 비싼 곳은 TV 노출이 계속되는 본부석 쪽이다. 구장마다 광고비가 다르긴 하지만, 롯데 자이언츠의 사직구장이 1억 원, 넥센 히어로즈의 목동구장이 5000만 원이다. 잠실야구장은 가장 비싼 곳으로 15개 광고가 순환 노출됨에도 2억 2300만 원에 이른다. 그라운드 내야 광고도 상당히 고가의 광고비를 지불해야 한다. 1루와 3루 옆에 설치되는 이 광고판은 최고 3억 원 선으로 알려져 있다. 하다못해 홈런 혹은 파울을 치면 계속 노출되는 파울 폴대의 광고비도 1억 원 선이다.*

치킨업계가 야구장 펜스 광고에 매달리는 이유는 브랜드 이미지

* http://news.mt.co.kr/mtview.php?no=2012053018221281261

를 각인시키는 데 이만한 효과가 없기 때문이다. 대구 지역의 치킨체인이었던 '호식이두마리치킨'의 경우 2010년 삼성 라이온스 연고의 대구구장 본부석 펜스 자리를 차지해 시즌 내내 상호가 노출되었다. 해당 팀의 경기력이 상승하면 덩달아 브랜드 인지도가 상승하는 효과가 있는데, '호식이두마리'는 이런 전략으로 상당한 효과를 보았고 이후 '전국구' 치킨이 되었다. 2014년 현재 반짝 붐이 일었다가 '배달' 없이 치킨 팔기가 얼마나 어려운지를 잘 보여준 '부어치킨'은 넥센 히어로즈의 목동구장 펜스를 차지했다. 잠실구장의 펜스는 '치킨매니아'가 차지했지만, 광고비가 가장 비싼 잠실구장은 광고 전쟁도 치열하다. 그래서 광고가 계속 바뀌어 노출되는 이른바 롤링펜스를 쓰고 있다. 롯데 자이언츠의 사직구장은 '무봤나촌닭'과 지역에서 나름대로 인지도가 있는 '화덕에꾸운닭'이 차지했다. 기아 타이거즈의 광주구장엔 '이경규치킨'으로 알려져 있는 '돈치킨', SK 와이번스의 문학구장 본부석 펜스는 '티바두바리치킨'이 차지하고 있다.

아예 야구팀의 스폰서가 되어 유니폼에 로고를 박은 치킨 브랜드도 있다. 치킨업계 순위 2, 3위에서 엎치락뒤치락하는 네네치킨은 2013년 마산을 연고로 출범한 신생팀 NC 다이노스의 스폰서다. NC 다이노스의 선수들은 네네치킨 로고가 들어간 유니폼을 입고 경기에 나선다. 마산구장에서는 네네치킨 광고 씨엠송에 맞춰서 '유재석 댄스'를 추도록 응원단이 유도하는가 하면, NC 선수들이 홈런을 치면

10마리씩 치킨을 적립해 취약계층에 기부하는 행사를 벌이기도 했다. 치킨업계 1위 자리를 지키고 있는 BBQ는 아예 전속모델로 류현진을 내세우고, 류현진 모자를 나눠주는 이벤트를 열었다. 여기에 더해 전 구장의 외야 펜스에 광고판을 설치하는 통큰 행보를 보이고 있다.

• **치킨을 뜯으며 여왕을 맞이할 수는 없다**

가장 큰 스포츠 축제인 올림픽은 과연 치킨 판매율에 어떤 영향을 줄까? 사실 월드컵이나 프로야구 플레이오프만큼의 효과는 없다. 올림픽의 경우 자국에서 개최하지 않는 이상 늘 시차의 문제가 걸린다. 게다가 경기 종목과 수가 많아 일정을 챙기기도 어렵고, 무엇보다 단일 경기가 아닌 스포츠 이벤트는 응원에 집중하기가 힘들다. 월드컵이나 WBC는 심플한 일정으로 공지되어 있지만, 올림픽은 그렇지 못하다. 하루에도 다양한 종목의 경기가 몇 차례나 치러지고 각 종목마다 인기의 차이도 있기 때문이다. 한국 대표선수가 출전해서 '관여하는' 시간도 몇 분에 불과하다. 특히 한국이 잘 하는 종목인 양궁이나 태권도, 쇼트트랙의 경우는 러닝타임이 길지 않다 보니 치킨을 뜯느라 집중력을 흐트러뜨릴 수가 없다.

2013년 연말에 시작되어 2014년 연초까지 조류독감으로 타격을 입은 치킨업계는 소치 동계 올림픽에 묻어서 무난하게 파고를 넘기를 기대했지만 소용이 없었다. 무엇보다 가장 기대가 높았던 김연아의 피겨스케이팅의 경우, '여왕'의 우아한 경기를 치킨 다리 뜯으면서 보라고 하기에는 치킨업계도 면구스러웠을 것이다. 물론 치킨이 올림픽 특수를 누리는 유일한 방법이 있다. 그것은 축구나 아이스하키 결승전에 오르는 것이다.

그러나 '올림픽 특수'는 치킨 프랜차이즈 본사에서 가맹점을 모집할 때 가장 힘주어 쓴 말이기도 하다. 올해는 올림픽이 있고, 내년에는 월드컵이 있어서 치킨점 차리기에 좋은 기회라는 것이다. 2002년의 '치킨 파동'을 직간접적으로 겪은 예비 창업자들은 이 말에 고개를 끄덕이게 된다. 하지만 올림픽이 올 때 조류독감도 함께 올 수도 있다는 것을 과연 예측이나 했겠는가. 2014년 치킨업계는 브라질 월드컵의 특수를 언급하며 가맹점 모집에 나섰다. 각 증권회사는 '치맥 대박론'을 펼치며 대형 육계회사와 맥주회사에 투자하라고 속삭였다. 하지만 특수가 될지 아닐지는 뚜껑을 열어보아야 알 수 있고, 그 특수는 그야말로 특수한 몇몇 대기업에 집중될 뿐이다. 대표적으로 하림을 비롯한 육계회사와 하이트진로나 OB맥주와 같은 곳에만 집중되는 특수인 것이다. 그렇다면 야구가 있지 않느냐고? 하지만 웬만한 사람들은 야구장 근처에 치킨점을 차릴 돈이 없다.

스포츠 경기가 벌어질 때마다 승리에 가장 목마른 것은 치킨점 사장님들이다. 국가대표팀 경기 결과에 따라서 치킨 판매율은 널을 뛰기 때문이다. 혹시나 하는 마음에 닭은 많이 받아놓았는데, 하필이면 대표팀이 힘도 쓰지 못하고 기운 빠지는 경기를 하면 치킨 주문량도 함께 떨어지고 재고는 쌓인다. 홀에 와서 직접 경기를 보는 손님들도 경기의 결과에 따라서 시켜 먹는 치킨과 맥주의 양이 다르다. 승리에 울고 웃는 것은 선수와 감독만이 아니다.

기업의 스포츠 마케팅은 새삼스러운 일이 아니다. 스포츠는 기업들의 스폰서 계약과 광고를 먹고 자란다. 사실 비인기 종목은 기업 스폰서를 잡지 못하고 억지로 지자체나 공기업이 떠맡고 있는 실정이다. 스포츠의 상업화 문제는 고루한 이야기다. 이미 스포츠는 그 자체로 '산업'이기 때문이다. 코카콜라와 같은 다국적 기업이나 대기업들의 스포츠 마케팅이야 그렇다 치고, 최근 스포츠 마케팅시장에 뛰어들고 있는 한국의 치킨 프랜차이즈들이 벌이는 '치킨게임'은 어떤 결론을 맺을지 주시할 필요가 있다. 그 마케팅 비용은 사실 치킨점 사장님들이 '한 마리 한 마리' 튀겨낸 돈에서 나오기 때문이다. 본사에서 각 매장에 분담시키는 마케팅 관련 수수료가 만만치 않고, 스포츠 시즌에 함께 벌어지는 다양한 이벤트 비용도 고스란히 점주들 몫으로 남기 때문이다.

309

조류독감,
죽거나 나쁘거나

날씨가 추워지면 '조류독감' 소식이 들려온다. 그때마다 죄가 있다면 날개 달려 날아다니는 죄밖에 없는 '철새'가 원흉으로 지목되곤 한다. 2013년 겨울에도 조류독감은 오고 말았다. 2014년 봄까지 강타한 조류독감은 오리에서부터 시작되었다(가창오리떼가 그래서 욕을 먹었다). 2014년 2월까지 살처분된 가금류가 오리와 닭을 포함해 1000만 마리에 육박하면서 또 한 번 살육의 잔치가 벌어지고 말았다. 실제로 조류독감이 걸렸든 아니든 발생 지역 3킬로미터 이내의 가금류는 '예방적 살처분'을 하는 것이 현재의 유일한 대안이다.

1990년대 중반부터 조류독감이라는 말이 심심치 않게 들려왔지만, 그때는 홍콩이나 중국, 동남아시아 지역에서 발생하는 '카더라' 정도의 질병이었다. 그동안 한국 사람들이 조류독감에 대해 접한 정보는 주로 언론의 해외 토픽을 통해서, 그것도 사람의 사망과 연관 지은 '위험 커뮤니케이션'이었다. 정확한 정보도 없이 '먹으면 죽는다'는 식의 인식이 강했다. 조류독감, 구제역, 광우병으로 대표되는 동물전염병을 운 좋게도 빗겨나가 축산청정지역으로 스스로 명하던 한국의 행운은 길지 않았다.

• 조류독감, 악재와 호재 사이

한국에서 조류독감이 처음 발생한 것은 2003년 12월이다. 조류독감의 첫 발생이기도 하고, 2002년 월드컵을 계기로 닭 사육량은 물론 치킨점도 늘어나 있는 상태여서 그 충격의 여파가 상당했다. 월드컵을 계기로 갑자기 늘어난 치킨점들이 그렇지 않아도 과열 경쟁에 내몰려 있는 상태에서, 조류독감은 그야말로 치명타로 다가왔다.

첫 조류독감의 후폭풍은 대단했다. 당시 치킨점의 10퍼센트 정도가 폐업을 했고 '개점휴업'인 치킨점들도 많았기 때문에 업계는 크게 휘청거렸다. 간신히 끌고가는 치킨점도 70퍼센트 이하로 떨어진 판매율을 회복할 기미는 보이지 않았다. '콜팝 치킨'(컵 하나로 콜라와 치킨을 함께 즐길 수 있는 메뉴)을 개발해 초중고생들로부터 인기를 끌었던 BHC도 조류독감을 이겨내지 못하고 부도 위기를 맞았다. 결국 2004

년 BBQ에 30억 원에 팔리면서 치킨업계의 시장이 구조조정 국면에 접어드는 것 아니냐는 관측이 나오기도 했다.

더 이상 한국은 조류독감 청정지역이 아니었다. 오히려 조류독감은 주기적으로 찾아왔다. 2003년 12월에 첫 발생한 조류독감은 그 이후로 2~3년 주기로 반복되는 양상을 보인다. 2006년 11월~2007년 3월, 2008년 4~5월, 2010년 12월~2011년 5월에 발생하고, 3년 만인 2013년 12월에 발생해 2014년 3월이 지나도록 종식 발표가 나지 않았다. 이런 양상은 축산 환경이 근본적으로 변하지 않는 이상 계속 반복될 것이다. 조류독감 사이사이에 구제역도 일어날 테고 말이다.

조류독감이 처음 발생한 10년 전에는 종계장부터 치킨점까지 관련 기업 전체가 상당한 어려움을 겪었다. 그런데 최근 조류독감의 양상은 좀 많이 달라졌다. 조류독감이 발생하자마자 주식시장에서 상종가를 치는 기업들이 생겨났다. 상식적으로 조류독감이 발생하면 대형 육계회사들의 주가가 떨어져야 정상일 텐데, 오히려 그 반대의 현상이 일어났다. 그 이유는 사실상 공급과잉 상태에 놓여 있던 육계 시장이 살처분으로 크게 한 번 정리되기 때문이다. 그래서 국내 최대 육계회사인 동시에 최대 오리고기회사인 '주원산오리'를 계열사로 거느리고 있는 하림의 경우, 비수기인 겨울에도 주가가 강세를 유지할 수 있었다. 하림을 비롯해 마니커, 체리부로, 동우바이오, 사조인티그레이션 등 대형 패커packer들에게 조류독감은 악재가 아니라 호재로

작용했다.

2003년 첫 조류독감이 발생했을 때에는 너나없이 그 여파가 커서 육계업계 3위였던 체리부로도 부도 위기를 맞을 정도였지만, 현재 시장의 양상은 그때와는 완전히 달라졌다. 조류독감에 대한 학습효과로 사람들이 아예 치킨을 끊지는 않을뿐더러, 무엇보다 그동안 90퍼센트 이상 진행된 육계 계열화의 영향으로 몇몇 육계기업의 시장조절 능력을 주식시장은 높게 산 것이다. 2004년에 30억 원에 BBQ에 인수된 BHC가 2013년 1300억 원에 매각되었다는 사실만 보더라도 조류독감이 누군가에겐 호재가 될 수 있다는 것을 보여준다.

사실 조류독감에는 별 대책이 없다. 사람 대하듯 타미플루 처방을 할 수도 없고(돈 때문에!), 발생하면 죽이는 방법밖에 없다. 양계 농가나 치킨점 점주들은 복불복에 걸리지 않도록 '기도'하는 수밖에 없다. 2003년 당시 조류독감의 여파로 그나마 명맥을 유지하고 있던 소규모 양계 농가도 통크게 정리되면서 이후 기업형 수직 계열화에 더욱 탄력이 붙었다. 독립 양계 농가가 버티지 못한 이유는 살처분 때문만은 아니다. 운좋게 조류독감 지역에서 피해갔다 하더라도 닭고기 소비가 제대로 이루어지지 않아 닭 출하 시기를 놓친다. 닭을 팔아 사료대금을 결제하고 운영비를 확보해야 하는데 그 고리가 끊어져버렸고, 결국 농장을 닫을 수밖에 없다. 차라리 조류독감 확진이 되어 살처분을 하면, 알량하지만 정부의 보상금이라도 받을 수 있다. 하지만 살처분 대상이 되지 못하면 소비는 되지 않은 채 닭들은 자라고 있으니, 난감하기는 조류독감 판정을 받지 않은 양계 농가도 만만치 않다.

반면 조류독감이 발생해서 가금류 소비가 줄어들면 돼지고기 소비량이 늘어난다. 학교급식이나 단체급식에서 닭 사용을 꺼리면 결국 그 대체품인 돼지고기로 소비가 쏠리게 되는 것이다. 여름철에 맞춰진 삼겹살 성수기가 갑자기 당겨져서 겨울에 출렁거린다. 2014년 초부터 삼겹살 값이 급등 추세인 이유는 조류독감의 여파 때문이기도 하다. 물론 그 반대의 경우도 있다. 구제역으로 몸살을 앓던 지난 2010년, 소와 돼지의 대체품목인 닭고기 소비량이 급증하면서 '구제역 테마주'로 하림과 마니커가 당당히 자리를 잡았다.

• 독감보다 무서운 것

그렇다면 조류독감으로 인한 치킨 판매량 감소는 구체적으로 어느 정도일까? 2013~14년 겨울, 조류독감 때문에 치킨 판매율이 줄어들었다고 정확히 말할 수는 없다. 조류독감이 발생하지 않았던 해에도 크리스마스가 지난 1, 2월은 치킨업계가 고전을 면치 못하는 시즌이기 때문이다. 최근 추이를 보면 조류독감이 발생했다고 무조건 소비가 줄지는 않는다. 그런데도 치킨점 점주들은 1, 2월을 고난의 달로 기억하고 있다. 이유는 조류독감보다 훨씬 힘이 센 불경기 탓이다.

치킨점의 입장에서 보면, 조류독감의 여파로 닭 공급이 줄어들기 때문에 납품받는 육계 가격이 오른다. 순살치킨이나 닭강정에 주로 사용하는 브라질산이나 미국산 닭의 가격도 함께 상승한다. 세미 사이즈로 불리는 소형 닭(1.4킬로그램 미만)의 경우 2014년 4월 현재 2,100원으로 가격이 공시되어 있는데, 2013년에는 1,700원 선이었다. 이는 산닭生鷄 기준이고 2차 가공인 도계 과정을 거치면 가격은 두 배로 뛴다. 도계, 발골, 정육, 염지 과정을 거친 상태에서 각 치킨점에 공급되는 닭의 가격은 2014년 4월 현재 5,000원 선을 훌쩍 넘었다. 그보다 낮은 가격대인 브라질산 염지 닭의 경우 1킬로그램에 5,200원까지 치솟아 있다.

결국 치킨점 마진율에 가장 큰 영향을 주는 닭 값이 오를 경우 그 부담은 점주들이 고스란히 떠안게 된다. 조류독감을 비롯해 여러 상황으로 소비심리가 위축되어 있는 겨울 시즌에, 할인은커녕 치킨 가격을 인상하는 것은 위험부담이 크다. 그래서 가격을 유지하기 위해서 맥주를 더 싼 것으로 바꾸거나 무상으로 제공하는 탄산음료 서비스를 중단할 것을 고민하게 된다.

외식업의 불황은 사실 지속적인 현상이다. 다만 창업과 퇴출이 도드라져 보이는 치킨점이 유독 주목받을 뿐이다. 외식 1위 기업인 빕스와 뚜레주르 등 여러 외식 체인을 거느리고 있는 CJ푸드빌과 오므라이스 전문점 '오므토토마토'로 잘 알려진 아모제푸드, 불고기브라더스의 이티앤제우스 등 유수의 외식업체도 2013년 적자를 기록했다. 적자까지는 아니어도 MPK 그룹*과 놀부, 미국계 외식기업인 썬앳푸드는 영업이익이 50~70퍼센트씩 급감한 것으로 조사되었다. 이렇게 대형 외식업체들도 경기 불황을 넘길 만한 묘안이 없는 상황에서 지역의 소상공인들의 경영난을 예측하기란 어렵지 않다. 현재 치킨점이 맞이하고 있는 어려움의 가장 큰 원인은 '불경기'다. 그야말로 약도 없는 만성 독감 상태인 것이다.

* MPK 그룹은 '미스터피자'로 유명한 외식기업이다. 최근 지하철역에 수제 머핀과 커피 전문점인 '마노핀', 이탈리안 뷔페 레스토랑 '제시카키친'을 운영하고 있으며, 피자업체로는 최초로 코스닥에 상장되었다.

310

치맥시대에 부쳐

2013년 7월, 여름에 가장 피하고 싶은 곳 중 하나인 폭염의 도시 대구에서 축제가 하나 벌어졌다. 이렇다 할 관광지나 음식자원이 풍부하지 않은 대도시 대구의 두류공원에서 열린 '대구 치맥 페스티벌'이었다. 향토음식 축제가 아니라 '치킨과 맥주'라는 트렌디한 음식을 테마로 벌어진 이 깜짝 축제는 참가인원이 30만 명에 육박하면서 흥행에서도 성공을 거두었다.

행사 주관단체는 (사)한국식품발전협회였는데, 이 단체는 주로 대구·경북 지역의 식품업체들이 모여 있는 이익단체다. 대구시가 약 7000만 원의 예산을 지원(2014년에는 1억 5000억 원으로 증액 지원할 예정)했다. 쪼들리는 예산에서 그 정도의 돈을 지원했다는 것도 의미가 있지만, 무엇보다 시의 공식 자금을 받는다는 것은 그만큼 행사의

'공공성'을 알려주는 것이기도 했다. 고작 치맥이!

• 치킨과 맥주가 만나면 페스티벌

대구·경북 지역 중심으로 영업을 하고 있는 치킨 프랜차이즈들이 대거 참여해 일단 규모 면에서는 구색을 갖추었다. 유독 치킨 프랜차이즈들 중에서 대구·경북에서 시작한 브랜드가 많은지라, 내세울 만한 음식이 많지 않은 대구가 그나마 유일하게 치킨에 있어서만큼은 자신감이 있었을 것이다. 그리고 '모든 이의 음식'이라면 단연 치킨이 아닌가.

이제 메이저 브랜드가 된 교촌치킨(2014년 상반기 브랜드 선호도 조사 2위)은 물론, 전국 브랜드로 자리 잡은 호식이두마리치킨, 땅땅치킨, 치르치르 등이 주요 협찬사로 이름을 올리고, 대구·경북 지역에서 많이 알려진 다양한 치킨 프랜차이즈가 참여했다. 물론 지역 브랜드만 있었던 것은 아니다. 기존의 메이저 브랜드들도 3일 동안 치맥을 테마로 축제에 참여했다. 맥주회사들도 이런 호기를 놓치지 않았다. 하이트진로는 치맥 페스티벌 메인 협찬사로 가장 많은 맥주를 공급했는데, 무엇보다 눈에 띄는 것은 '칭타오맥주'가 이 축제에 협찬도 하고 메인 게스트로 활약했다는 것이다. 칭타오맥주는 목 좋은 곳에 부스를 크게 차려놓고 대대적인 시음 행사를 벌였다. 그밖의 맥주회사들도 술을 산처럼 쌓아놓고, 무료시음 행사를 비롯해 다양한 이벤트를 벌였다. 인터넷 사이트에서 성인 인증까지 받아야 하는 번거로움이 있었지만 말이다.

더운 날 길게 줄을 서서 흔하디흔한 치킨 조각 몇 점 얻어먹는 이 축제에 왜 그리 사람들이 많이 몰렸을까? 편한 걸로 따지자면 그냥 집에서 시켜 먹거나 아니면 에어컨 빵빵하게 나오는 치킨집에서 먹는 것이 나을 텐데 말이다. 심지어 줄을 서서 기다리다 지친 사람들이 아예 행사장으로 치맥을 배달시키는 진풍경도 벌어졌다. 치맥 축제에 와서 치맥을 시켜 먹는 풍경이라니. 이도저도 안 되면, 사람들은 인근의 치킨집으로 옮겨 기어이 '치맥'을 사수하고 있었다. 느닷없는 특수를 맞이한 두류공원 인근의 상가들은 즐거운 비명을 질러야 했다.

문화 이벤트가 많지 않은 지역에서 열린 음식축제이기도 하고, 지역의 모든 방송사와 언론사가 총출동해 측면 지원을 했으니 이만한 구경거리도 없었을 것이다. 하지만 무엇보다 '치맥'이라는 테마가 사람들을 모으는 데 주효했다. 치맥이야말로 남녀노소 모두가 좋아하는 보편적인 음식이니, 오히려 '듣보잡' 향토음식 축제보다 명확한 메시지와 테마를 전달했기 때문이다. 페스티벌이 열리기 전에 SNS나 여러 포털사이트의 치맥 페스티벌 사전 홍보 과정에서 사람들의 반응은 "치맥으로 축제를 연다고? 정말?" 정도였다. 치맥이 축제의 테마가 될 줄은 몰랐던 것인데, 오히려 그 점이 대중을 파고들었다. 분명한 것은 이 축제가 '치킨 페스티벌'이기만 했다면 이만큼 호응을 얻기가 어려웠을 것이라는 점이다. 축제의 주인공은 치킨이기도 했지만 맥주이기도 했다. 아니 '치맥'이어야만 가능했던 일이다. 한국 사람에게 치킨은 곧 맥주요, 맥주는 곧 치킨이기 때문이다

• 치맥, 선점할 수 없는 시대의 보통명사

그런데 이 축제에 찬물을 끼얹을 뻔한 일이 일어났다. 축제공화국이라 불릴 정도로 지역축제가 난립하는 한국에서, 본래는 축제 명칭도 상표등록의 대상이다. 그런데 대구의 치맥 축제보다 한 달여 앞서 서울랜드에서 '치맥페스티벌 in Seoul'을 개최하면서 갈등이 불거진 것이다. '대구 치맥 페스티벌'에 대한 상표등록이 완료되지 않은 때였기 때문이다. 특허만 출원했을 뿐 아직 확정되지 않은 상표가 '대구 치맥 페스티벌'이었다. 4년 넘도록 행사를 기획했고 흥행 자신감도 있었던 대구 치맥 페스티벌 준비위원회는 허를 찔린 셈이었다. 치맥 페스티벌은 꽤 괜찮은 축제 아이템이었다. 실제로 '치맥 페스티벌'을 연다고 했을 때 사람들은 상당한 관심을 보였다. 그런데 사람을 모으기 더 쉬운 서울에서, 그것도 복합놀이공원인 서울랜드에서 같은 테마로 축제

가 열리는 것이 대구 준비위 입장에서는 당황스러울 수밖에 없었다.

　대구 치맥 페스티벌의 경우 지자체까지 나선 것이지만, 서울랜드에서 열리는 치맥 페스티벌은 사기업인 서울랜드와 하이트진로가 '맥스' 프로모션 행사를 겸해서 여는 축제였다. 하지만 대중은 그 차이를 인지하기 어렵다. 게다가 대구 축제의 개최 시기는 7월이었는데 서울랜드에서 열리는 축제는 6월 초로, 한 달이나 앞서서 열린 것이다. 심지어 개최 장소가 놀이공원인 것을 십분 살려서 소셜커머스 '티켓몬스터'에서 '치맥 BIG5 패키지권'까지 판매했다. 이 티켓은 치킨 세 가지 맛과 맥스 크림 생맥주 3잔, 그리고 놀이시설 BIG5 이용권이 포함된 것으로, 19,900원이라는 가격에 판매되어 상당한 인기를 끌었다.

　오랜만에 '촉'이 오는 축제를 기획했던 대구 치맥 페스티벌 준비위는 선점권을 빼앗길지도 모른다는 우려 속에서 대기업의 횡포라고 강하게 반발했다. 2009년에 대구에서 치맥 페스티벌을 개최하려고 했다가 여러 반대에 부딪혀 개최 시기가 2013년으로 미뤄진 것도 억울함으로 남았다. 하이트진로는 대구 준비위의 항의에 대해 '치맥 페스티벌'은 어디에서든 개최할 수 있는 '록 페스티벌'처럼 상표권 등록이 쉽지 않기 때문에 법적으로는 아무 문제가 없다는 것을 강조했다. 크게 틀린 말도 아니다. '치맥'이란 말은 선점할 수 없는 이 시대의 보통명사가 아니던가. 누구나 끌어다 쓸 수 있는 말인 것이다. 이 글을 쓰는 지금도 여름을 맞아 다양한 이벤트를 준비하는 모 호텔에서 '여름 치맥 페스티벌'을 개최한다며 손님들에게 손짓하고 있는 중이다.

대구 치맥 페스티벌의 갈등 제공자였던 하이트진로는 대구 치맥 페스티벌의 가장 큰 협찬사이기도 했다. 하이트진로 없이 축제를 진행하기도 어려웠다. 한국에서 맥주란 하이트 아니면 카스일 뿐이니 말이다.

그런데 그 많은 술을 탑처럼 쌓아놓고 공짜로 나눠주다시피 하면 주류회사는 손해를 보는 것은 아닐까? 물론 그렇지 않다. 맥주는 어차피 주세가 큰 비중을 차지하는데, 이렇게 공식행사에 후원으로 나가는 맥주는 '면세'이기 때문에 주류회사 입장에서는 결코 손해 보는 장사가 아닌 것이다. 기업은 그렇게 순진한 조직이 아니다.

• 치킨이 맥주를 부르고, 맥주가 치킨을 부르고

치맥(치킨과 맥주)과 치콜(치킨과 콜라)은 무척 잘 어울리는 조합이다. 물론 소위 '음식궁합'이나 '안주궁합'으로 따지자면 최악의 조합으로 알려져 있다. 차가운 맥주와 튀김인 치킨을 함께 먹으면 소화도 잘 안 될뿐더러 '통풍'의 위험이 있다고 한다. 그런 면에서는 소주와 삼겹살도 전혀 어울리지 않는 조합이라고 한다. 그러거나 말거나, 맥주 하면 치킨이고 치킨 하면 맥주다. 사람들은 그렇게 먹어왔고 앞으로도 그렇게 먹을 것이다. 잘 맞지 않는다고 해서 헤어질 수 없는 것은 결혼만이 아니다.

사람들은 치킨을 먹을 때 맥주를 함께 마신다. 때로는 맥주를 마시기 위해서 안주로 치킨을 시키기도 한다. 더운 여름날 뜨거운 불 앞에서 밥을 하기는 싫고 갈증은 날 때 '치맥'은 문제를 단박에 해결해준다. 아이들은 치킨에 콜라를, 어른들은 치킨에 맥주를 먹으면서 강바람을 쐬거나 집에서 에어컨 바람을 쐬면서 여름 한철을 넘긴다. 그래서 치킨점들은 여름 장사를 잘 해야만 비수기를 버틸 수 있다. 전통적으로 여름은 닭의 계절이었다. 복날이 있으니 말이다. 하지만 이제 복날, 뜨거운 삼계탕이 아닌 치맥을 찾는 사람들이 많아졌다. 이리 먹으나 저리 먹으나 '닭'만 먹으면 족하기 때문이다.

그런데 치킨을 먹을 때 꼭 맥주를 마시는 이유는 무엇일까? 건강에도 좋지 않다는 이 조합이 최상의 조합으로 인지된 것은 언제부터였을까? 폭발적으로 먹기 시작한 것은 2002년 월드컵 때였지만, 이미그 이전에도 생맥주와 통닭의 조합, 그리고 후라이드치킨과 맥주의 랑데뷰는 오랜 현상이었다. 하지만 이렇게 '치맥'이라는 조어가 툭 만들어질 정도로 삶에 밀착되기 시작한 데에는 그럴 만한 이유가 있었을 것이다.

일단 기름기가 핵심인 치킨은 매우 느끼한 음식이다. 옛 요리책이나 의학책에서 기름기 있는 고기음식의 부작용으로 가장 많이 지적

한 것이 바로 복통과 설사다. 복통과 설사는 소화를 잘 시키지 못해서 나타나는 증상이다. 고기와 기름을 이만큼 먹기 전, 우리는 기름진 음식이라 해봐야 지짐(팬 프라이)이나 고깃국물 정도의 음식문화를 가진 민족이었다. 일부러 그리 선택한 것이 아니라 삶의 조건이 기름진 음식을 먹을 수 없었으니 곡채식 위주로 먹고 산 것이다. 양념도 과하지 않았다. 배를 채우기 급급한 상황에서 미각을 자극하자고 과한 양념을 할 여력이 없었기 때문이다.

하지만 근대의 음식 충격은 조미료와 고기, 기름으로 다가왔고, 이전의 미각들은 없이 살 때의 것으로 취급되었다. 새로운 맛에 열광하고 욕망하다 결국은 인이 박여버린 것이 지금의 음식이다. 그런데 쉽게 적응하지 못하고 참을 수 없는 감각이 남았다. 그것이 바로 '느끼함'이다.

한국 사람들은 유독 느끼함을 참지 못한다. 느끼한 음식을 먹을 때는 그것을 가시게 할 만한 것을 찾는다. 고기를 먹을 때는 고추와 마늘, 쌈장과 파절이가 필요하고, 파스타를 먹을 때는 피클이, 라면을 먹을 때는 김치가(하다못해 단무지라도) 있어야 버틴다. 웬만한 음식은 고춧가루를 넣고 붉게 만들어서 느끼함을 차단한다. 치킨도 그렇다. 바삭하고 고소한 것까지는 좋지만 느끼함은 어찌할 수가 없다. 그래서 반드시 '치킨무'가 있어야 한다. 아예 후라이드치킨에 고추장이나 간장양념을 발라 '양념치킨'으로 만들어서 느끼함을 잡기도 하고, 더욱 강한 매운맛을 가미해서 '불닭'을 만들어낼 정도다.

그런데 이 느끼함을 순간 잠재울 수 있는 것이 바로 '탄산'이다. 고기 자체도 느끼한데 여기에 밀가루를 바르고 기름으로 한 번 더 튀겨 낸 후라이드치킨은 느끼함의 총아라고 할 수 있다. 그래서 탄산음료를 곁들여서 먹으면 그만큼 잘 넘어간다. 이것이 패스트푸드의 핵심이다. 햄버거와 콜라, 치킨과 콜라는 떨어질 수 없는 미각의 트라이앵글이다.

물과 함께 치킨이나 햄버거를 먹으면 탄산음료를 곁들일 때만큼 잘 넘어가지 않는다. 혀의 자각이라기보다는 뇌의 자각에 가까운 느끼함은, 먹기도 전에 뇌세포를 자극한다. 그래서 치킨을 시키면 당연히 탄산기가 필요하고 그렇게 먹으면 소화도 잘 되는 느낌이 나서 더 많이 먹을 수 있다. 업자 입장에서 보면 이보다 더 좋은 시너지 효과가 없다. 패스트푸드점에서는 탄산음료 업그레이드에 돈이 많이 들지 않는다. 아예 컵만 있으면 마음껏 따라 마실 수 있도록 탄산음료 자판기를 열어놓은 곳도 많다.

탄산음료는 또한 갈증에 관여한다. 갈증이 일어날 때 목을 넘기는 그 자극에 사람들은 반응하고 익숙해져 있다. 실제로 물보다는 탄산음료가 순간의 갈증을 잠재우기에 좋다. 그런데 탄산음료는 마시고 나면 더욱더 갈증을 불러일으킨다. 이제 사람들은 콜라 한 잔에 머무르지 못하고 페트병 정도는 확보해놓고 치킨을 만나야 안심한다.

사실 맥주는 주류 중에서 탄산 성분이 강한 술이다. 탄산이 가미된 주류로 스파클링 와인(샴페인)이 있기는 하지만, 이는 우리가 일상적으로 마시는 술은 아니다. 우리가 일상적으로 접하는 술 중에서 맥주는 '톡 쏘는' 맛에 먹는 술이다. 갈증이 많이 나는 여름에 맥주가 특히 인기 있는 것은 그 시원한 탄산기 때문이다.

전기구이통닭이 한국에 상륙한 이래 사람들은 생맥주와 함께 치킨을 먹었다. 1997년까지도 맥주는 '사치품' 품목에 묶여 있어서 다른 술과 달리 세금을 좀더 내고 있었다. 탁주와 소주 위주의 1960~70년대 음주문화에서 '통닭에 생맥주'는 상당히 고급스러운 안주와 술이었다. 통닭 가격도 비쌌지만 맥주 가격도 만만치 않아서 자주 먹을 수는 없었지만, 한번 맛을 들이면 '잊을 수 없는 맛'이었다.

냉장 시절이 변변치 않던 시절, 냉각기를 통해 탄산과 적절히 섞인 시원한 생맥주는 당대에 만날 수 있는 최고의 시원함과 자극이었다. 그리고 맛있어서 매혹적이긴 하지만 극복하기 어려운 통닭의 느끼함을, 맥주는 단박에 눌러버렸다. 어른들의 콜라인 셈이다. 지금도 어른들은 치맥을, 아이들은 치콜을 먹는 이유는 그것이 우리가 가장 선호하는 조합이기 때문이다. 어릴 때부터 치킨에 콜라를 먹다 보면 어느 날부터는 '치맥'을 먹게 될 것이다. 누구나 첫 후라이드치킨은 늘 콜라와 함께이기 때문이다.

• 맥주와 치킨, 어른들의 '콜라'보레이션

불세출의 청량음료 '칠성사이다'가 1950년에 첫 출시된 이래, 아직까지도 한국에서는 사이다 하면 칠성사이다라는 공식이 무너지지 않고 있다. '치킨과 콜라'의 만남 이전에 '찐 달걀과 사이다'의 조합이야말로 한국 최초의 단백질과 청량음료의 콜라보레이션이었다. 그런데 왜 치킨은 꼭 콜라여야만 할까? 느끼함을 상쇄시키는 데 필요한 것이 탄산이라면, 사이다도 나쁘지 않은 조합인데 말이다. 치킨은 당대가 향유할 수 있는 '양식洋食'이었다. 그것도 미국식의 양식이다. 미국 사람들은 치킨을 콜라와 먹는다. 물론 햄버거도 콜라와 먹는다. 우리처럼 치킨과 맥주를 함께 즐기는 것이 생각보다 낯선 문화인 이유는 미국인에게 프라이드치킨이 식사를 대신하는 음식이라면, 우리에게는 식사, 안주, 간식 등 많은 영역을 넘나드는 음식이기 때문이다.

콜라는 본래 전쟁 중 미군들에게 술 대신 공급된 음료다. 전쟁의 스트레스를 이겨내기 위해 고안된 음료가 콜라의 본질이다. 추잉껌과 코카콜라는 전시 필수품으로, 씹고 마시면서 순간을 버티게 해주었다. 살아남은 미군들은 고향에 돌아와서도 전쟁 중에 마시던 콜라를 잊지 못하고 충성스런 소비자가 되었다. 그리고 콜라와 초콜릿, 추잉껌은 미국의 상징으로 주둔지에 남았다.

한국인이 처음 콜라를 접한 것도 한국전쟁 때였다. 한국은 일본과 미국을 통해서 새로운 음식을 인지했고 그 '새로움'에는 열망과 왜곡이 뒤섞여 있었다. '경양식'집에 등장한 돈가스는 일본의 음식인 동시에 나이프와 포크를 들고 설칠 수 있는 최초의 양식이기도 했다. 많은 양식이 일본을 거쳐 들어온 것이라면, 프라이드치킨과 콜라만큼은 '직수입'한 음식문화였다. 미군들은 트럭을 타고 가며 껌(씹던 껌!)과 초콜릿을 던졌고 콜라병도 던져주었다. 부시맨에게 툭 떨어진 코카콜라병은 공동체의 갈등이 되었고, 남한에 떨어진 콜라병은 공동체의 욕망을 자극했다.

전쟁 중에 술을 대신하는 음료였던 코카콜라가 한국에 상륙했을 때, 공교롭게도 그것을 생산한 곳은 국내 최대의 맥주회사였다. 맥주회사는 물과 탄산을 갖고 있었고, 거기에 설탕과 검은 색소가 들어가면 콜라가, 보리 발효액이 들어가면 맥주가 된다.

코카콜라는 본사에서 원액을 공급하고, 지정된 '보틀러' 기업이 생산해 판매하는 '보틀링(병입)' 시스템을 갖추고 있다. 콜라는 자기들의 '비법'은 비밀로 한 채 보틀러, 즉 자기네 코카콜라를 위탁 생산할 만한 기업을 물색한다. 그런데 청량음료는 설탕과 탄산, 물이 핵심이기 때문에 세 가지를 가장 잘 다룰 수 있는 기업이 보틀러로 선정된다. 한국에 공식적으로 코카콜라가 상륙한 것은 1960년대 들어서였다. 당시 온 국민의 음료인 칠성사이다를 생산하던 동방청량음료를 코카콜라의 보틀러로 선정하려고 했지만, 여러 이유로 결국 물과 기술이 있었던 '동양맥주'가 보틀러로 선정되었다. 펩시콜라는 동양맥주의 유일한(!) 경쟁자 조선맥주(현재 하이트진로)에서 비슷한 시기에 생산되었다. 동양맥주는 코카콜라를 생산하기 위해 '한양식품'(두산 계열)을 계열사로 설립하고 본격적으로 코카콜라 생산에 뛰어들었다. 그때가 1968년이었다. 그런데 이 한양식품은 KFC의 한국 파트너이기도 했다. 가장 미국적인 프라이드치킨 KFC와 코카콜라는 국내 유수의 대기업과 만나면서 더욱더 '완벽한 조합'으로 탄생했다. 원래 KFC는 '펩시콜라'와 파트너를 이루고 있었다. 그래서 KFC의 본고장인 미국 매장에서는 펩시콜라와 치킨을 먹지만, 한국은 두산 쪽에서 KFC와 코카콜라를 함께 취급하는 바람에 둘을 함께 먹게 된 것이다.

치킨의 참을 수 없는 느끼함은 탄산으로 극복되어왔고 중독되어왔다. 콜라와 맥주의 도움으로 '1인 1닭'도 가능해졌다. 탄산음료는 짜릿하게 식도와 혀를 자극, 혹은 마비시키면서 계속 치킨을 먹게 만들어주는 마법의 음료이기도 하다. 치킨을 시키면 이제 굳이 따로 주문하지 않아도 콜라가 따라온다. 백반을 시키면 김치가 당연히 나와야 하는 것처럼 말이다. 하지만 콜라에서 멈추는 경우는 없다. 우리는 추가로 맥주를 시키게 될 것이다. 콜라는 맥주를 부르는 가장 강렬한 유혹의 '매개'이다. 콜라의 탄산과 맥주의 탄산이 톡 쏘는 본질은 같기 때문이다.

展 **4**

대한민국 치킨약전 略傳

1

백숙에서 치맥까지,
한국인의 입맛을 사로잡은 닭

411

백숙에서 양념치킨까지

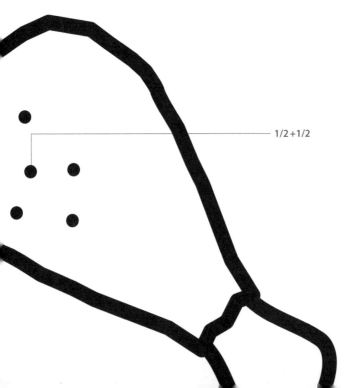

1/2 + 1/2

간단한 영어 단어 테스트, "'닭'을 영어로 쓰시오." 영어조기교육 열풍으로 초등생이면 누구나 할 수 있는 대답, "CHICKEN." 정답! 그런데 거꾸로, 우리가 자주 먹는 치킨은 '닭'으로 옮기기가 쉽지 않다. 우리가 아는 치킨은 과연 닭일까?

치킨은 복잡하다. 우리가 먹는 '치킨'은 닭과는 거리가 참 멀기 때문이다. 적어도 소비자가 후라이드치킨을 선택하는 기준은 '닭 맛'이 아니다. 1장에서 인용한 기사에서 보듯이, 사람들은 치킨의 선호를 튀김옷이나 양념소스로 나눌 뿐이다. 치킨의 가장 중요한 재료인 닭에 대해서는 '국내산 닭'이기만 하면 상관이 없다. 그야말로 치킨은 치킨이요, 닭은 닭일 뿐이다. 염지와 튀김의 과정을 거친 후라이드치킨은 원물(닭)의 맛을 삭제할수록 더 맛있어지는 불한당 같은 음식이기도 하다. 자신의 근본을 모르고 부정해야만 사는 음식.

닭 맛은 치킨 맛에 영향을 주기는 하는 걸까? 결정적인 영향을 준다고 하면 아마 이 책의 첫머리는 '닭'의 문제부터 훑고 지나와야 했을 것이다. 하지만 불행히도 치킨 맛에 닭이 관여할 수 있는 수준은 국내산이냐 수입산이냐, 신선닭(냉장닭)이냐 냉동닭이냐의 수준이다.

전형적인 근대의 음식이면서 기업화된 음식인 후라이드치킨은 화려한 비주얼과 강렬한 식감으로 입맛을 사로잡는 것이 중요한 음식이다. 오래도록 씹고 뜯고 맛보고 즐길 시간이 없다. 하다못해 쇠고기도 입속으로 들어가 스르르 녹아버려야 고급 육질로 쳐주는 것처럼, 어느 순간 '씹는 맛'으로 먹는 고기는 사라져버렸다. 치킨은 문제적 음식이다. 그 문제는 한국에서 어떻게 닭을 길러왔고 먹어왔는지와 긴밀하게 연결되어 있다.

한국에서 닭을 본격적으로 구워 먹고 튀겨 먹기 시작한 지 30년 정도 되었다. 당연히 치킨을 먹으려면 닭 생산 조건이 달라져야 한다. 집에서 한두 마리 키우는 수준에서는 불가능한 일이기 때문이다. 닭의 종자 개량과 사료의 대량 생산이라는 조건이 갖춰진 1960년대, 드디어 대량 양계의 시대가 열렸다. 1963년, 한국에 복합사료(영양사료) 공장이 들어서면서 닭은 산업제품으로 변모했다. 닭이 더 이상 달걀을 낳지 못할 때, 그때서야 큰 솥에 물을 붓고 고아서 먹는 백숙의 시대를 벗어날 수 있었다. 이제 본격적으로 구워 먹고 튀겨 먹을 수 있는 시대로 나아갈 수 있는 기본 조건이 갖추어진 것이다.

• 국민기억 전기구이통닭

여러 음식사가들이 인정하는 것처럼 우리의 '첫 치킨'은 전기구이 통닭이었다. 1961년 당시 쇼핑과 문화의 중심지인 명동에 '명동영양 센터'가 들어서면서면서부터 그 고소한 냄새가 퍼져나갔다. 영양 과잉 의 시대인 지금에야 영양을 보충하기 위해 치킨을 먹는 사람은 많지 않다. 하지만 맛보다는 영양을 앞세우던 가난한 시절, '영양센터'라는 이름 자체가 시대의 로망을 보여준다. 명동영양센터는 지금도 한국 치 킨의 조상님 대접을 받으면서 영업을 지속하고 있다. 그리고 이 영양 센터의 전기구이통닭은 각 동네 골목으로 퍼져 한동안 유행했다. 기 름 더께가 가득 낀 유리창 너머 빙글빙글 돌고 있던 전기구이통닭은 추억으로 남아 있다.

국민기억이라고 할 수 있는 '아버지가 월급날 사가지고 오시던 통 닭'의 이미지가 여기에서 시작되었다. 하지만 그 기억은 국민 '일부'의 기억이었고, 중산층의 기억이다. 당시 월급날에 아버지가 전기구이통 닭집에 들러 가족들에게 통닭을 사가지고 오는 추억은, 어쩌면 실현 되지 못한 로망이지 않았을까? 30대 후반의 필자도 전기구이통닭에 대한 기억이 많지 않다. 1970년대 후반에 태어난 세대가 본격적으로 뜯기 시작한 치킨은 분명 후라이드였고, 얼마 지나지 않아 양념치킨 의 시대가 열렸다. 그래서 전기구이통닭에서 추억을 느끼는 사람들은

40~50대 이상이거나 혹은 당시 정말 이 통닭을 포장해갔던 지금의 노인들일 것이다.

전기구이통닭은 1960년대 초반부터 1970년대 중반 정도까지 반짝 유행하다가 이후로 쇠퇴의 길을 걸었다. 여전히 명동영양센터는 건재하지만 '국민기억'으로 자리 매김한 추억 장사에 힘입은 바 크다. 지금 전기구이통닭의 명맥은 트럭에서 파는 장작구이통닭이 잇고 있다. 그런데 국민의 로망이던 전기구이통닭은 어떤 이유로 쇠퇴했을까? 이는 사람들의 입맛이 변했기 때문이다. 집단이 선호하는 입맛은 그 사회를 가감없이 반영하곤 한다.

백숙에서 전기구이통닭으로 넘어간 1960년대, 사람들은 '기름 맛'에 눈떴다. 그런데 이 기름 맛은 1970년대 중반, 기름(쇼트닝)에 '딥 프라이'된 튀김닭의 신세계가 열리며 빠르게 밀려났다. 사람들은 소금과 후추 정도로 밑간을 한 전기구이통닭의 담백함을 어느 순간 퍽퍽함으로 느꼈다. 기름에 튀긴 고소한 맛, '맛 좋은 11가지 양념'에 버무려 닭살 자체에 짭짤함을 가미한 염지의 기술, 식품 첨가물의 향연으로 완성된 육질과 풍미를 전기구이통닭은 따라갈 수가 없었다.

아직 전기구이통닭 전문점들이 많이 있다. 하지만 이제 손님들이 그 퍽퍽함을 원하지 않아, 전기에 구웠다가도 5분 정도 기름에 재벌로 튀겨준다. 우리가 치킨 맛이라 여겼던 것은 기름 맛이었던 것이다.

• 통닭과 치킨 사이, 켄터키를 상상하며 튀겨 먹다

치킨은 현재의 말이다. 본래 통닭이란 전기구이통닭과 통째로 기름에 튀겨낸 닭튀김을 통칭하는 말이었다. 1980년대에서 1990년대 초반까지 통닭과 치킨은 양립하여 쓰였다. 1세대 치킨 프랜차이즈인 오구삼농산의 처갓집양념통닭은 1990년대 중반까지도 '양념통닭'이 공식상표였다. 지금도 치킨과 통닭은 뒤섞여 쓰이는데, 어른들이 "통닭 사줄까?" 하면 아이들은 "치킨 사줄까?"로 알아듣는다. 최근 특이한 흐름은 '통닭'이 재호명되기 시작했다는 것이다. 치킨 춘추전국 시대에 이도저도 안 되면 '추억팔이'가 가능한 메뉴가 주목받는데, 그중에서 '통닭'이 재소환된 것이다. 아예 '옛날'이라는 말이 붙어서 '옛날통닭'이라는 메뉴로 자리를 잡았다. 서양의 음식과 옷을 기준 삼아 명명하다 보니 한국의 옷과 먹을거리가 '한복'과 '한식'이 된 것처럼, 치킨을 기준 삼아 '통닭'이라는 말을 선택하게 된 것이다.

예전에는 전기에 굽거나 기름에 튀기거나 모두 '통닭'이었지만, 현재 통닭은 닭을 '통째로' '튀긴' 것을 뜻한다. 특히 '가마솥 옛날통닭'이라는 말에서 알 수 있듯, 가마솥 튀김기의 '재래' 이미지 혹은 '전통' 이미지에 묻어가는 마케팅을 펼치고 있다. '통닭'이 재호명되면서 치킨의 기준도 재정립되었는데, 닭을 조각 내어 기름에 튀겨낸 것을 비로소 '후라이드치킨'이라 명명하는 것이다.

많은 사람들이 통닭에서 치킨의 시대로 바로 넘어간 것으로 알고 있지만, 1970년대부터 1980년대 초반까지 '켄터키치킨'이라는 말이 후라이드치킨을 대신할 때가 있었다. 특히 당시 치킨점들은 '켄터키치킨센터'라는 간판으로 영업을 했고, 아예 '미국 특수기계 요리'라는 것도 마케팅 포인트였다. 당시의 말로 "켄터키나 한 마리 먹을까?"라고 물으면 "후라이드나 한 마리 먹을까?"로 받아들이면 된다.

유행상점의 대표적인 예는 켄터키치킨. 불황으로 폐점이 속출하는 가운데 켄터키치킨집은 월평균 1백 개 이상 생겨나는 등 폭발적 신장을 거듭했다. 지난해 2월 서울에 한두 곳씩 생겨나더니 이제는 1천여 점포가 성업 중이다.

켄터키치킨이란 미국식 닭튀김으로, 닭 한 마리를 6등분. 마늘, 후춧가루, 맛소금, 화학조미료 등 갖가지 양념에 버무려 튀겨낸 것. 1개에 6백 원. 켄터키 선풍인 데는 몇 가지 이유가 있다. 고소하고 맛이 특이해 한번 먹어보면 계속 찾는다. 어린이에게는 영양식, 어른에게는 간단한 요깃거리로 안성맞춤이다. 시내 번화가는 물론 주택가에서도 장사가 된다. 게다가 지난해에는 쇠고기에 비해 닭 값이 상대적으로 싸 가격이 비싸지 않았다(지난해에는 닭튀김 1개에 5백 원, 두 개가 1인분). 또 튀김기계가 국산화되면서 소자본으로 점포를 낼 수 있게 됐다. 기계(1백 20만 원)를 포함 시설비 3백만~4백만 원, 점포 임대료(7~10평)가 장소에 따라 5백만~1천만 원 등 모두 8백만~1천 4백만 원 정도면 월 60만 원 이상 수입을 올릴 수 있다.

— 《경향신문》 1981년 1월 31일

재밌는 것은 정작 진짜 '켄터키 프라이드치킨KFC'은 그 당시 한국에 상륙도 하지 않고 있었다는 점이다. 그럼에도 '켄터키 프라이드치킨'이라는 상호를 쓰는 것은 소송이 걸릴 만한 위험한 일이라는 준엄한 경고까지 신문 기사에 등장한다(《매일경제》 1980년 10월 28일).

진짜 KFC가 한국에 상륙한 것은 1984년에 들어서다. 1980년대 중반이 되어서 비로소 사람들은 오리지널 KFC를 맛보게 되었지만, 이미 1970년대 말부터 '켄터키치킨'을 마음대로 튀겨 먹고 있었던 것이다. 1970년대 (주)동양물산이라는 회사가 KFC 매장을 한국에 열려다가 실패한 일이 있었다. 당시 어떤 이유에선지 정부의 승인이 떨어지지 않았고, 1984년 두산 그룹 계열의 한양식품이 정식으로 KFC의 한국 파트너가 되어 영업을 시작했다.

• KFC화, 오리지널을 압도한 크리스피의 신세계

1980년대는 할리우드 영화에서나 구경했던 다양한 글로벌 프랜차이즈 외식업체들이 한국으로 진출한 시대였다. 대망의 '86서울아시안게임'과 '88서울올림픽'을 준비하면서 본격적인 세계화 시대에 접어든 것이다. 수출로 잘 먹고 잘사는 나라가 되었고, 많은 사람들이 외국을 오가기 시작했다. 그리고 일상에서 느끼는 세계화는 음식의 변화에서 시작되었다. 1984년 KFC가 당시 번화가인 종로에 1호점을 개장하면서 그동안 먹던 짝퉁 켄터키 프라이드치킨을 거세게 밀어냈다. 통닭의 시대가 저물고 본격 후라이드치킨의 시대가 열린 것이다.

KFC의 핵심 설비인 '압력튀김기계'는 1978년 설립한 (주)오진양행이 미국 헨리페니Henny Penny사에서 직수입하고 있었다. 이후에 몇몇 상사에서 압력튀김기계만 수입해서 튀김기 장사를 하기도 했다. 하지만 KFC 매장을 열 때 필요한 시설은 튀김기만이 아니었다. 튀김기를 비롯해 닭 절단기계, 브레딩 테이블(파우더 전용 씽크대), 온장고, 쇼케이스(진열장)까지 갖추려면 당시 1200만 원대가 들었다. 그 전의 짝퉁 '켄터키치킨'은 튀김기만 갖추고 여타의 시설은 빠져 있었다. KFC는 압도적인 인테리어는 물론 치킨을 먹음직스럽게 진열할 수 있는 쇼케이스 시설과 KFC의 상징인 할아버지 마네킨까지, 진짜만이 갖는 위풍을 보여주었다.

KFC 이전에도 한국에서는 시장통닭이든 짝퉁 켄터키치킨이든 나름대로 후라이드치킨을 먹고 있었다. 그럼에도 후라이드치킨의 준거는 KFC다. 그 이유는 무엇일까?

지금 우리가 후라이드치킨 하면 떠올리는 것은 KFC '핫크리스피치킨'이다. 바삭한 식감에 매콤한 스파이스가 가미된 KFC 핫크리스피치킨은 KFC '징거버거'의 패티로도 쓰인다. 그런데 핫크리스피치킨이 처음부터 KFC의 대표 치킨은 아니었다. 1984년 KFC가 한국에 처음 들어왔을 때 선보인 치킨은, 지금 '오리지널치킨'이라고 부르는 메뉴였다. 오리지널치킨은 크리스피 스타일의 치킨이 아니다. '맛 좋은 11가지 양념'으로 염지를 하고 튀김옷을 얇게 입혀 압력튀김기에 튀겨낸 것이다. 1970~80년대 한국 사람들이 '켄터키치킨'으로 먹은 것이 바로 이 스타일인데, 엠보치킨에 가깝다. 다만 지금의 림스 스타일혹은 엠보치킨과는 염지 맛에서 상당한 차이가 있다. KFC의 주력 메뉴가 된 크리스피치킨은 창업주인 커넬 샌더스가 사망(1980년)한 이후에 개발된 것이다. 한국에는 1991년부터 출시했기 때문에 지금의 30~40대가 본격적으로 치킨을 뜯기 시작했을 때에 만난 KFC가 곧 크리스피치킨이다.

지금 KFC에서 판매하는 오리지널치킨은 크리스피만큼의 압도적인 바삭함도 없고, 그렇다고 한국의 엠보치킨처럼 독특한 염지 맛을 지닌 것도 아닌 애매한 맛이다. 언뜻 보면 시장치킨(민무늬치킨)의 풍모에 가깝기도 하다. 가마솥이나 오픈튀김기로 수분을 날려가면서 튀기는 민무늬치킨의 경우 바로 먹을 때의 바삭함이 매력이지만 KFC 오리지널치킨은 바삭하지도 않다. 온장고에서 오래도록 대기하다가

홀딩타임*을 넘기는 일이 많기 때문일 것이다.

KFC에 이어 글로벌 프랜차이즈인 '파파이스'와 '케니로저스'가 1994년 한국에 진출했지만 케니로저스의 경우 몇 년 지나지 않아 철수했고, 파파이스는 현재 100여 개의 매장만 운영 중이다. 파파이스는 KFC와 같은 남부식 치킨이긴 하지만 '켄터키식'이 아닌 '루이지애나식'임을 내세운다. 좀더 매운맛 베이스인 '케이준 스타일'이 보통 루이지애나 스타일이라고 알려져 있다. 하지만 KFC의 핫크리스피도 그 정도의 매운맛을 내기 때문에 한국에서는 큰 차이가 없다. 파파이스의 한국 진출 시기는 KFC보다 10년 늦었는데, 1990년대는 한국에 양념치킨 광풍이 불고 있을 때라 단 한 번도 주도권을 잡지 못했다.

KFC는 한국에 새로운 치킨문화를 도입했고, 표준적인 프라이드 치킨이 무엇인지를 알려주었다. 그리고 치킨 프랜차이즈의 시스템을 보여주었고, 특급 비밀로 과장해 포장했지만 치킨 맛에서 염지가 얼마나 핵심 요소인지도 알려주었다. 무엇보다, 늘 남자 형제들에게 빼앗겼던 '닭다리'를 맘대로 골라 먹을 수 있는 문화 해방의 기회를 여학생들에게 제공했다.

* 맥도날드나 롯데리아, KFC와 같은 대형 프랜차이즈업체에서는 본래 햄버거나 치킨을 만들고 나서 적절한 시간 내에 소비되지 않으면 폐기하는 것이 원칙이다. 최적의 맛을 보여줄 수 있는 시간을 '홀딩타임'이라고 하는데, 보통 20분에서 30분 내에 소비하도록 권장하고 있지만 잘 지켜지지는 않는다.

• IMF, KFC를 강타하다

크리스피치킨을 한국에 전파한 장본인이지만, 오늘날 KFC의 영
광은 옛 이야기가 되고 있다. 여전히 직영 시스템**으로 운영하는
KFC는 지속적인 매장 조정과 철수가 이어지고 있다. 몇 년 전부터는
한국 KFC와 버거킹의 지분을 갖고 있는 두산 그룹 계열의 'SRS코리
아'가 두 업체 매각에 나섰다. 두산 그룹의 구조조정 차원에서 이루어
진 매각 시도였다. 그런데 버거킹만 팔리고 KFC는 몇 년 내내 작자가
나서지 않는 굴욕을 맛보기도 했다. 한국에서 KFC의 처지를 보여주
는 것이었는데, 2014년 5월 유럽계 최대 사모펀드인 시티벤처캐피털
CVC에 1000억 원에 매각되었다.

1980년대 당시 종로나 명동, 신촌처럼 번화가의 약속 장소로 KFC
의 인기는 대단했다. 하지만 치킨 자체가 목적이라면 이제 동네와 안
방에서 더 맛있는 치킨을 즐길 수 있는 시대다. 그리고 한국의 '절대
치킨'인 양념치킨의 공격을 방어하지도 못했다. 지금 KFC 매장에서
는 300원에 양념소스를 따로 팔고 있지만, 그 누구도 양념치킨을 먹

** KFC와 더불어 글로벌 프랜차이즈의 대표격인 맥도날드와 버거킹은 직영점 운영과 가맹점 운
영을 병행하기로 하면서, 맥도날드의 경우 전체 400개 매장 중에서 50여 개 점포가 가맹점이다.
한국 맥도날드 본사는 향후 100개의 가맹점을 모집하고 한국 내에 500개 점포까지 늘릴 계획을
갖고 있다.

겠다고 KFC를 찾지 않는다. 게다가 치킨무의 역할도 중요했다. 빙초산이 살려주는 아삭함과 시큼함, '뉴슈가' 혹은 '신화당'이라는 상표로 유행한 사카린의 조화가 일품인 치킨무는 한국의 치킨문화에서 빠질 수 없는 요소다. 1996년까지는 브랜드 인지도 1위 자리를 놓치지 않았던 KFC는 2014년에는 10위권 밖으로 밀려나 있다. 상반기 치킨 브랜드 인지도 조사에서는 17위를 차지해 간신히 20위권 안에 진입해 있는 상태다.*

하지만 KFC에 한방을 크게 먹인 것은 IMF 금융위기였다. 맥도날드와 함께 글로벌 자본주의의 상징인 KFC가 글로벌 금융시스템의 총아인 IMF로 휘청거렸다니, 이 또한 아이러니다. 당시 IMF 구제금융 사태가 터지자 한국사회가 혼란에 빠진 것은 당연했고, 금융 세계화의 길을 충실히 좇아온 근본적인 원인은 눈에 들어오지도 않았다. 그저 '일찍 터뜨린 샴페인' 때문이라고만 여겼다. 특히 샴페인을 터뜨린 원흉으로 쓸데없이 외화 낭비를 하는 '젊은 애들'이 지목되었다. 피 같은 외화를 'KFC'나 '맥도날드'를 먹고, '휠라FILA' 같은 옷과 신발을 사는 데 낭비한 그 젊은 애들은 '해외 여행'까지 다니던 무개념의 총체로 취급되었다. 그리고 여전히 대기업 취직만을 외치며 중소기업을 외면하고 고생을 기피하는 존재로도 취급하던 시기였다.

* SBS-리얼미터, CNBC 공동조사, 2014년 2월 성인남녀 2,200명 조사.

모든 언론이 이 환난 극복을 위해 애국심을 강조했다. 제2의 국채보상운동을 펼치자며 '금 모으기 운동'도 진행되었다. 애국에 살고 애국에 죽던 시대였다. 바로 그때 애국심에 난타당한 것이 KFC였다. KFC 치킨 불매운동까지 펼쳐지자 KFC는 긴급하게 지면 광고를 낸다. KFC는 국내산 닭을 쓰는 회사로 한국의 축산 농가에 도움이 될 뿐만 아니라 고용 창출에도 도움을 주고 있는 나름 '애국 기업'이라는 것이다. '휠라코리아'는 한국 토종기업 프로스펙스의 공장은 중국에 있지만 휠라의 공장은 한국에 있다며, 누가 진정한 애국 기업인지를 반문하는 광고를 내보내기도 했다.

그러나 KFC나 파파이스 같은 글로벌 치킨 프랜차이즈가 국내에서 맥을 못 추게 된 가장 결정적인 변수는 IMF의 필연적인 귀결, 즉 '치킨집 창업 열풍'이었다. 정리해고와 희망퇴직의 이름으로 갑자기 거리로 쏟아져나온 가장들이 선택한 최후의 생계수단이 자영업이었고, 그중에서도 고깃집과 치킨집은 가장 차리기 쉬운 업종이었다. 당시 탕수육만 저가로 판매하는 '육영탕수육'도 IMF 메뉴로 인기를 끌었는데, 동네마다 'IMF 치킨'을 내세우며 한 마리에 5,000원에 파는 포장 전문 치킨이 반짝 인기를 모으기도 했다. 그리고 이때 '시장통닭'도 재등장했다.

누군가에게는 시련이었지만 BBQ에게만큼은 IMF가 큰 기회였다. 굴지의 대기업들도 쓰러져가던 때, BBQ는 오히려 잘나가기 시작했다. 직장에서 쫓겨난 가장들이 알량한 퇴직금을 들고 찾아갈 곳이 BBQ였기 때문이다. "아직도 넥타이에 집착하십니까?"라는 광고 문구로 IMF 금융위기 때 '짤린 세대'의 마음을 흔들어놓은 BBQ. IMF 때 오히려 사업이 크게 번창했던 BBQ는 세상에 이렇게 외쳤다. 이제 너희 세대에 남은 것은 '치킨'뿐이라고. 하지만 그때 그 시절 그들이 집착한 것은 넥타이가 아니었다. 오로지 생존이었을 뿐. 그나마 넥타이 부대에서 이탈해 BBQ를 창업할 수 있었던 마지막 그 '능력'이 고마웠을지도 모른다.

마지막으로 KFC를 케이오시킨 마지막 강편치가 하나 남았다. 바로 '치맥'이다. 치킨은 맥주와 떨어질 수 없는 짝꿍이다. 그런데 KFC 매장에서는 술을 취급하지 못한다. 청소년 아르바이트를 고용하는 업소는 주류 취급이 제한된 것이 사실 KFC의 발목을 잡은 가장 강력한 족쇄였던 것이다. 한국 사람은 맥주를 먹기 위해 치킨을 먹고, 치킨을 먹기 위해 맥주를 마시는 '치맥시대'를 살아간다. 안방에서 치맥하기. 이것이야말로 글로벌 기업 KFC가 넘을 수 없는 난공불락의 요새였다.

412

양념치킨은
힘이 세다

고만고만한 아이템으로 싸워야 하는 한국의 외식업계에서 '원조' 자리를 차지하는 것은 그만큼 중요하다. 그래서 원조집 옆에 '진짜 원조집', '원조보다 맛있는 집'이라고 붙여야 하고, 장사를 하려면 원조로 알려진 유명 맛집 옆에 가게를 차리는 것도 나쁘지 않은 전략이다. 줄을 서서 기다리다 지친 사람들이 그 근처 식당으로 가기 때문이다. 그러다 보면 골목 일대가 단일 메뉴 골목이 되기도 한다. '병천순대타운'이나 '수원통닭골목'처럼 말이다.

한국음식에서 원조를 가려야 하는 것들은 주로 근대에 형성된 음식들이고 외식 메뉴들이다. 일제강점기 이전에는 이렇다 할 외식 메뉴가 없었고, 광복 이후에 바로 한국전쟁을 치르느라 처절한 생존만이 중요했던 시대에 '맛'이 끼어들 자리는 없었던 것이다.

그러다 어느 정도 사회가 안정되고, 1977년 즈음에는 포한이 들었던 '쌀' 문제도 해결이 되었다. 비록 맛은 따질 수 없던 '통일벼'이긴 했지만, 해방 이후 경제의 발목을 잡던 쌀 문제가 해결되었다는 것은 여러모로 큰 의미가 있었다. 일단 절대적인 식량 부족 상태에 벗어나면 다른 곳에 투자할 여력이 생기고, 당연히 그 투자는 공업 분야로 향한다. '자원 빈국' 한국에서 그나마 풍부한 것은 값싼 노동력이었고, 그 싸구려 노동력은 '라면'과 '정부미'로 끼니를 때우며 지금의 한국을 만들었다. 그리하여 쌀 자급이 실현되던 해에 국민소득 1,000달러도 달성했다. 4만 달러를 달성하지 못해 안달하는 2014년에 그깟 1,000달러는 우스울 수도 있겠지만, 당시 1,000달러의 의미는 굉장한 것이었다. 내다팔 것은 '몸뚱어리' 하나였던 나라가 드디어 절대 가난에서 벗어났다는 의미고 어느 정도 가처분소득이 생겨났다는 뜻이기 때문이다.

가처분소득이 생기면 사람들은 '소비'를 하기 시작한다. '멋'을 찾아 옷을 사고 영화도 가끔 본다. 가전제품을 하나둘 사들이고, 무엇보다 식단에 변화가 일어난다. 밥 위주였던 식단에 이제 씹을 만한 것들, 기름진 것들이 오른다. 고기와 기름, 그리고 과일이 조금씩 제자리를 확보하고, 그러다가 좀더 여유로워지면 '외식'을 하게 된다. 일상적인 소비는 아니어도 특별한 날에는 바깥음식을 맛볼 수 있는 여력이 생긴다. 그 시기가 1970년대 후반부터였고, 이때 외식 메뉴로 각광받은 것은 단연 '청요리'로 불리던 중국요리나 불고기, 통닭이었다. 그리고 햄버거도 외식 메뉴로 자리 잡게 된다. 외식 메뉴의 기본 특징은 고기와 기름, 그리고 밀가루에 바탕을 둔다는 것이다.

처음부터 가정요리가 아닌 '바깥음식'으로 자리 잡았던 치킨은 한국인의 식생활 변화의 흐름을 보여주는 메뉴이기도 하다. 처음엔 물에 삶아 먹다가, 닭과 기름이 풍성해지면서 본격적으로 '후라이드'로 튀겨 먹었다. 그런데 또 어느 순간 매콤달콤한 양념을 발라 '양념치킨'으로 먹기 시작했고, 아직도 이 흐름은 꾸준히 이어지고 있다.

• 양념치킨에도 원조가 있는가

후라이드치킨의 원조, 정확히 말하면 '프랜차이즈 치킨'의 원조를 림스치킨으로 공인하는 이유는 1977년에 림스치킨이 법인 등록을 했기 때문이다. 그런데 1980년대 중후반 치킨계에 일어난 혁명적 사건인 양념치킨에서 원조를 가리기는 좀 애매한 상황이다. 소위 1세대 원조 브랜드로 불리는 페리카나, 멕시카나, 처갓집양념치킨, 그리고 지금은 지방에 몇몇 점포가 남아 개인점의 위상으로 유지되고 있는 '이서방치킨'과 '스모프양념치킨'의 경우 엇비슷한 시기에 탄생했다. 지금은 전멸해버린 '멕코이양념치킨'이나 '바니양념통닭'도 1980년대 말에서 1990년대 초반에 인기 있던 양념치킨 브랜드다.

페리카나는 1981년에 평범한 치킨집으로 대전에서 출발했고, 1982년 '페리카나상사'를 등록하면서 본격적인 프랜차이즈 사업에 뛰어들었다. 자신의 가게를 키우고 분점을 늘려가는 일반적인 사업 확장 대신에 처음부터 프랜차이즈를 염두에 두고 시작한 회사다. 페리카나의 창업주 양희권 회장은 여러 언론에서 자신이 양념치킨 프랜차이즈의 원조임을 강조했고 그걸 기자들이나 대중들이 그대로 받아 쓰면서 양념치킨의 원조는 '페리카나'라는 주장이 정설로 받아들여지고 있다. 그러나 따지고 보면 양념치킨을 주력상품으로 하는 회사들 중에서는 '회사 등록'이 가장 빨랐을 뿐, 그걸 두고 양념치킨의 원조라고 하기엔 좀 무리가 있다. 비슷한 시기에 함께 경쟁하면서 시장을 넓혀온 처갓집양념치킨은 여러 내홍을 겪으면서 2002년 육계 계열 회사인 체리부로에 인수되었다. 실제로 회사법인을 설립한 것은 1988년이지만, 현재는 공식 창업 시점을 체리부로에 인수된 2002년으로 공식화하고 있다.

양념치킨 회사들의 창립 시기는 크게 중요한 것이 아니다. 창립 시기 자체가 원조임을 증명하지도 않거니와 맛의 차이가 월등히 나는 것은 더더욱 아니기 때문이다. 양념치킨 회사들의 창업 시기에는 몇 년 정도 차이가 있을 수 있지만, 시장이 확장된 시기는 엇비슷하다. 특히 1989년, KFC를 빼면 지면 광고 외에는 접하기가 힘들었던 치킨 광고를 텔레비전에서 볼 수 있게 되면서, 양념치킨은 대중 속으로 급격하게 파고들었다. 당시엔 빅모델이라고 할 수 있는 최양락과 김미화 등 인기 코미디언들을 기용하면서 광고에서도 빅매치를 벌였다. 이는 치킨 업종이 이때부터 대형기업화되었음을 보여준다.

1988년을 기점으로 한국의 외식시장에는 큰 변화가 일어난다. 논란이야 많았지만 가장 큰 국제 스포츠 이벤트인 '88서울올림픽'이 개최되었고, 세계화의 과정이면서 결과이기도 한 맥도날드도 1988년 올림픽과 함께 강남 복판에 상륙했다. 1980년대 중반에 앞서거니 뒤서거니 하면서 글로벌 식품프랜차이즈의 대표선수들인 맥도날드와 KFC, 피자헛이 차례로 한국으로 진출함으로써, 사람들은 '진짜 맥도날드', '진짜 켄터키치킨'을 맛볼 수 있었고 빠른 시간에 전국에 글로벌 프랜차이즈 점포가 늘어났다.

그런데 치킨만큼은 햄버거, 피자와는 다른 길을 걸었다. 본래 프라이드치킨은 미국의 음식이다. 요리법의 유래도 그렇지만, 무엇보다 치킨의 탄생을 묵묵히 밀어준 사료산업도, 브로일러종 도입도, 그리고 닭을 튀기는 식용유까지도 미국에서 들여온 것들이기 때문이다. 더이상 '카피(짝퉁)'가 아닌 미국에서 직수입한 햄버거와 피자를 맛볼 수 있던 시절이 왔는데, 정작 가장 먼저 우리에게 미국의 맛을 알려준 후라이드치킨은 '양념치킨'으로 토착화 시대를 열었다. 고추장과 물엿을 기본으로 토마토케첩과 그 연원을 따지기도 힘든 갖은양념이 섞여 특유의 '매콤달콤'한 양념소스가 탄생했고, 이 소스를 후라이드치킨에 발라 먹기 시작하면서 한국 치킨시장의 흐름은 급격히 바뀌었다.

• '매콤달콤' 양념치킨의 시대, 진짜 KFC의 시대

양념치킨은 확실히 다른 치킨이었다. 서구의 음식을 '한국화'한 것이기도 했고, 서구에 빼앗긴 우리의 입맛을 '매콤하고 개운한 맛'으로 되찾아준 음식으로 표현되기도 했다(《동아일보》 1990년 3월 23일). 실제로 1990년에 MBC에서 방영된 드라마 〈전원일기〉에는 둘째아들 용식(유인촌)이 아버지 김 회장(최불암)과 어머니(김혜자)를 위해 양념치킨을 사들고 와서 "이 통닭은 느끼하지 않고 맛있어요. 잡숴보세요" 하고 권하는 장면이 있다. 이 양념치킨을 맛본 어머니 김혜자가 감탄하는 장면도 나온다. 기존의 후라이드치킨은 어른들이 먹기엔 느끼한 음식이었지만, 양념을 만나면서 어른들도 먹기 좋은 음식이 된 것이다.

진짜 KFC, 'Korean Fried Chicken'은 그렇게 탄생했다. 한국 KFC는 글로벌 브랜드 KFC의 아성을 무너뜨렸다. 전세계에서 가장 인기 있는 KFC가 유독 한국에서 힘을 쓰지 못하는 이유는 한국만의 독특하고 다양한 치킨들이 넘쳐나기 때문이다. 혹자는 본래 경상도 사람들은 느끼한 것을 싫어하고 매운 음식을 즐겨 먹기 때문에 양념치킨이 주로 경상도에서 탄생했다는 이야기를 하지만, 이는 사후에 갖다붙인 이야기에 가깝다. 이유야 어찌됐든 유독 경상도에서 시작된 치킨 브랜드가 많은 것은 사실인데, 후라이드치킨보다 양념치킨으로 유명한 페리카나나 교촌치킨이 경상도권에서 시작한 브랜드다.

단일 메뉴인데다 관련 종사자들이 특히나 많은 치킨시장에서, 각 브랜드는 생존 전략 차원에서도 이래저래 차별화를 시도할 수밖에 없다. 그래서 눈만 뜨면 새롭게 출시되고 사라지는 것인 치킨 메뉴다. 싸고 손쉽게 구할 수 있는 재료를 동원해 새로운 메뉴를 시도해보고, 그 중에서도 사람들에게 보편적으로 인정받은 '매콤달콤' 맛의 양념치킨이 빠르게 퍼져나갔을 뿐이다.

싸게 대량으로 튀김기름을 구하지 못했다면, 우리는 결코 닭을 기름에 튀겨 먹지 못했을 것이다. 또 다양한 프리믹스가 생산되지 않았다면 튀김옷의 바삭함을 느낄 수 없었을 것이다. 기름과 튀김가루가 빠진 전기구이통닭의 시대가 그렇게 접혔고, 우리는 여전히 후라이드치킨의 시대를 살고 있다.

그렇다면 양념치킨은 어떤 조건에서 탄생한 것일까? '매콤한 맛'에는 당연히 고추가 필요하고 '달콤한 맛'에는 당 성분이 필요하다. 우리가 양념치킨을 본격적으로 먹기 시작한 때는 매콤한 맛과 달콤한 맛을 동시에 만들어낼 수 있는 조건이 완벽히 갖추어진 시기라고도 할 수 있다.

아래는 현재 시판되고 있는 양념치킨용 소스의 성분표다. 업체마다 조금씩 차이가 있고 자신들의 비법을 내세우면서 무언가를 더 첨가하거나 빼곤 하지만, 기본은 역시 물엿과 고추장이다. 물론 간장소스에서는 단연 간장이 가장 큰 비중을 차지하고 있다.

양념치킨 소스 : 물엿 40퍼센트, 정백당 15퍼센트, 간장 10퍼센트, 고추장 7퍼센트, 케첩 4.5 퍼센트, 마요네즈 0.5퍼센트, 혼합양념(고춧가루, 마늘, 양파 등등), 전분 및 향미증진제(MSG), 합성보존료 등

간장치킨 소스 : 간장 60퍼센트, 물엿 15퍼센트, 마늘, 설탕, 기타 등등

불닭 소스 : 고추장 45퍼센트, 물엿 10퍼센트, 고추다진양념 10퍼센트, 켑사이신분말 4퍼센트 등

고추장과 물엿, 진간장은 한국음식의 필수양념으로 자리 잡았고 또 이 식품을 생산하는 곳은 국내 유수의 기업들이다. 식품대기업인 미원(현재 청정원)과 삼양사, 오뚜기, 해표, 제일제당(현재 CJ), 롯데 등은 1980년대부터 식자재 대량 생산에 뛰어들었다. '업소용' 혹은 '덕용포장'이라는 이름으로 식용유, 고추장, 물엿, 케첩, 마요네즈, 전분 등을 생산하면서, 지금도 식자재 공급시장의 주도권을 놓고 서로 경쟁 중이다. 본사에서 생산하지 않는 다양한 식재료는 OEM 방식으로 중

소기업들에 위탁 생산을 하거나 위탁 판매를 하기도 한다. 외국요리에 사용하는 전용 소스는 법인 상사를 만들어 '직수입'하기도 한다. 식품기업들은 식품을 만들어내기도 하지만 식품을 수입하는 주체이기도 하다.

특히 고추장과 물엿의 대량 생산은 우리 음식의 흐름을 크게 바꾸어놓았다. 본격적인 농수산물 수입으로 고춧가루를 비롯해 각종 양념채소들이 거침없이 쏟아져 들어오던 1980년대부터, 양념채소들과 식품기업들이 생산한 화학조미료를 훌륭히 조합해낸 것이 지금 우리가 '순창고추장'으로 착각하면서 먹고 있는 양산품 고추장이다.

그리고 물엿. 물엿은 엄연히 설탕과 다른 '당'이다. 환원물엿이라 해서 그 원재료는 '전분', 즉 옥수수에서 출발한다. 옥수수는 전분도 만들어내고 그 전분을 가공하면 물엿이 만들어진다. 위의 양념치킨 소스 성분표를 보면 고추장보다 물엿이 압도적으로 많이 들어간다는 것을 알 수 있다. 그리고 우리가 사 먹는 모든 음식, 특히 소스가 발린 음식들은 물엿에서 벗어날 수 없다. 물엿은 음식에 점성과 윤기, 그리고 달콤한 맛을 한꺼번에 부여하는 마법의 소스다. 양산되는 고추장에도 '물엿'이 필수적으로 들어간다. 아래의 성분표는 가장 잘 팔리는 청정원 고추장의 성분 표시다.

청정원 고추장 : 55퍼센트(물엿, 쌀(수입산), 고추양념(중국산), 식염,

고추장용 콩메주(대두), 액상과당, 발효식초 9퍼센트(주요, 주정(현미: 수입산), 효모엑기스), 정제수, 마늘, 설탕, 구연산, 식염, 볶음참깨, 산탄검, L-글루타민산나트륨(향미증진제)

전통적인 방식으로 만드는 고추장은 식혜를 고아 조청을 내어 그 성분으로 단맛과 윤기를 잡았다. 하지만 시판용 고추장은 물엿을 부어주기만 하면 이 두 가지를 다 잡을 수 있다. 부족한 점성은 '검류(산탄검, 구아검)'로 살짝 커버하면 될 뿐이다. 집에서 담근 고추장으로 만든 떡볶이와 시판용 고추장으로 만든 떡볶이 맛의 가장 큰 차이는 바로 이 물엿 맛이다. 결국 우리가 먹는 양념치킨의 소스는 물엿과 물엿 들어간 고추장을 섞어놓은 것이라고 할 수 있다. 옥수수는 전분을 낳고, 전분은 물엿을 낳고, 물엿은 양념치킨을 탄생시켰다. 닭도 옥수수를 먹여 키운 것이니, 치킨은 곧 옥수수다.

• 양념, 우리가 사랑해마지 않는 맛

우리나라에서 가장 많이 팔리는 치킨은 후라이드치킨일까, 양념치킨일까, 반반치킨일까? 정답은 후라이드치킨이다. 일반인 100명과 유명 연예인 1명이 퀴즈로 대결을 하는 KBS 〈1대 100〉에 국민 여동생 아이유가 출연해서 받은 질문이기도 하다. 이 정답을 맞추면 멕시카나치킨 시식권이 제공되는 이벤트도 함께 벌였는데, 멕시카나의 메인 모델인 아이유가 출연하면서 자사 홍보도 하고 또 그에 최적화된 질문을 던진 셈이다.

여러 치킨이 나타났다 사라지지만 후라이드치킨은 궁극의 치킨이다. 후라이드치킨에서 좀더 발전한 형태가 각종 양념을 바르는 양념치킨이긴 하지만, 기본은 어찌됐든 후라이드치킨이기 때문이다. 하지만 이제 사람들은 후라이드치킨을 시키면 서비스로 일회용 용기에 '양념소스'가 담겨온다는 것을 안다. 후라이드치킨을 가장 좋아하긴 하지만 양념을 포기할 수 없다. 그래서 온전히 후라이드치킨이 가장 인기 있다고 할 수는 없는 것이다.

고추장과 케첩의 적절한 조화, 그리고 거기에 가득한 윤기와 적절한 점성은 25년이 넘도록 우리를 매료시킨 양념소스의 힘이다.

413

치킨 없인 못 살아,
한국 맥주

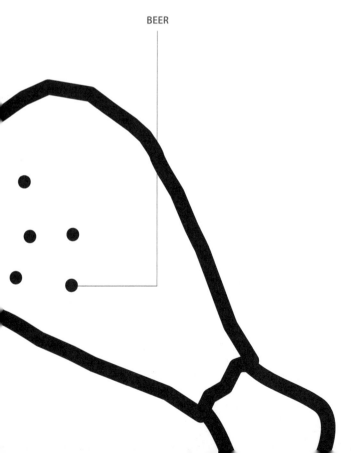

BEER

프랜차이즈 중심으로 판이 짜여 있는 치킨점은 원가 부담이 상당한 업종이다. 프랜차이즈 본사의 공급가 그대로 부자재를 받기 때문에, 가맹점주들은 시장에서 형성된 가격 유인에 신호를 보내지도 받지도 못한다. 염지 닭과 기름, 튀김가루(배터믹스), 양념소스를 각자 구입할 수 없으니 시중가가 의미 없는 것이다. 그런데 한 가지 더, 주류 공급업체도 마음대로 선정할 수 없다. 치킨점의 구성요소 중에서 치킨만큼이나 핵심인 술도 본사에서 공급을 독점한다. 병맥주는 물론 생맥주 원액과 탄산도 본사가 지정한 업체에서 공급받아야 하는데, 가격이 개인 주류업체들의 공급가보다 높다는 것이 문제다. 보통 프랜차이즈 치킨 창업을 고민하는 예비 창업자들은 치킨에만 집중하다 보니 '주류 공급' 문제를 잘 생각하지 못한다. 하지만 치킨점 매출 구성에서 맥주가 차지하는 비중은 매우 크다.

실제로 업장에서 생맥주 관리는 영업의 핵심 요소다. '그 치킨집' 생맥주 맛이 괜찮다고 소문이 나는 것도 중요한 영업 전술이기 때문이다. 특히 여름이 되면 병맥주보다 생맥주에 대한 수요가 많아지고 생맥주 전문점에 가지 않는 이상, 동네에서 가장 손쉽게 생맥주를 마실 수 있는 곳은 치킨점이다. 그래서 생맥주 마시느라 치킨을 먹는 경우도 적지 않다. 업주 입장에서도 맥주 판매량이 올라가면 이윤도 높아지지만, 무엇보다 생맥주의 특성상 빠르게 회전이 되어야 맛과 신선도를 유지할 수 있기 때문에 많이 팔리면 팔릴수록 좋다.

• 초짜 알바는 못한다!

생맥주를 취급하기 위한 핵심 구성은 맥주 원액과 탄산가스, 냉각기다. 가정에서는 생맥주를 마시기 어려운 것이 바로 이런 기본 설비 때문이다(요즘에는 가정용 생맥주 설비도 판매하기는 한다). 생맥주는 카스든 맥스든 한 번 공급처가 결정되면 그대로 이어지기 때문에 냉각기 시설과 피처잔, 맥주잔 등은 '서비스' 차원에서 공급된다. 물론 병따개는 서비스 축에도 끼지 못한다. 주류회사의 영업사원들은 업장을 돌면서 생맥주 원액과 가스를 주입하는 기본 영업과 더불어 '관리'도 한다. 물론 그 관리는 세척 상태나 생맥주 맛에 대한 관리도 있지만 혹시나 다른 맥주를 사입하고 있는지 살피는 것도 포함한다. 실제로 프랜차이즈 치킨 가맹점 중에는 개인 주류업체에서 생맥주를 사입했다가 본사에서 경고를 받고 '재발 방지 각서'를 쓰는 경우도 있다.

어차피 본사에서 던져주는 '카스'나 개인업자에게서 받는 '카스'나 똑같은 맛인데 가격 차이는 있으니, 가맹점주 입장에서는 사입하고 싶은 강렬한 유혹에 시달릴 수밖에 없다.

생맥주 원액은 20리터 단위로 들어온다. 지역마다 업체마다 차이가 있지만 20리터 원액 가격은 2014년 4월 현재 37,000~40,000원 선이다. 하지만 '주류 대출'*을 끼고 있는 경우에는 이자를 갚는 수준으로 42,000원까지도 거래되곤 한다. 생맥주 원액의 유통기한은 통상 3개월이지만 가급적 빨리 소화시키는 게 좋다.

생맥주는 계절을 많이 타는 술이다. 생맥주 전문점이 아닌 이상 겨울 생맥주는 업장에서 '계륵'이다. 겨울이 되면 생맥주 수요가 뚝 떨어지기 때문에 효모 활동을 하는 생맥주가 쉬어버릴 수도 있기 때문이다. 겨울에는 병맥주만 취급하고 싶지만, 또 생맥주만 찾은 소비자도 분명히 있기 때문에 아예 뺄 수도 없는 노릇이다. 어차피 술은 각 매장의 선택이 아닌 '본사'의 선택인 경우가 많아 자유롭게 취급할 수 있는 영역이 아니긴 하다. 여름은 여름대로, 한창 바쁠 때 생맥주 따라야 하는 시간이 업주들을 힘들게 한다. 물론 힘들지 않은 장사가 없긴 하지만 말이다.

---

* 주류 대출은 자신들의 주류를 사용하는 매장에 대해 은행 보증을 대신 서주는 제도다. 자신의 업체와 거래하면 마진으로 이자를 받는다는 계산이라고 보면 된다. 그래서 주류 대출을 낀 업장의 경우 타 업장에 비해서 공급가가 비싼 것이다.

계산상 생맥주 원액 20리터면 500cc 40잔을 따를 수 있지만, 실제로 40잔을 만들어내는 일은 만만치 않다. 치킨점 사장의 '연식'은 치킨을 튀겨내는 기술에 더해 생맥주를 잘 따르는 기술로 드러난다. 맥주 거품을 잘 다스려 넘치지도 모자라지도 않게 최대한 여러 잔의 500cc를 추출하는 기술이야말로 업계에서는 크리스피 컬을 잡는 기술만큼이나 존경받는 원천 기술이다. 초심자들은 30잔 따르기도 힘들다고 하소연하는데, 그것은 계절에 따른 맥주 효모의 활동을 고려해서 탄산가스 기압을 적절하게 맞추는 기술, 잔의 기울기와 속도 등 모든 것이 어우러져야 하는 '종합 예술'이기 때문이다.

치킨집 사장을 열 받게 하는 것은 초짜 알바가 맥주를 따르면서 주걱으로 연신 거품을 퍼내는 짓이다. 보이기엔 거품이지만 꺼지고 나면 그것도 맥주 원액이다. 그만큼 거품을 퍼내면 원가 손실이 많기 때문에 어지간하면 노하우가 쌓이지 않은 알바에게 맥주 호스를 넘기는 일은 하지 않으려고 한다.

최근에는 '크림 생맥주'의 인기가 높아져 기본 시설 투자는 물론 술을 따르는 정교한 기술이 필요하고, '아이스 생맥주'라고 해서 일종의 맥주 슬러시도 인기를 얻고 있다. 물론 새로운 설비 투자나 임대에 따른 부담도 떠안아야 하지만 소비자들이 더 차가운 맥주를 원하는 추세라 어쩔 수가 없다. 아예 얼어버린 맥주를 마시는 세상이 왔기 때문이다.

• 더 차갑게 더 톡 쏘게, 타는 목마름으로 찾는 맥주

얼음을 갈아놓은 음료에 가까워 맥주인지 슬러시인지 구분하기도 어려운 아이스 맥주를 즐겨 찾게 된 것은, 한국에서 '맛있다'는 것은 '차갑다'에 다름 아니기 때문이다. 냉장고의 등장은 인류를 식중독의 위험에서 구해주긴 했지만 음식을 양극화시켰다. 음식은 이제 차갑거나 뜨겁거나 둘 중 하나다. 지나치게 뜨겁거나 차가워서, 매운지 짠지 달콤한지 제대로 느끼기 어려우니 점점 더 과한 '양념'이 필요하다. 지나치게 차가운 맥주는 맛의 본질을 흐리게 한다. 차가운 것이 '신선한 것'으로 둔갑하게 된 한국에서, 맥주는 그 본연의 맛을 잃게 되었다. 향과 풍미가 핵심인 커피도 마찬가지다. 적정한 온도에서는 그 본래의 향을 알 수 있다. 그런데 아이스커피의 경우 맛과 향을 구분하기가 따뜻한 커피보다 쉽지 않다. 맛보다는 차가운 식감이 압도적으로 먼저 다가오기 때문이다.

우리가 맥주를 대하는 첫 반응은 늘 온도, 즉 '냉기'다. 얼마나 차가운가. 여기에 더해 탄산도 중요한 평가 기준이다. 미지근한 맥주도 용서할 수 없지만 김빠진 맥주는 더욱더 용서할 수 없다. 무조건 시원할 것! 그리고 그 시원함을 배가시킬 수 있도록 톡 쏠 것! 맥주회사들은 이걸 소위 '목 넘김'이 좋다는 표현으로 둔갑시켰다. 하지만 정확히 말하면 타는 목마름일 때 맥주를 찾는 것은 콜라를 마실 때 순간적인 짜릿함을 추구하는 것과 다르지 않다. 그 목 넘김은 감각의 마비, 목마름이 한순간에 가셨다고 착각할 정도의 마비다.

한국은 처음부터 두 개의 기업이 독점적으로 맥주를 공급했고, 사람들은 두 회사가 똑같은 방식으로 양산해낸 맛에 익숙해져 있다. 맥주의 부족한 풍미를 커버하는 것이 과탄산과 냉기였다. 그래서 기름진 치킨과 곁들여 먹을 때 맥주는 차갑고 탄산이 가득해서 느끼함만 가시게 하면 그만인 것이다. 탁주인 막걸리도 점점 탄산이 강해지는 경향이 있다. 하긴 그전에는 '소콜'이라 해서 소주에 콜라를 타 먹거나, '막사이다'라 해서 막걸리에 사이다를 섞어 마시기도 했다. 부족한 맛은 늘 탄산으로 보충하면서 '맛'이 아닌 '톡 쏘는' 감각을 부지런히 좇아온 결과다

• 후라이드치킨은 한국 맥주와 함께

한국인의 소득이 폭발적으로 늘어난 1980년대 중반에 들어서면 치킨도 맥주도 더 이상 '기념할 만한 날'에 먹는 음식과 술이 아니었다. 육계 생산량과 식용유 생산량도 늘어나서 닭 튀기기에 딱 좋은 조건이 만들어졌고, 맥주 공장도 많이 만들어져서(맥주회사가 늘어난 것이 아니다) 맥주 생산량도 늘어났다. 한국 후라이드치킨과 한국 맥주

의 만남이야말로 때가 되니 딱 만나게 된 인연이었다. 치킨점에는 늘 생맥주와 병맥주가 있었고 호프집에는 안주로 치킨이 있었다.

후라이드치킨의 기름 맛을 즐기고 싶지만 그 느끼함은 견딜 수 없는 한국 사람들이 '치맥'을 만들어냈다. 한편 한국 맥주 또한 치킨 없이는 존재할 수 없는 운명이었다. 라거식 병맥주나 생맥주보다 가격이 두 배 이상 비싼 '에일 맥주'는 맥주 자체의 다양한 풍미를 즐기는 술이어서 안주가 주인공이 아니다. 하지만 한국의 맥주는 다르다. 이 맥주들은 그야말로 '안주'를 부르는 맛이다. 이를 달리 말하면, 안주 없이 마시기에는 허전한 맛이라는 뜻이다. 치킨을 먹을 때 필요한 딱 그만큼의 수준, 차갑고 톡 쏘면 그만이다.

혹자는 안주를 먹으면서 술을 먹는 것이 한국인만의 독특한 음주 습관이라고 하지만, 따지고 보면 별로 술맛이 없어서 그런 것이다. 희석식 소주에서도, 독점 생산인 맥주에서도, 제대로 된 '술맛'을 기대할 수는 없는 노릇이다. 치킨 없이 마실 수 없는 술, 이렇게 치맥은 거스를 수 없는 한국음식문화의 운명적 만남이다.

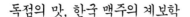

독점의 맛, 한국 맥주의 계보학

황당하게도 맥주는 아직까지도 국세청이 정한 주세 분류표에서 고급주에 속해 있다. 1980년대를 지나면서 맥주는 대중주로 자리 잡았고, 1993년에는 주류시장 출고량 중에서 맥주의 비중이 50퍼센트가 넘어섰다. 하지만 여전히 '사치성 물품'으로 분류되어 주세 비율이 72퍼센트나 차지한다.* 위스키와 같은 비율이다. 그래서 맥주회사들은 주세 비율 때문에 소비자들이 피해를 본다며 끊임없이 주세 인하를 요청하지만 세수 확보에서 담배와 술에서 걷는 세금이 중요하니 당국은 꿈쩍도 하지 않는다.

1990년대 들어 매식은 일상이 되었고, 자연스럽게 술안주와 끼니를

---

* 맥주가 포함된 발효주의 주세 비율은 탁주가 5퍼센트, 약주·과실주·청주가 30퍼센트를 차지한다. 소주는 35퍼센트고 산업보호와 양성 차원에서 전통주(민속주)는 2.5퍼센트다.

동시에 해결하는 일이 많아졌다. '회식형 식생활'로 변모한 일상에 잘 어울리는 메뉴가 치맥이다. 그리고 그 변화의 중심에는 여성들이 있었다. 이제 집 밖에서 밥을 먹고 술을 마시는 것은 남성들만의 특권이 아니었다. 1980년대를 거치면서 여성들의 음주는 더 이상 금기가 아니었고, 도수가 약한 맥주의 소비는 자연스럽게 여성들이 이끌었다.

치맥 현상의 중심에는 치킨도 있지만 당연히 맥주도 있다. 맥주시장을 양분하고 있는 하이트진로와 OB맥주 두 곳의 시장 점유율이 96퍼센트에 이른다. 2014년 4월 롯데음료가 맥주시장에 진출했지만 판세가 어떻게 변할지 아직은 알 수 없다. 유통업계의 최대 강자인 롯데가 유통 라인을 활용해 맥주시장 판도를 삼파전으로 바꿀 수 있을지 지켜볼 일이다. 하지만 당분간 하이트와 카스의 독주가 꺾일 수는 없을 것이다. 맥주시장을 장악하고 있는 이 두 기업도 각자의 자리를 수성하기 위해 엄청난 노력을 펼칠 테니 말이다.

하이트와 OB 두 회사는 오래도록 6:4의 황금비율로 한국의 맥주시장을 장악해왔다. 이 두 회사의 공급 능력 덕분에 치맥의 '치킨'은 다양할 수 있어도 '맥주'만큼은 하이트 아니면 카스로 고정되었다. 탄산과 냉기로 치킨이나 기름진 안주와 함께 먹기에 딱 좋도록 만든 한국 맥주의 맛은 이 두 기업의 공이라고도 할 수 있겠다.

한국 맥주는 '삐루'라고 불리던 일본 맥주에서 시작된다. 1876년 '삿포로맥주'와 '에비스맥주', '기린맥주'가 수입되었고, 조선 거류 일본인들뿐만 아니라 조선의 고위층들도 즐겨 찾았다. 조선은 망했으나 맥주의 인기는 점점 높아져 아예 맥주회사를 서울에 세운 때가 1933년이다. 삿포로맥주와 아사히맥주로 유명한 '대일본맥주주식회사'가 설립되었고, 바로 이어서 일본 '소화기린맥주주식회사'가 들어섰다. 해방 후엔 두 맥주회사가 적산관리 공장으로 지정되면서 미군정이 관리하다가 1950년대 민간인에게 불하되었다. 대일본맥주를 인수한 '민간인'은 다름 아닌 민비의 조카이면서 구한말 세도가였던 민영익의 증손자 민덕기로, 그가 인수한 비용은 덤핑 수준이었다.

아이러니는 대일본맥주가 '조선맥주'라는 이름을 달고 한국 맥주 역사를 열었다는 것이다. 이 조선맥주를 1966년 부산 재벌이었던 대선주조 일가가 인수해 '하이트진로'로 이어지고 있다. 1993년 지하암반수를 뚫어 만들었다는 '하이트'로 크게 히트를 치고 아예 사명도 '하이트맥주'로 바꾸었다가, 진로의 소주사업을 인수해 지금은 '하이트진로'를 정식 이름으로 한다. 최근엔 맥스로 시장 점유율을 높이고 있는 중이다.

기린맥주를 생산하던 소화기린맥주는 1952년 두산 그룹 박두병 초대 회장이 사들여 이름을 '동양맥주'로 바꾸었고, 'OBOriental Brewery맥주'라는 브랜드로 잘 알려져 있다. 1999년 진로에서 맥주사업을 인수해서 '카스'라는 브랜드로 맥주시장을 석권했다. 두산 그룹의 상징이기도 했던 OB맥주는 이제 벨기에 맥주회사에 팔렸기 때문에, 두산 그룹과 상관없는 맥주회사라고 볼 수 있다.

한국의 식품기업들은 어수선한 해방정국에서 값싸게 일본의 식품회사를 불하받으면서 시작되었고, 전쟁 특수를 누리면서 성장했다. 그들이 '먹는 장사'로 재벌 대열에 들어선 데는 '권력'이 개입돼 있으며, 맥주도 예외는 아니다. 실제로 정부는 맥주공장 면허를 철저히 제한해왔고, 그 진입장벽을 높게 잡아 어지간한 자본력을 갖고는 맥주시장에 진출할 엄두를 낼 수 없게 만들었다. 비록 망하기는 했지만 한때 재계 순위 30위 안에 머물던 진로 그룹 정도 되어야 도전 가능한 분야였고, 롯데 정도 되어야 진출 가능한 분야가 맥주시장이다. 그러니 맛에 신경쓸 필요도 없었을지 모른다. 꿋꿋하게 '라거' 맥주만을 양판하고, 여기에 탄산을 과하게 주입하면서 개성 없는 맛을 연출해왔다. 두 맥주회사는 주류 유통을 양분하면서 생맥주시장도, 병맥주시장도 꽉 틀어쥐고 있다. 전국의 프랜차이즈 치킨점 생맥주시장도 사이좋게 양분하고 있는 중이다.

완전경쟁의 벌판에 놓인 치킨과 독점의 온실에서 생산된 맥주가 만난 치맥. 시장의 꼭대기와 바닥이 만난 묘한 조합임에 틀림없다.

대한민국 치킨약전 略傳 2

산업이 만든 치킨, 치킨이 지탱하는 산업

514

치킨의 조건

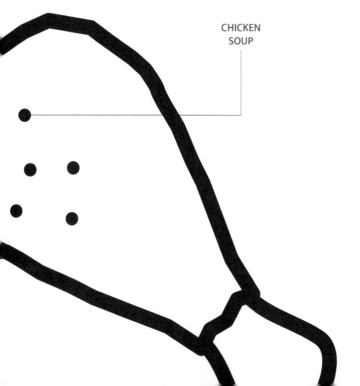

우리가 전통음식이라고 오해하고 있는 삼계탕은 사실은 근대의 음식이다. 삼계탕 자체야 오래된 요리책에 나오기는 하지만 영계(중병아리)를 잡아서 끓여 먹을 정도면 특권층의 음식이었을 것이다. 오히려 복날에는 개를 잡아 '개장국'을 먹었을지언정 닭은 귀하고 비싼 식재료였다. 그 이유는 달걀 때문이었다. 우리가 복날에 흔하게 삼계탕을 먹을 수 있게 된 것도 한국의 양계산업의 규모가 커지면서나 가능해진 일이다. 한국의 양계산업은 1963년 이후 사료산업의 발전과 함께 본격 궤도에 오르면서 확장되었고, 그때서야 사람들은 '달걀' 말고 닭도 한두 마리 먹을 수 있게 된 것이다.

삼계탕용 닭은 '백세미'라는 종으로, 정식 명칭은 '세미 화이트 브로일러'다. 하얀색의 준육용종이라고 굳이 해석할 수 있는데, 간편하게 '백세미'라 부른다. 이 백세미는 산란계 암닭과 육계용 수닭의 교배로 만들어졌는데, 보통의 브로일러종보다 다리가 길어서 토종닭으로 착각하기 쉽다. 사람들은 토종닭이 다리가 길고 색깔은 다갈색에 육질이 좀 질긴 편이라고 생각한다. 백세미는 다리가 길고 주로 삼계탕용으로 사용되기 때문에 마치 우리나라에서 오래도록 먹어온 품종으로 오해하는 것이다. 이미 털은 뽑혀 다갈색인지 흰색인지 알 수 없으니 다리 길이로 '토종닭'이려니 가늠하는 것이다. 하지만 백세미는 한국에 맞게 개량된 종일 뿐이다. 주로 화이트종으로 교배되는 이유는 닭털을 뽑았을 때 '티'가 나지 않아서다. 갈색이나 검정색 닭은 닭 털을 뽑고 나면 그 자국이 남을 수도 있어서 화이트종이 선호되는 것이다. 물에 넣고 끓이는 고전적인 요리법으로 먹는 닭이긴 하지만, 백세미의 운명도 여느 브로일러종, 즉 치킨용 닭과 다르지 않다. 중병아리가 되면 복날 성수기에 맞춰서 순차적으로 출하되어 인삼 잔뿌리와 만나면 그것이 삼계탕인 것이다. 복날에 흔하게 먹는 삼계탕도 사실은 이렇게 산업화의 덕을 톡톡히 보는 것일 뿐, 전통 음식문화와는 크게 상관없다고 보면 맞을 것이다.

• 복날은 간다, 백숙의 운명

지금은 계곡 근처 '가든'이라 불리는 곳에서 여름 한철 팔릴 뿐인 백숙용 닭의 처지는 좀더 궁색하다. 토종닭으로 삶는다고는 하지만 소비자들은 겨우 다리 길이나 질긴 식감으로 토종닭 여부를 확인한다. 그래서 알을 다 낳고 용도 폐기 수준이 된 '폐계'가 종종 토종닭으로 둔갑하기도 하고, 백세미를 1킬로그램 이상으로 키워서 토종닭으로 둔갑시키기도 한다. 그래서 '한국토종닭협회'가 가장 경계하는 것이 바로 백세미시장이다. 백세미 자체가 과한 개량으로 바이러스에 상당히 취약해서 조류 전염병의 원인으로 지목되기도 하고, 무엇보다 '백숙 라인'에서 경쟁해야 하는 토종닭에게 가장 위협적인 존재이기 때문이다.

요리법으로 따지자면 백숙은 가장 오래된 닭요리 방식이다. 백숙만이 아니라 축산업이 이만큼 커지기 전에, 많은 사람이 고기를 나눠먹을 수 있는 방법은 물속에 넣고 오래도록 푹 고아 '국물'을 나눠 먹는 것뿐이었다. 살코기 몇 점이 운 좋게 자기 국그릇에 들어오면 좋고 아니면 말고였다. 닭의 주요 임무는 달걀을 공급하는 것이었고, 더 이상 달걀을 낳지 못하고 사료만 축낸다 싶을 때, 그때서야 백숙으로 먹을 수 있었다. 알뜰하고 살뜰하게 대가리와 발까지 모두 물속으로 들어가 국물로 탄생하는 요리가 백숙이다.

사실 백숙의 시대는 아주 짧았다. 해방 이전에는 닭이 귀해서 먹기 힘들었고, 양계산업이 본격 궤도에 오르고 나서는 닭이 많아지니 굳이 '물에 빠진 닭'을 먹을 필요가 없어졌다. 국물을 위한 닭이 아닌 살코기를 먹기 위한 닭의 시대가 열린 것이다. 이제 복날 즈음에나 한번 사 먹거나, 집에서 만들어 먹을 수 있는 음식 정도의 위상이다. 삼계탕은 어느 정도 상업화의 길에 들어서서 프랜차이즈도 존재하고 사

계절음식으로 자리를 잡았지만 백숙만은 그러지 못했다.

삼계탕의 경우 가격대가 10,000원 안팎이고 한 사람당 한 마리를 제공받으면서 식사로 대신할 수 있어 식당에서 팔기도 좋고 사 먹기도 좋은 음식이다. 무엇보다 삼계탕은 중병아리 수준의 백세미를 써서 그 원가를 대폭 낮추고, 밍밍한 맛은 각종 조미료로 가릴 수 있다. 또한 '인삼'이라는 건강의 이미지가 덧대어져 관광용 음식으로도 어필할 수 있었다. 무엇보다 한꺼번에 끓여놓고 즉석에서 재탕해서 내면 되므로 상업화시키기에 적절했다. 하지만 백숙은 그렇지 못했다. 혼자서 먹기에는 양도 많고 비싼 편이다. 게다가 조리 시간도 한참 걸린다. 압력솥에 넣고 조리를 하더라도 예약을 하지 않으면 한 시간 정도는 걸리는 것이 닭백숙이고, 가격은 50,000~60,000원대로 '한상 차림'을 기준으로 한다. 일상의 음식이라기보다는 특별한 날 큰맘 먹고 먹을 수 있는 음식이다. 산과 계곡에 있는 '가든'까지 가야 먹을 수 있는 음식이 된 까닭이다.

무엇보다 집에서 그 맛을 재현할 수 없고 사 먹는 것이 차라리 낫다는 결론에 닿을 수 있어야 치킨처럼 상업화에 성공하지만, 백숙은 마음만 먹으면 가정에서도 큰 솥에 넣고 오래도록 고면 된다는 점에서 가정요리와도 경쟁을 해야 한다. 2002년 국민 남동생 유승호가 주연을 했던 〈집으로〉라는 영화가 백숙의 운명을 잘 보여줬다. 손자 유승호가 후라이드치킨이 먹고 싶다며 할머니에게 닭 볏 모양과 날개

짓을 흉내 내자, 할머지는 닭을 잡아 백숙으로 끓여다준다. 어린 손자 유승호가 양은 냄비에 담긴 백숙을 보고 왜 닭을 물에 빠뜨렸느냐며 대성통곡하던 그 장면을 모두 기억할 것이다.

어머나 할머니 손을 거친 백숙은 간결한 맛을 가진 음식이다. 하지만 '남의 손'을 거친 후라이드치킨은 그렇지 않다. 집에서 만들어도 '그 맛'에 이를 수 없고 사 먹는 것이 훨씬 맛있다. 그리고 지금의 소비자는 고깃국물의 세대(백숙 세대)가 아닌 살코기의 세대, 즉 치킨의 세대다. 우리가 사랑한 닭은 기름에 빠진 닭이지 물에 빠진 닭이 아닌 것이다. 복날에 치킨집이 바쁜 이유는 복날에 닭을 먹는다는 흔적은 남았지만 우리 세대의 닭이란 곧 '치킨'이기 때문이다.

그렇게 백숙의 전성기는 오지도 못하고 봄날처럼 짧게 가버렸다. 복날은 가버린 것이다.

• 물에서 나온 암닭, 기름에 빠지다

닭은 이제 물 밖으로 나와 스스로 주인공이 되었다. 하지만 하나의 음식이 새롭게 등극했다고 해서 다른 음식이 사라지는 것은 아니다. 1960년대 전기구이통닭이 인기 있었다 해도 그것은 서울 일부 지역에 해당하는 것이었고, 대다수의 사람들은 '국물 닭'을 먹고 있었다.

여전히 가정에서는 백숙으로 닭을 먹은 것이다. 하지만 훗날 기억하기 좋은 음식은 전기구이통닭이었다. 먹어본 사람들의 기억을 압도한 매력적인 요리였기 때문이다. 1961년 명동에 등장한 전기구이통닭은 이제 국물 맛이 아닌 '기름진 맛'으로 닭을 먹는 시대를 열었다는 점에서 의미가 크다. 한국형 로스트치킨이라 할 수 있는 전기구이통닭은 가정마다 오븐을 갖추고 있지 못하던 시대, 최상의 닭고기 맛을 보여줄 수 있는 요리였다. 비록 중산층 이상의 사람들만이 향유할 수 있는 문화이긴 했지만, 전기구이통닭을 통해 사람들은 '기름 맛'이 무엇인지 알게 되었다. 새로운 미각의 시대가 열린 것이다. 전기구이통닭은 닭 껍질의 기름기로 인해 바싹한 식감과 고소한 풍미를 일으켰다. 닭이 구워지는 동안에 퍼져나가는 기름 냄새야말로 사람들의 코와 혀를 자극하기에 충분했다.

'기름 맛'이라고는 하지만, 전기구이통닭이 기름에 튀겨낸 요리는 아니다. 하지만 백숙이 닭의 단백질과 지방을 물에 녹여서 국물을 먹는 요리였다면, 전기구이통닭은 닭 자체가 품고 있는 지방의 풍미를 활용한 음식이라는 점에서 전혀 다른 음식이다. 백숙은 물의 맛이고 통닭은 기름 맛이었다. 물에서 건진 첫 닭인 전기구이통닭은 당대의 미식 조건에서 가장 잘 팔릴 만한 음식이었다. 기름과 밀가루가 충분하지 않을 때 닭을 가장 풍미 있게 즐기는 방법이 바로 구이였다.

이것은 서구에서도 마찬가지다. 미국에서도 1928년 대통령 후보였던 허버트 후버Herbert Hoover가 "모든 가정의 냄비에 닭고기를!"이라는 구호로 선거운동을 치를 만큼 닭은 귀했고, 자주 먹을 수 있는 음식이 아니었다. 치킨이 특별히 흑인 노예들한테만 귀한 음식은 아니었던 것이다. 상황이 바뀐 것은 1940년대를 넘어서면서부터였다. 이전까지 서구에서도 닭은 '백숙'으로 끓여 먹었다. 내 영혼을 '닭고기 수프'*로 달래던 시대를 거쳐, 미국에서 본격적으로 닭을 굽고 튀길 수 있게 된 것은 기업 양계 시대가 본격적으로 열렸기 때문이다. 구이와 튀김에 특화된 브로일러종이 대량 공급되었고, 이는 단연 사료산업이 그만큼 성장했기 때문에 가능한 일이었다. 농약과 비료, 농기계의 합작품인 녹색혁명은 인간이 먹고도 남을 만큼의 곡물을 생산해냈다. 과잉 생산되어 썩어나게 생긴 곡물은 다양하게 활용되었는데, 가장 손쉬운 처리처가 사료였고 이 사료로 닭과 돼지, 소가 키워졌다.

곡물 사료를 먹기 시작한 동물들은 금세 자라는데다 그 이전보다 통통해졌고, 움직일 필요가 없어서 기름이 가득 찼다. 그러면서 양계는 농민이 책임지는 농업이 아니라 타이슨푸드와 같은 거대 축산회사들이 이끄는 '제조업'이 되었다. 카길이나 퓨리나와 같은 거대 곡물업체가 생산해낸 사료를 먹고 표준화된 공정을 거치면, 공장에서 찍어

---

* 닭고기 수프는 미국에서 몸이 허할 때 먹는 음식으로 알려져 있다. 특히 아플 때 어머니나 할머니가 끓여주는 음식이며, 이에 착안해 《내 영혼의 닭고기 수프》라는 에세이집이 1998년 IMF 직후 출간돼 한국에서도 많은 인기를 누렸다.

내듯 똑같은 모양새와 맛을 가진 닭이 대량으로 시장에 쏟아져나왔다. 공장 닭은 가장 손쉽게 구할 수 있는 단백질 공급원이 되었고, 예전처럼 굳이 끓여 먹지 않아도 될 만큼 값이 내려갔다. 그래서 이제더 부드럽고(어리고!), 고소한 맛을 즐길 수 있는 조리법인 구이와 튀김으로 등장할 수 있게 된 것이다. 이처럼 기름 맛에 매료된 다음에는, 닭고기 수프는 가끔 먹는 추억의 음식으로 물러나고 말았다.

한국도 1960년대에 들어서 비슷한 상황이 되었다. 원조와 차관 형태로 본격적인 배합사료 생산이 시작되면서 육계 생산량은 획기적으로 증가했다. 양계산업이 본격적으로 시작되는 1960년 사육된 닭은 1200만 수였다. 10년 뒤인 1970년에는 2400만 수로 늘어났다. 양계의 기업 계열화가 본격적으로 개시된 1998년에는 4억 마리가 사육되기에 이르렀다. 그로부터 15년 뒤인 2013년에는 7억 8000만 마리를 키우고 잡아먹었다. 이는 달걀을 낳는 산란계를 제외한 사육수다.* 여전히 달걀 생산이 양계산업에서 중요하기는 했지만, 서서히 전용 육계 시장도 형성되기 시작했다. 그러다 1970년대 중반, 전용 육계사료가 생산되면서 이제 알 낳는 닭(산란계)과 고기닭(전용 육계) 생산체계가 완전히 분리되었다.

1973년부터 생산되기 시작한 양계사료는 어린 병아리용, 중병아

---

* 《한국제육산업발전사》, 한국제육협회, 2002. 통계청.

리용, 큰 병아리용으로 각 단계별로 필요한 영양 추이에 따라 세분화되었다. 또 품종별로 브로일러 전기, 브로일러 후기 등으로 나누고, 종계용 사료 등으로 세분화시키면서 전문화된 사료 생산이 이루어졌다. 농가에서 부산물로 키우던 가정 양계의 시대가 끝나고 산업 양계의 시대가 열린 것도 이렇게 전문 사료 생산이 가능해졌기 때문이다. 생산이 분리되었다는 것은 소비 형태도 그만큼 많이 바뀌었다는 뜻이다. 1년에 한두 번 먹을 수 있던 백숙의 시대가 끝나고 통닭의 시대가 시작된 것은 곧 '닭고기의 상업 시대'가 왔음을 뜻한다.

사람들은 이제 '닭'을 먹기 시작했다. 가정에서 여전히 백숙으로도 먹었지만, 닭찜이나 닭도리탕처럼 국물이 확 줄어든 '메인 디시'로도 즐기게 되었다. 밥과 함께 먹는 반찬이기도 하지만, 어느 정도 닭만 뜯을 수도 있게 된 것이다. 하지만 가장 큰 변화가 일어난 분야는 외식업이었다. 어떤 산업이든 싼 원료를 확보해서 팔릴 만하게 가공하여 부가가치를 높여서 판매하는 것이 기본 원리다. 1960~70년대 외식산업으로 끌어들이기 가장 좋은 식재료는 밀가루와 닭이었다. 원조로 값싸게 확보할 수 있었던 밀가루는 양산품 빵과 과자 생산으로 이어졌고, 분식집과 국숫집을 탄생시켰다. 그리고 라면은 중요한 끼니로 자리를 잡아갈 수 있었다.[**]

그리고 고기로는 '닭'이 있었다. 달걀은 가정과 식품공업용(과자와 빵의 부재료)으로 용처가 한정되어 있어 외식 메뉴로 발전시키기에는 한계가 있다. 하지만 닭은 외식업에 가장 적합한 동물이었다. 닭은 소나 돼지보다 사육 주기가 짧아 공급하기가 쉬웠다. 무엇보다 한국에서 가장 먼저 자리를 잡은 축산업이 양계였다. 가장 먼저 공급이 완료된 사료가 양계사료였기 때문이다. 특히 전용 육계사료의 등장은 한국음식 역사에서 매우 중요한 기점이다. 사료가 공급되면서 닭이 많아졌고, 닭이 많아지면서 전기구이통닭이 등장할 수 있었던 것이다.

대량으로 닭을 매입해 한꺼번에 구워서 파는 통닭은 사람들이 이전에 먹던 닭고기 맛과는 확연히 달랐다. 사람들은 전기구이통닭의 기름기 넘치는 맛에 열광했다. 특히 명동을 들락거릴 정도의 경제력과 문화적 욕구를 가진 사람들은 전기구이통닭을 통해 백숙을 먹는 이들과 자신을 차별화했고, 당시에는 고급술인 생맥주까지 더해져 '최신의 음식문화'를 누렸다.

그러나 전기구이통닭의 시대는 백숙의 시대보다 짧았다. 여전히 치킨 마니아들에게는 '성지순례' 코스가 되어 있는 영양센터를 비롯해서 30~40년 정도 된 전기구이통닭집이 건재하지만, 그들도 이제는 후라이드치킨을 더 많이 판다. 10분 내에 튀겨지는 후라이드치킨

** 한국의 첫 라면 생산은 1963년 삼양식품사에서 생산한 '삼양라면'이었다. 당시 라면은 싸구려음식이 아니었다. 개당 10원이나 하는 귀한 음식으로, 결혼식 답례품으로 제공될 정도였다. 라면은 밀가루도 중요하지만 식용유도 중요하다. 당시 확보할 수 있는 라면 튀김용 기름은 우지나 고래기름이었고, 이는 외국에서 전량 수입을 하고 있었기 때문에 원가 부담은 사실 식용유가 더욱 컸다고 할 수 있다. 본격적인 라면의 시대 또한 1970년대 식용유의 시대가 열리면서부터 시작되었다.

에 비해 두세 시간 넘게 구워야 하는 전기구이통닭은 외식업에서 가장 중요한 시간과 에너지 효율성에서 크게 뒤처지기 때문이다. 그리고 1973년 석유파동이 터진 후 1970년대 후반까지 실시된 전력 사용 제한 조치도 타격을 주었다. 당시는 전기 누진세 제도가 도입되고 제한 송전이 이루어지는 등 극심한 에너지난을 겪던 시기였다. 당시 네온사인 규제는 물론 업소당 전기 사용량을 제한하려던 움직임 속에서 단속에 걸린 업체들 중 '통닭집'이 종종 눈에 띄는데, 전기구이통닭집이었을 것이다.

하지만 전기구이통닭 시대를 종식시킨 가장 결정적인 것은 바로 기름 맛이다. 우리에게 기름 맛을 처음 선보인 전기구이통닭은 진짜 기름 맛, 즉 '후라이드치킨'이 등장하자 버텨낼 재간이 없었다. 영양이 중요했던 시대에 미각의 희열까지 안겨주었던 '영양센터'들은 맛이 중요한 시대를 맞이해 서서히 시장에서 그 입지가 좁아졌다. 진짜 기름에 튀겨진 닭이 갖는 압도적인 기름기는 전기구이통닭을 심심한 기름 맛으로 만들었고, 후라이드치킨을 감싸고 있는 튀김옷은 바삭한 식감에 대한 감각을 일깨웠다. 그리고 후라이드치킨은 시간이 지나도 전기구이통닭처럼 딱딱해지지 않았다. 튀김옷이 육즙과 지방을 틀어쥐고 있기 때문이다. 전기구이통닭은 구워지는 동안 기름기가 쪽 빠지기 때문에 식으면 굳어버리고 염지가 약해서 소금 없이는 먹기 힘들다. 담백한 맛이 오히려 발목을 잡은 것이다.

515

콩-식용유-사료의
트라이앵글

백숙의 봄날은 짧게 흘러갔고, 이제 여름철 반짝하고 마는 음식으로 자리를 잡았다. 그리고 어설픈 기름 맛의 전기구이통닭은 그 전성기가 더 짧았다. 어느 순간 진짜 기름이 몰려오면서 본격적으로 모든 것을 '후라이드'해서 먹는 시대가 열렸다. 제사나 명절 때 먹던 부침요리나 튀김은 일상의 음식으로 자리를 잡았다. 무엇이든 볶아 먹고 튀겨 먹었다. 튀김의 향연이 시작된 것이다. 우리를 매혹시키는 라면과 과자도 본질은 튀김이다. 버터 맛은 몰라도 그 대체품인 마가린이 고소한 풍미를 더해주었다. 뜨거운 밥에 마가린을 넣고 샘표 진간장을 넣고 비벼 먹으면 '한 그릇 뚝딱'이었다.

기름의 힘은 위대하다. 그 고소함에 빠져들면 사람들은 쉬이 벗어나지를 못한다. 끊임없이 기름기를 찾아헤매게 마련이다. 아무리 담백한 음식으로 끼니를 채우고 싶어도 기름기가 들어가지 않으면 '헛헛함'을 느끼는 이유는 식용유 시대에 태어나서 자란 세대에게는 '본능'에 가까운 중독이다.

닭은 '저지방 고단백' 식품으로 알려져 있지만, 살코기만 보면 그렇다는 것이다. 닭 껍질에는 다량의 지방이 함유되어 있다. 그래서 전기구이통닭도 가능했던 것이다. 닭 껍질의 기름이 자체 식용유 역할을 하면서 구워진 것이다. 이 닭이 식용유와 만나 본격 후라이드치킨의 시대를 열면서, 백숙은 말할 것도 없고 전기구이통닭마저도 퍽퍽한 맛으로 느껴지게 만들었다. 후라이드치킨의 전성기는 꺾일 기미가 보이지 않는다. 닭을 '후라이드'할 수 있게 한 일등공신은 식용유다.

한국음식은 두 번의 큰 충격을 통해 변화를 겪는다. 하나는 일제강점기를 거치면서 일어난 음식의 혼성이고, 또 하나는 한국전쟁 이후 미국의 원조를 통해서 밀려든 밀가루와 설탕이었다. 그러나 잘 다루어지지 않았던 또 하나의 충격이 있으니, 그것이 바로 '콩'이다. 미국산 대두는 한국 음식문화의 근간을 뒤집어놓았다. 본래 콩을 많이 먹던 민족이긴 하지만 우리는 장을 담가 먹거나 두부로 만들어 먹었다. 그 콩이 '식용유'로 바뀌면서 식생활은 혁명 수준으로 변화했다. 콩은 기름이었고 사료였다. 콩으로 닭을 키웠고, 그 닭을 콩기름으로 튀겨 먹었으니 식용유가 곧 치킨이다.

개발도상국의 식량정책이란 자국의 노력만으로 수립될 수 없다.

게다가 식민지배와 전쟁을 겪고 20세기 냉전의 중핵에 서 있던 한국 정부의 식량정책은 미국 중심 원조경제의 큰 틀에서 움직였다. 작은 위로라면 지금은 잘사는 유럽도 2차 세계대전 직후에는 '마셜플랜'의 이름으로 미국이 던져주는 식량으로 끼니를 연명했다는 것. 밀을 얼마나 보낼 것인지 결정하는 미국 농무부는 초국적 곡물복합체들의 로비의 각축장이었다. 이들은 그때나 지금이나 '곡물메이저'의 이름을 달고 세계 식량시장을 좌지우지하고 있다. 전쟁 직후 '인도적 차원'으로 원조를 하지만 짧은 무상원조의 시기가 끝나면 장기적인 무역관계로 전환한다는 것을 그들은 잘 알고 있었다. 이는 윤리적 차원의 문제가 아니다. 얻어먹는 입장에서 자국의 식문화나 농업 조건을 따지면서 받아들일 수는 없다. 그래서 던져지다시피 하는 것들을 받아먹다 보면 사람들의 입맛도 결국 따라가게 마련이다. 분식 없는 대한민국, 아니 라면과 과자 없는 한국을 상상해보라.

• 콩의 무한변신은 무죄?

그 곡물메이저들은 '밀'도 많이 갖고 있지만 '대두'도 많이 갖고 있다. 본래 식용유로 활용도가 높은 식물은 팜과 코코넛, 땅콩이었다. 주로 열대지역에서 자라는 유지작물이다. 그리고 온대지방의 유지작물은 해바라기, 카놀라, 겨자씨, 참깨 등이고 지중해 지역은 올리브다. 각 민족은 제 땅에서 잘 자라는 유지작물을 키워 기름을 짜서 먹어왔다. 그 양이 충분하지 않으니 특별한 날에 '조미료'처럼 이용하는 정도였다. 그런데 밀가루로 한몫을 챙긴 곡물복합체들은 기름에도 주목했다. 버터의 대체품목으로 마가린을 개발했고, 그 마가린의 원료로 콩이 꽤 괜찮다는 것에 주목했다. 그리고 기름을 짜고* 남은 대두박은 동물 사료로 아주 유용했다. 1타 3피의 작물. 기름도 뽑고, 마가린도 만들고, 사료로도 만들 수 있는 작물이 '콩'이었다.

콩은 본래 아시아에서 주로 먹는 '곡식'이었지만 이를 기점으로 유지작물로 변신했다. 밀과 대두를 풀 패키지로 장악한 곡물메이저들은 식량원조의 대행기관이 되어 미국의 잉여 밀과 콩을 수출했다. 아예 콩기름을 직접 짜서 수출하기도 했다. 각 대륙마다 다양하게 길러왔던 유지작물들은 북미산 대두에 그 자리를 넘겨주어야 했다.

국민엄마 김혜자가 전속 모델이었던 백설식용유의 광고를 기억할지 모르겠다. 가정용 콩기름 한 병(0.8리터)을 만들려면 콩 여섯 되(4.64킬로그램)가 필요하다며, 콩기름 한 병을 옆에 놓고 됫박에 담긴

---

* 기름을 얻는 방법은 짜는 방법(압착)과 뽑는 방법(추출)으로 나눌 수 있다. 작물의 지방 함량이 높으면 '압착'만 해도 기름을 얻을 수 있지만(압착유), 콩처럼 지방성분이 적은 유지작물은 인위적으로 '추출'을 해야 한다. 그리고 여러 차례의 화학적 처리 과정을 거쳐야만 비로소 한 병의 콩기름이 만들어진다. 수많은 정제 과정을 거쳤기 때문에 콩기름은 정제유다.

콩을 차곡차곡 쌓는 장면 말이다. 동물성 지방에 대한 경계심이 점점 커져가던 1990년대, 백설식용유는 '콩 100퍼센트' 순식물성 기름임을 강조하고 그만큼 콩이 많이 들어간다는 것을 보여주려는 의도였을 것이다. 그런데 콩이 그만큼 많이 들어간다는 것은 기름으로 짜 먹기엔 부족한 작물이라는 뜻이다. 식용유용 대두의 조성 성분은 40퍼센트 정도가 단백질이고, 지방이 18~20퍼센트 정도를 차지한다. 역시 콩은 밭의 고기! 유지작물이라 부를 수 있으려면 지방이 주성분이어야 한다. 깨는 지방 함량이 52퍼센트고, 카놀라유의 원료인 유채도 40~45퍼센트가 지방인데, 콩은 고작 20퍼센트에도 미치지 못한다. 그런 콩을 굳이 식용유의 원료로 삼은 것은, 기름을 짜고 남은 대두박의 활용도가 쏠쏠했기 때문이다. 가축들의 먹이로 대두분soybean meal이 중요해지면서 대두가공산업이 주목받은 것이다.

콩에서 기름을 '억지로' 짜내려면 120도 정도에서 거의 태워서 분쇄를 해야 한다. 그리고 헥산으로 기름을 '추출'해낸다. 지방 성분이 많은 유지작물이야 '압착'하면 기름이 뽑히지만 콩기름은 그보다는 좀더 복잡한 과정을 거쳐야 한다. 기름기 부족한 데에서 기름을 뽑는 무리수를 두는 것인데, 이 기술이 꽤나 복잡하고 고급기술인지라 대기업 중심으로 식용유가 생산되는 이유가 여기에 있다. 한국의 대표적인 식용유 생산업체인 동방유량(현 사조해표)과 제일제당(현 CJ) 정도나 가능한 산업이었던 것이다.

하지만 콩기름을 추출하고 난 다음에 남은 찌꺼기인 대두박은 매우 요긴한 산업 원료다. 일단 기름기가 빠지고 나니 소화 흡수율이 높아져서 동물들이 먹기에 적합한 사료가 된다. 소화효율이 높기 때문에 크게 움직이지 않아도 살은 빨리 오르니 더 많은 고기를 생산하기에 좋다. 게다가 이 탈지 대두분은 우리가 좋아하는 두유에도 들어가고 고추장, 된장, 간장에도 쓰인다. 단백질이 필요한 웬만한 식품산업에는 반드시 탈지 대두분이 필요하다. 밀가루 없는 세상을 상상할 수 없지만, 이제 콩 없는 세상도 상상할 수 없다.

• '콩닭' 먹는 세상

후라이드치킨의 세상을 맞이했다는 것은 튀겨 먹고 구워 먹을 정도로 닭이 많아졌다는 뜻이다. 또 튀겨낼 기름도 많아져야 하고, 닭을 감쌀 밀가루도 많아야 한다. 우리 힘으로 해결한 것은 아니지만 밀가루는 진즉에 넘쳐났고, 남은 것은 닭과 기름이다. 무엇이 먼저 해결되었을까? 한국의 경우 닭이 먼저다. 그래서 바로 '후라이드'해서 먹지 못하고, 일단은 삶아 먹고 구워 먹은 것이다. 본격적인 식용유 생산은 1973년 동방유량에서 해표식용유를 생산하면서부터다. 사료는 그보다 10년 앞선 1960년대 초반에 본격 생산이 시작되었으니 10년의 시간차가 있다.

잘사는 나라의 기본은 넉넉한 식량이다. 한국전쟁이 끝난 후 모든 농업정책의 목표는 식량 증산이었다. 여기에는 양곡뿐만 아니라 '고기'도 포함되었다. '체력은 국력'인 시대에 고기와 우유만큼 효과적인 것이 없다고 보았다. 세계 최고의 국가가 된 미국 사람들은 고기와 우유를 먹고 저리 강해졌다고 여기던 시절이었다. '근대화'가 국시이던 시대, 농촌 근대화의 기본은 '축산'을 병행하는 것이었다. 농가의 부수입을 올리는 방법으로 가정 양계나 염소 키우기 등이 권장되었고, 특히 양계가 강조되었다.

병아리가 닭이 되고, 그 닭이 달걀을 낳고 품으면 또 병아리가 태어난다. 그렇게 병아리 수를 늘리면서 닭을 키워 내다팔면 어느 날은 돼지를 사게 되고, 그 돼지를 키워 내다팔면 소를 키울 날이 온다는 것이었다. 그렇게 하다 보면 언젠가는 '우리도 한 번 잘살아보세'가 완성될 날이 온다는 논리였다. 단선적이고 단순한 논리지만 달걀을 먹고 싶은 욕망을 절제하고 '근면 성실'하기만 하면 누구나 소를 키울 날이 온다는 희망 메시지이기도 했다. 실제로 1990년대 초반까지 초등학교(국민학교) 실과 교과서에는 '닭 기르기'가 있었다. 이제 그 자리는 '강아지 기르기'가 대신하고 있지만 말이다. 농가의 부수입을 올리는 기초 과정으로 가정 양계를 권해왔고, 심지어 1960년대에는 군대에서 양계 기술을 가르치기도 했다. 군인들 대부분이 농민이고 제대하면 농촌으로 돌아가리라 여겼기 때문에 '농촌 근대화'와 '부농 만들기' 국가 프로젝트에서 양계는 필수항목이었다.

그런데 농가에서 부업 수준으로 감질나게 키우는 닭으로 언제 부자 농촌을 만들고 또 언제 튼튼한 체력을 가진 강국이 될지는 묘연했다. 그래서 대량 생산과 대량 소비가 가능할 정도로 산업 발전을 이루려면 '전문화'의 과정이 필요하다. 특히 축산에 있어서 전문화는 당연히 사료의 대량 생산부터 이루어져야 한다. 그런데 그 사료는 '영양사료'여야 했다. 영양이 가득해서 영양사료고, 영양이 농축되어 있다고 해서 '농후사료'라고도 한다. 동물이 자라는 필수성분을 잘 배합해놓아서 '배합사료'라고도 하고, 공장에서 대량으로 만들어져 유통한다는 뜻으로 '유통사료'라고도 부른다.

그런데 사람 먹을 곡물도 부족해서 허덕이는 나라에서 가축 먹이자고 사료 생산에 뛰어들 수는 없었다. 사료공장 차릴 돈도 없고 배합기술도 부족한데다 무엇보다 국내에서 확보할 수 있는 원료가 거의 없었다. 하는 수 없이 소소하게 닭이나 키우던 1960년대 초반, 원조기관을 통해 매력적인 제안이 들어온다. 차관 형태로 배합사료공장을 세우자는 것이었다. 그리하여 원천기술은 물론 원료도 확보하고 있는 대표적인 곡물메이저 퓨리나, 카길, 미쓰이물산이 1963년 한국에 사료공장을 세운다. 때마침 미8군이 역내 수출의 형식으로 '달걀' 수출길을 터주었다.

사료산업은 가공 과정의 부가가치가 중요한 산업이 아니라 원료 자체가 이윤인 산업이다. 배합 기술 정도만 필요할 뿐, 가공 과정이 복잡한 하이테크 산업은 아닌 것이다. 원료가 부족해 먹을 것부터 입을 것까지 원조를 받는 나라에서, 원료만 확보하면 대기업으로 가는 길이 열렸다. 한국의 대표적인 식용유 기업인 동방유량은 1970년대 대두 수입 독점권을 통해 식용유도 생산하고 사료공장도 세워 돈을 벌었다. 대두 수입 독점권이 풀리자 삼양유지, 대한제당, 제일제당, 두산곡산(두산 계열) 등 내로라하는 식품기업들이 배합사료산업에 뛰어들었다. 특별한 기술이 필요하지 않은 사료산업의 특성상, 위의 기업들은 콩이나 옥수수로 기름을 뽑고 남은 찌꺼기, 원당을 가공해 설탕을 만들고 남은 찌꺼기로 사료공장을 돌렸다. 콩기름을 짜고 남은 대두박으로 만든 사료를 먹고 키워진 닭, '콩닭'의 세상이 열린 것이다.

• 옥수수 전성시대, 콩닭에서 콘닭으로

후라이드치킨은 그렇게 우리에게 왔다. '내가 먹는 것이 바로 나'라면 '닭이 먹는 것이 바로 닭'일 것이다. 그렇다면 당연히 닭은 곧 콩이다. 후라이드치킨도 콩이다. 콩으로 만들어진 사료를 먹고 크고, 그콩으로 짠 콩기름으로 '후라이드'해서 탄생한 것이 지금의 후라이드치킨이다. 콩을 '옥수수'로 바꾸어서 보아도 마찬가지다. 최근 대세는 확실히 옥수수이기는 하다. 옥수수는 그 가공 범위가 훨씬 넓기 때문이다. 밀가루를 가졌던 곡물복합체들이 대두산업에 진출하고 사료산업에 진출해 있듯이, 옥수수산업도 장악하고 있다. 옥수수에서 전분을 추출하고 그 전분에서 당을 뽑아내면서 콩보다 다양하게 식품산업에 활용할 수 있다.

옥수수는 플라스틱을 만들거나 본드의 접착제 성분에도 쓰일 만큼 공업 분야에서의 활용 범위도 넓다. 최근에는 바이오에탄올 원료로 옥수수가 중요해졌다. 하지만 무엇보다 옥수수는 사료로서의 가치가 가장 높은 작물이다. 옥수수기름(옥배유)은 부산물 수준이고 옥수수 자체를 쪄서 누르면 '콘플레이크'와 같은 상태의 사료가 된다. 옥수수는 '씨눈(배아)'에만 지방이 들어 있어 옥수수 씨눈에서만 기름을 뽑을 수 있다. 콩과 마찬가지로 옥수수도 기름을 뽑아내고 남은 찌꺼기로 사료를 만든다.

'콘닭' 시대로 넘어가고는 있지만, 여전히 콩은 대표적인 산업 작물이다. 많은 것을 '후라이드'해 먹기에는 콩기름만 한 것이 없기 때문에 콩은 또 콩의 길을 갈 것이다. 이미 기술 축적과 시설 구축이 완료된 콩기름산업을 버릴 리 없기 때문이다. 콩과 식용유, 사료의 트라이앵글 속에 갇힌 것은 후라이드치킨이 아니라 후라이드치킨을 뜯고 있는 우리 자신일 것이다.

516

양계유감

황사가 가득한 봄날에 행인은 드물고, 아파트 단지 입구에 서 있는 트럭에서는 닭 몇 마리가 구워지고 있다. 두 마리에 10,000원(한 마리에 6,000원)인 장작구이통닭 트럭이 내세울 수 있는 것은 싼 가격과 '하림 닭 사용'이라는 간판뿐이다.

인근의 치킨점 점주들은 번개처럼 팔고 사라지는 이 장작구이통닭 트럭을 눈엣가시로 여긴다. 그렇지 않아도 치킨점들끼리의 전쟁도 힘겨운데,* 통닭 트럭은 용서할 수 없는 침입자일 뿐이다. 그래서 관할 구청에 불법영업 신고로 가장 많이 접수되는 것이 통닭 트럭이기도 하다. 그렇지만 누군들 그렇게 불안정하게 트럭에서 닭을 구우면서 다니고 싶겠는가. 치킨집도 힘들다고는 하지만, 번듯한 자기 가게에서 합법적으로 영업하는 것과 트럭 행상의 처지는 또 촘촘하게 갈린다.**

- **'하림 닭' 씁니다**

웬만한 치킨집들이 국내산 신선닭***을 사용하지만, 저가 브랜드 (특히 두마리치킨)거나, 노점 형태일수록 '하림 닭' 사용을 매우 강조한다. 혹은 개인 치킨점들이 간판이나 쇼윈도에 하림 표시를 붙여놓는 경우도 많다. 최근 호식이두마리치킨과 하림이 맺은 MOU를 호식이 측이 대대적으로 홍보하고, 아예 포장 용지에 하림 로고를 박은 것을 보면, 하림이라는 존재가 육계시장과 치킨시장에서 중요한 '신뢰 포인트'가 되고 있음을 알 수 있다.**** 값은 싸더라도 하림 닭을 쓰고 있으니 안심하라는 뜻이기도 하고 "우리 그렇게 저질 아닙니다"라는 항

---

* 한국외식업경영지수 연구용역 데이터(2012년 4분기, 2013년 3분기 분석 결과)에 따르면 외식업 중에서도 가장 치열한 경쟁을 하고 있는 점포가 치킨 전문점으로 나타났다.

** 치킨 프랜차이즈 브랜드와 상권마다 차이가 있지만, 가게 임대비를 제외하고도 주방 집기 시설과 인테리어를 포함하면 기초 투자비가 최소 5000여 만 원에 이르는 치킨점에 비해 1000만 원에도 미치지 못하는 장작구이통닭 트럭은 치킨계에 진출하는 가장 낮은 수준이다. 실제로 중고 거래가가 트럭 포함 300만 원에서 600만 원 사이에 형성되어 있다.

*** 부분육(날개, 닭다리)이나 순살치킨의 경우 수입산이 많다.

**** 브랜드 충성도 효과는 비단 국내의 문제만이 아니다. 문화의 지구화 및 사회적·지리적 이동성 모두가 증가하는 상황에서, 국내 또는 외국에서 만나게 되는 표준화된 브랜드 먹을거리 소비품목은 제금, 문화 그리고 때로는 심지어 국가 경제를 넘어 음식을 신뢰의 원천이 된다.(앨런 비워즈워스·테레사 케일, 박형신·정현주 옮김, 《메뉴의 사회학 — 음식과 먹기 연구로의 초대》, 한울, 2010, 293쪽)

변이기도 할 것이다.

저가 식품일수록 '박리다매'의 원칙을 내세우지만, 박리다매란 식품 소비자가 믿고 싶어하는 신화일 뿐이다. 보통 박리다매를 내세우는 음식점들은 원래 장사가 잘 되어 테이블 회전이 빠른 곳이다. 싸서 잘 팔리기도 하고 잘 팔려서 싸기도 한 메커니즘을 갖고 있는 것이지, 주인의 넉넉한 인심 때문이 아닌 것이다. 길거리 통닭이나 싸구려 닭강정을 사 먹으면서 너무 많은 요구를 할 수는 없는 일이다.

'심증'은 가지만 그러려니 하고, 내 눈에만 걸리지 않기를 바라는 마음이 값싼 식품 소비의 본질일 것이다. 그래서 그런 '심증'의 눈초리를 받는 길거리 통닭은 '하림 닭' 사용을 그토록 강조하는 것이고, 전문가들은 이것을 '브랜드 파워'라고 한다.

육계시장 점유율 1위의 하림이 갖는 '파워'는 단순히 브랜드 파워만이 아니다. 그것은 육계시장을 쥐락펴락할 수 있는 파워, 계약농가를 제압할 수 있는 파워, 그리고 소비자의 입맛을 '하림화'할 수 있는 파워다. 이토록 무소불위의 힘을 가질 수 있는 이유는 한 기업의 성공 스토리를 넘어서 있다. 성공기 너머에 숨어 있는 핵심이 바로 육계의 '수직적 기업 계열화'다.

• 그 많은 닭은 누가 다 키웠을까

한국에서 한 해에 도축되는 닭은 약 8억 마리에 이르고,* 그중 절반 이상은 치킨으로 튀겨 먹고 있다. 치킨을 그렇게 많이 먹어대고 있지만 정작 닭은 누가 키우는지 헷갈린다. '하림'이나 '마니커' 같은 육계회사가 키우는 것인가? 아니면 실제로 닭똥 치워가며 양계장에서 일하는 양계 농민이 키우는 것인가?

둘 다 맞는 말이다. 양계장에서 직접 병아리를 닭으로 키우는 것은 양계 농가의 일이다. 그런데 이 양계 농가의 90퍼센트 이상이 육계기업에 소속된 '계약농가'고, 그 육계기업의 50퍼센트가 하림에 소속돼 있다. 그러니 하림이 닭을 만들어내는 것도 틀린 말은 아니다. 1차 생산물인 농수축산물 중에서도 유독 닭만큼은 기업에서 생산하는 방식으로 자리를 잡아왔는데, 이것을 '기업 계열화', 혹은 '수직 계열화'라고 한다. 치킨은 처음부터 집이 아니라 바깥음식으로 성장했고 그 성장의 동력은 프랜차이즈였다. 그런데 그 치킨의 핵심인 닭도 기업에서 만들어냈으니, 기업화된 음식의 전형이 우리가 즐기는 치킨인 것이다.

* 농림축산검역본부에서 2013년 1월부터 2013년 12월까지 도계한 총수(http://www.qia. go.kr/livestock/clean/listTcsjWebAction.do?clear=1). 약 7억 9000만 마리로 나타나 있지만, 승인 도계장 중심으로 통계를 작성했다는 점을 감안하여 토종닭이나 여타 자가 도계를 고려, 약 8억 마리로 추산하였다.

육계의 기업 계열화 방식은 두 가지다. 하나는 '수평적 계열화'인데, 농협에서 운영하는 목우촌이 유일하다. 수평적 계열화란 동일 단계의 둘 혹은 그 이상의 개체가 연합하는 경영 형태로, 회원 농가들끼리의 수평적 연합이라고 볼 수 있다. 농협을 중심으로 회원 농가에 병아리와 배합사료, 기자재를 공급하고 농협은 '목우촌'의 이름으로 유통사업을 하는 방식이다. 참고로 목우촌에서 운영하는 치킨 프랜차이즈가 또래오래다.

다른 하나는 대부분 기업을 중심으로 하는 '수직 계열화' 방식이다. '계열 주체'라고 부르는 본사는 종계장을 통해 병아리를 농가에 공급하고, 사료공장을 운영해 자사의 병아리에 가장 잘 맞는 배합사료를 생산한다. 또한 동물 약품과 기자재 공급, 사육관리 지도를 담당한다. 무엇보다 이 계열화의 핵심은 닭의 부가가치를 올릴 수 있는 대형 도계장과 가공공장을 운영하는 것이다. 그리고 그 수직 사다리의 끝에서는 직접 치킨 프랜차이즈를 운영하기도 한다. 즉 닭의 생로병사전 과정을 '기업적 차원'으로 주도하면서 통합 시스템을 구축하는 것이 바로 '기업 계열화'다.

'사육 주체'라고 부르는 생산 농가는 본사의 지시사항에 따라 병아리를 공급받아(입추), 회사에서 공급하는 전용 사료를 먹여 35일 정도 키워서 출하하고, 한 마리당 400원 정도의 '사육수수료'를 받는다. 농가 입장에서는 판매처가 처음부터 정해져 있다는 점에서 안정적이기 때문에 계열업체와 계약한다. 무엇보다 육계시장의 구조가 거의 기업 중심으로 계열화 작업이 완료된 상태이기 때문에, 독립 양계가 사실상 불가능한 구조여서 계열 농가로 편입하는 것이다. 육계 계열화는 1970년대부터, 즉 한국의 양계업이 시작되자마자 추진되었다. 그러다 1980년대 중반부터 정부가 나서서 기업 계열화를 공격적으로 촉진하고 주도하면서 현재 육계 계열화는 90퍼센트 정도가 완료된 상태다. 그리고 그중에서도 가장 독보적인 계열 주체가 바로 '하림'이다.

닭을 누가 키우든 더 맛있고 싸게 치킨을 먹기만 하면 그만일지도 모른다. 하지만 치킨산업이 지금처럼 팽창되고, 급기야 망한 인생의 상징으로 비하되는 지경까지 이른 데는 이 육계 계열화의 책임을 빠뜨릴 수 없다. 대표적인 육계기업인 하림은 2013년 육계시장 37퍼센트의 시장 점유율을 갖고 있다. 점유율 2위의 마니커와 3위인 체리부로, 그리고 나머지 동우나 목우촌 등이 한국의 육계시장을 주도하고 있다. 그러나 하림은 '한강CM'이나 '올품'을 계열사로 거느리고 있어 실제로는 육계시장의 50퍼센트 이상을 점유하여 시장 자체를 쥐고 흔드는 '큰손' 노릇을 하고 있다. 물론 그 손은 아주 크기 때문에 잘 보이는 손이다.

1978년 종계장 사업부터 시작한 하림은 사료공장과 대형 도계장, 가공공장을 운영하고 있으며, 2014년 상반기 현재 전국 600여 개 농가와 2,000여 개 협력업체를 거느리고 있다. 신선닭(생닭)시장은 물론, 치킨 너겟인 '용가리치킨'과 닭가슴살 캔, 런천미트 햄 등 닭을 원료로 하는 가공시장은 하림의 독무대나 마찬가지다. 급식에서 사용하는 육계 제품도 하림의 것이 많다. 그리고 닭의 최종 소비처인 치킨 프랜차이즈에도 진출해 있다. '멕시칸치킨'(멕시카나 아님!)과 '디디치킨', '다사랑치킨'이 하림이 소유하고 있는 치킨 프랜차이즈다. 최근에는 호식이두마리치킨과 MOU를 맺어 독점적으로 닭을 공급하고 있고, 지금은 비록 사조인티그레이션에 자리를 내주었지만 멕시카나치킨도 2011년까지 하림의 닭을 사용했다.

오리의 대표적인 브랜드인 주원산오리도 하림이 소유하고 있는 기업으로, 오리고기시장도 하림이 주도하고 있다고 볼 수 있다. 여기에 '선진포크'라는 브랜드로 양돈시장에도 진출해 있는데다 NS홈쇼핑(구 농수산홈쇼핑)을 계열사로 거느리고 있는 하림은, 명실상부한 '축산 재벌'이다. 게다가 얼마 전부터는 달걀사업에 나서겠다고 선언하면서, 육계보다는 독립 농가가 많은 산란계 양계 농민의 거센 반발을 샀다. 워낙 반발이 크다 보니 잠시 달걀사업 진출을 접은 상태지만 풀무원이나 CJ가 이미 달걀사업에 진출해 있기 때문에 기업들이 농민들 영역까지 침범한다는 논리를 세우기가 쉽지 않다.

이런 추세로 볼 때 하림의 무한증식과 무한도전의 끝은 가늠하기가 어렵다. 하림은 2011년 미국 육계회사인 '앨런 패밀리 푸드'를 인수하면서 미국의 육계시장도 장악하겠다고 원대한 포부를 밝혔다. 그동안 하림은 파우치 형태의 삼계탕을 수출해왔는데, 수출 품목을 더욱 다양화시킬 것이라는 명분을 내세웠다. 하지만 미국의 육계회사를 인수하면서, 이곳을 오히려 미국산 닭을 국내로 들여오는 전진기지로 삼을 것이라는 의심의 눈초리도 받고 있다.* 실제로 하림은 2012년 9월 닭고기 수입을 전문으로 하는 'HK^{Harim Korea}상사'를 설립했고, HK상사를 통해 2012년 10월에 닭고기를 수입했다는 것을 하림 측도 인정했다.**

2014년 상반기 조류독감이 진정국면으로 접어들면서 육계의 생산량이 지나치게 늘었고, 월드컵 특수를 대비해 닭고기 수입까지 늘어나면서 공급과잉 상태로 빠져들지도 모른다는 우려가 커지는 와중에, 하림이 닭고기 수입에 나선다는 것은 육계시장을 폭락장으로 이끌 우려가 있다. 그동안 하림이 닭을 은밀히 수입해서 가공한다는 의심을 받아왔기 때문에, 하림은 하림 상표부착 제품은 모두 국산이라고 해명해왔다. 하지만 (주)하림이라는 상표가 부착된 수입 닭이 버젓이 출시되어 있었다.

하림은 대기업들만이 거느릴 수 있는 프로야구의 구단주도 해보고

* http://www.nongmin.com/article/ar_detail.htm?ar_id=191510&subMenu=dsearch&key=%C7%CF%B8%B2

** 2012년 9월 12일 JTBC 보도, "몰래 닭 대량 수입해 판매 – 하림의 '두 얼굴'", 하림 측의 인정은 2012년 10월 5일, HK상사 오준호 대표이사가 국정감사에서 밝힌 내용이다.

싶어하고, 1990년 민영방송 진출도 시도했다. 비록 둘 다 성과를 얻지는 못했지만 하림의 야심이 단순히 '닭'만은 아니라는 것을 보여준다.

• 오늘도 '하림'하셨습니까?

여러 육계회사들이 있지만, 하림은 시장 장악력에서도, 계열화 추진 과정에서도 다른 기업에 강한 영향을 미쳤다. 하림의 성공 신화를 그대로 따라가고 싶은 것이기도 하고, 하림이 정부와 생산자를 손바닥 위로 올려놓은 그 '능력'을 본받고 싶어하기 때문이다. 하림은 계약농가에 사육수수료를 순순히 내주지 않는다. 하림이 도입한 계약농가에 대한 '상대평가' 제도가 대표적이다. 사료를 되도록 덜 먹이고, 덜 죽이고 닭을 키워내면 그 농가가 1등을 차지하고, 나머지 농가는 패널티를 받는 제도가 상대평가다. 농가들끼리의 협력이 아닌 경쟁을 부추기고, 그 과정에서 발생하는 부가가치는 고스란히 본사가 가져가는 독한 제도다. 물론 이 제도는 미국의 스미스필드와 같은 거대 축산기업으로부터 배워온 것이다.

하림은 이런 제도나 행태에 반발하는 계약농가에는 병아리를 넣어주지 않거나 상태가 좋지 않은 병아리를 넣어 길들인다는 소문도 공공연하게 퍼져 있다. 치킨 프랜차이즈들이 고분고분하지 않은 가맹점주들을 길들일 때, 닭 공급을 끊어버리는 것과 같다. 상태가 좋지 않은 병아리를 받으면 질병 치료나 폐사 때문에 발생하는 손실은 오로지 농가의 몫으로 남겨진다. 그렇다면 농가에서 하림 닭을 키우지 않으면 될 일 아닌가? 하지만 이미 수억 원을 들인 생산설비 자본의 회수를 위해서도 끊임없이 닭을 키워야 한다. 멈추고 싶어도 계속 튀겨야 하는 치킨집의 사장님들처럼. 그런데 이런 방식을 다른 육계회사들도 슬금슬금 따라하고 있다는 것이 문제다.

작은 농장에서 시작하여 국내 굴지의 식품기업으로 성장한 하림의 경영 능력을 의심할 필요는 없다. 다만 하림이 걸어온 길은 기업이 혼자 이룩한 것이 아니다. 축산을 현대화하고 대형화한다는 명분으로 기업 중심의 계열화를 촉진한 것은 정부였다. 일개 기업이 이토록 강력한 힘을 가질 수 있게 된 데는 정부의 집중 투자와 제도적인 뒷받침도 한몫을 했다. 1980년대 우루과이라운드 협상 막바지 과정에서, 정부는 국제 경쟁력을 이유로 계열화 사업에 더욱 많은 투자를 했다. 계열화 업체로 하림을 비롯해 마니커, 체리부로, 동우 등을 선정하고 집중 지원했다. 기존에 있던 중소규모의 도계장은 비위생을 핑계로 폐쇄시켰고, 직접 닭을 잡아 파는 재래시장 닭전도 이즈음 불법화시켜 버렸다. 오로지 대형 도계장에서 잡아 비닐 포장이 되어 냉장고에 들어간 닭만이 '위생 닭'이라는 이름으로 세상에 나올 수 있게 되었다.

기존에 도계장을 갖고 있던 육계회사들은 정부의 지원으로 더더욱 탄력을 받아 성장했고, 그중 가장 큰 수혜를 받은 기업이 바로 하림이었다. 수입 개방에 맞서 축산을 현대화하고 합리화한다는 목적으로 실시된 지원이 실제로 닭을 키우는 양계 농민에게가 아니라 기업에 집중된 것이다. 계열화를 촉진하고 지원하는 자금은 분명 국민의 세금이었는데 말이다. 정부 입장에서도 농민들이 기업에 소속되는 것이 더 편리한 일이다. 수많은 농민들은 불만도 많고 관리도 잘 안 된다고 여기기 때문이다. 몇몇 기업과 상대하는 일이 훨씬 더 편한 일이고 이들은 '은혜'를 저버리지 않는다. 기업은 세금으로 보은하고, 정부가 내놓는 농업(축산)정책에 가장 큰 충성을 보이는 집단이다. 그래서 가급적 닭뿐만 아니라 돼지와 소도 기업에 떠넘길 수 있기를 기다리고 있을 것이다.

시장 점유율 50퍼센트면 반 독점 상태다. 특히 하위 가공으로 많은 부가가치를 만들어내는 하림은 대형마트나 일반 소매점의 육계 제품 절반 이상을 장악하고 있는데다 훈제오리 '주원산오리'의 경우도 소비자 인지도 면에서 단연 선두를 차지하고 있다. 대형마트 육가공 코너는 하림에서 시작해서 하림으로 끝난다고 봐도 무리가 아니다. 해마다 하림의 시장 점유율은 계속 높아지고 있어 시장을 흔드는 정도도 점점 더 심해질 것이다.

어차피 닭을 누가 키우든 상관없을지도 모른다. 양계 농민이 키워도 닭은 지금처럼 빡빡한 계사에서 불과 35일 정도를 살다가 튀겨지거나 볶일 것이기 때문이다. 하지만 '기업의 논리'와 '농민의 논리'가 같다고 볼 수는 없다. 하나는 '자본'의 논리고 다른 하나는 '생존'의 논리다. 먹거리에 자본의 논리가 작동한다는 것은 '많이 먹는' 시스템을 만들어낸다는 것이다.

더 많이, 더 빨리 키워내서 자본 회전율을 높이고 가급적 2차, 3차 가공을 통해 부가가치를 자신들의 자본에 고정시키려 한다. 부가가치가 덜한 통닭보다는 도계, 발골 과정에서 더 많은 부가가치를 끌어올릴 수 있는 부분육시장을 촉진하는 이유다. 부분육을 생산하는 과정에서 남은 부산물은 육계가공 제품에 재활용한다. 무엇보다, 이들이 만들어내는 먹거리는 원물의 맛을 알 수 없게끔 하는 과한 가공을 거친 제품이다. 대표적인 닭 가공제품인 너겟이나 치킨가스 등은 냉동식품으로 만들어진다. 집에서 바로 튀기거나 전자레인지에 돌리기만 하면 먹을 수 있는 냉동식품은 필연적으로 '기름'과 만나야 먹을 만한 음식이 된다.

이제 밖에서는 하림이 만든 닭으로 치킨을 튀겨 먹고, 집에서는 하림이 만든 용가리치킨을 또 튀겨 먹는 시대가 열린 것이다. 그렇게 하림 닭으로 튀겨 먹다 찐 살은 하림이 만든 '닭가슴살 캔'을 먹어가며 다이어트를 하는 시대. 우리는 오늘도 내일도 '하림'하는 시대에 살고 있다.

• 양계유감은 현재진행형

시인 김수영은 1960년대 지금의 마포 서강변에서 10년 동안 양계를 꾸렸다. 돼지를 키우다 재미를 못 본 뒤 양계로 전환해, 처음에 병아리 100마리로 시작해 나중에는 '만용이'라는 일꾼까지 두고 양계장을 운영했다. 당시에는 투기양계라는 말이 생길 정도로 여기저기 양계업이 난립하던 시기였는데 시인 김수영은 이 양계를 통해 생계를 꾸려서 밥벌이 글 말고 '진짜 글'에만 집중하는 삶을 살고 싶어했다. 하지만 김수영의 꿈은 산산이 부서지는데 오히려 닭들을 먹여 살리느라 번역 일에 매달리고 원고료를 다 쏟아붓고도 모자랄 지경에 이른 것이다. 특히 병아리 단계에서 잘 걸리는 전염병으로 병아리 1,000마리 중에서 300마리를 한꺼번에 잃기도 하는 등 양계로 겪어볼 수 있는 온갖 괴로움은 다 겪고, 결국 저주받은 직업으로 양계업을 꼽기에 이른다.

닭을 길러보기 전에는 교외 같은 데의 양계장을 보면 그것처럼 평화롭고 부러운 것이 없었는데 지금은 정반대입니다. 양계는 저주받은 사람의 직업입니다. 인간의 마지막 가는 직업으로서 양계는 원고료벌이 못지않은 고역입니다. 이제는 오히려 이 고역에 매력을 느끼고 있는지도 모릅니다.

　　　　　　　　　　　　　　　　　　　—〈양계유감〉(1964년) 중

50여 년이 지난 지금, 1,000마리의 병아리로 쩔쩔매는 시대가 아니라 수만 마리를 키워내는 시대가 되었지만 양계유감은 끝나지 않았다. '만용이'가 하던 일을 이제 이주노동자들이 대신하고 있을 뿐이다. 1인 1닭 시대이지만 양계 농민들의 처지가 나아지진 않는다. 양념치킨을 많이 먹는다고 해서 양념채소를 키우는 농민들의 처지가 나아지지 않은 것처럼.

그런데 먹는다는 것은 무엇인가? 맛있게 먹고 그걸로 끝인 세상. 그런 세상을 만들면서 우리 또한 맛의 지옥에 갇힌 채 살고 있지는 않은가. 늦은 시간까지 노동을 하고 그 노동의 고통을 치맥으로 달래다 결국 치킨집 사장님의 삶에서 내 미래를 간보고 있는 중이지 않은가. 오늘 한 마리의 치킨과 한 잔의 맥주가 결코 즐겁지만은 않은 이유가 여기에 있다.

2014년 양계유감 보고서
계약농가라 쓰고 하청노동자로 읽는다

앞서 치킨집 사장님 인터뷰가 가장 어려웠다고 했는데, 그보다 더
어려운 것이 바로 하림의 닭을 키워내는 양계 농민과의 인터뷰였다. 하
림에 관한 인터뷰나 취재는 전문기자들도 상당히 조심스러워하는 것으
로 정평이 나 있다. 인터뷰를 했다는 이유만으로도 농가에 보복조치가
취해진다는 것이 공공연한 사실이기 때문이다.* 하림에 대한 이런저런
불만을 늘어놓더라도 결국 생존의 논리로 살아가야 하는 계약농가는
하림에서 병아리를 받아와야만 한다. 프랜차이즈 치킨점을 운영하는
사장님들의 단결력이 떨어지는 이유와 다르지 않다. 생존의 엄중함 앞

---

* 2010년 12월 15일 당시 한나라당 김학용 의원 주최 토론회 '육계 계열화 사업, 그 해답을 모색하
다 – 하림 VS 양계협회 끝장토론'에서 양계협회 부회장이 주장한 내용. http://www.nongupin.
co.kr/news/articleView.html?idxno=27310.

에서 법치와 존엄은 늘 뒤로 밀릴 수밖에 없다.

　어렵사리 하림의 계약농가와 인터뷰가 성사되었고, 그 인터뷰를 그 대로 옮기는 것이 오히려 현실을 보여줄 수 있을 것이다.** 멕시카나 사 장님들의 신상을 밝히지 못하는 것처럼, 이분들의 신상 또한 드러낼 수 없는 것. 이것이야말로 하림의 '파워'일 것이다.

　• 양계업을 시작하신 지는 얼마나 되었고 그 계기는 무엇입니까?

"양계업에 뛰어든 지 6년이 되었다. 본래 시설 재배로 과채 농사를 지었지만 어느 정도 수익 보장이 되었던 과채 농사도 어느 순간 생 산비를 건지기도 쉽지 않더라. 예전에는 하우스 열댓 동이면 애들 대학교도 보낼 수 있었는데, 이제 그것이 힘들어졌다. 무엇보다 일 손이 늘 부족하고 노동 강도가 세서 오래 버틸 수 없겠다 싶어 땅과 집을 담보로 10억 원을 대출받아 최신식 '무창계사'를 지었다. 그렇 게 양계를 시작하게 되었는데, 10동짜리 무창계사에서 11만 수에 서 많게는 12만 수 정도를 사육한다."

　• 굉장한 규모입니다. 소비자들은 당연히 하림의 닭을 키운다면 계

** 인터뷰를 통해 어디에서도 들을 수 없는 귀한 말씀을 전해주신 박○○ 생산자, 유○○ 생산자, 정○○ 생산자께 다시 감사의 말씀을 드린다. 당신들의 이름을 밝힐 수 없는 것이 못내 죄스럽기 만 하다.

사도 하림에서 만들어주는 걸로 알고 있는데, 아닌가 봅니다.

"당연히 계사는 농가들이 알아서 할 문제다. 자기 땅에다가 짓든가 임대를 해서 짓든가, 계사를 잘 짓는 것이 결국 '잘 기르는 것'과 직결된다. 돈을 많이 들여서 최신식으로 지어놓으면 아무래도 효율적이기도 하고, 회사에서도 그런 농가를 선호한다. 특히 대량으로 키울 수 있는 곳을 선호한다."

어떤 육계회사의 계약농가라고 하면 당연히 계사는 본사에서 지원하는 줄 알지만, 이는 전적으로 생산자의 몫이다. 최근에는 무창계사 쪽으로 시설 개선을 요구하고 있다. 무창계사는 말 그대로 창문이 없는 폐쇄형 계사로, 계사 내부의 온도 조절과 환기, 점등 등 계절과 날씨, 일조시간과 상관없이 여러 가지 환경조건을 인위적으로 조절할 수 있다. 그렇기 때문에 고밀도 사육에 유리하다. 개방계사로도 부르는 유창계사는 점등 조절은 자연일조 시간에 따라, 환기는 창을 통해 자연스럽게 이뤄진다. 무창계사에 비해 인위적인 환경 조절이 어려워 고밀도 사육에는 불리한 조건이라 할 수 있다. 따라서 기존의 유창계사나 비닐하우스 형태의 계사를 가진 양계 농가는 빠르게 퇴출되거나 빚을 내어 무창계사를 짓고 있는 중이다.

- 하림의 계약농가 중에서도 사육 규모가 굉장히 큰 편인데, 본사

와의 계약 조건이 어떻게 되어 있나요?

"2만 수 정도 키우는 것을 기업형 양계로 보고 있는데, 사실 말도 안 된다. 적어도 5만 수 이상은 되어야 기업형 양계로 볼 수 있을 것이다. 사육 규모는 점점 더 커지고 회사 입장에서도 2만~3만 수짜리보다는 나처럼 5만~10만 수 키우는 농가를 더 선호한다. 무엇보다 계사가 최신식이다 보니 이런 쪽과 계약하는 것을 원한다. 본사에서 받는 것은 병아리와 사료 정도다. 사료는 달라는 대로 준다."

• 사료는 무한정 대준다는 말씀인가요?
"아니다. 그러면 이 장사만큼 쉬운 게 있을까? 그게 아니고 사료를 구입할 때 그 양을 제한하지 않는다는 뜻이다. 나는 보통 300톤 규모로 받는데, 이걸로 한 달을 먹인다. 1킬로그램에 550원이라 한 달 사료 값이 1억 5000만 원 정도다."

계열 주체인 하림은 병아리와 사료를 농가에 공급한다. 그러면 농가는 일단 외상으로 대금을 결제하고, 추후에 정산받는다. 그래서 사료를 덜 먹이고 키우는 것은 '사료 효율성'이라고 하며, 이것도 상대평가에서 중요한 요소로 작용한다. 사료공장과 도계장, 종계장 운영은 육계 계열화의 기본이다. 하림은 전용 육계사료뿐만 아니라 최근에는 애견사료도 생산하고 있다. 하림은 1960년 설립한 '제일사료주식회사'를 2001년에

편입했는데, 이전에도 전용 사료생산 시설이 있었지만 대형 사료회사를 인수함으로써 회사 규모가 더 커졌다고 할 수 있다. 2014년 6월 현재 하림의 상반기 실적은 사료 부문에서 총매출이 530억 원, 순이익은 25억 원을 기록했다.

● 대형 양계장 관리(사육)는 어떻게 이루어지나요?

"그래서 시설 싸움이라고 하지 않았나? 최신식이면 손이 좀 덜 가게 되어 있다. 자동급여 시스템이 갖추어져 있고 자동환기 시스템 관리만 잘 해주면 된다. 오히려 출하할 때 닭을 잡는 일이 상당히 어려운 일이다. 그것 때문에 5만 수 이상을 키우는 계장들은 외국인 노동자를 고용한다. 우리는 파키스탄 출신 두 명이 일하고 있다. 급여 수준은 150만 원에서 170만 원 사이다. 2년 넘게 근무하고 있다."

눈에 잘 보이지 않을 뿐, 우리가 먹고 마시는 것들의 상당수가 이주노동자의 손을 거친다. 농축산업 분야에 진출해 있는 이주노동자는 그 수가 해마다 증가해 2012년 현재 16,484명이다. 물론 이 숫자는 등록 숫자이기 때문에 실제로는 훨씬 더 많은 이주노동자들이 우리의 먹거리를 생산하는 것으로 보아야 한다.

● 기업 계열화 문제에서 가장 큰 문제가 지나치게 낮게 책정된 사

육수수료라고 지적되고 있는데, 실제로 현황이 어떻게 되나요?

"마리당 사육비가 400원이 채 되지 않는다. 겨울에는 난방을 해야 하니까 기름 값이 들어가서 2000만 원 정도의 차액이 발생한다. 물론 이것도 농가가 감당해야 한다. 여름에는 그나마 기름 값이 안 들어가니까 생균제와 깔짚 정도의 값이 들어가고 아무래도 날이 뜨겁다 보니 (병에 잘 걸려서) 약값이 조금 더 들어간다."

• 동물 약품은 직접 구매하시나요? 본사에서 동물 약품도 공급하는 걸로 알고 있는데요.

"본사에서 공급하는 약도 있지만 구입해야 하는 것이고, 대부분의 농가에서는 약품을 따로 구매한다. 동물 약품은 마리당 50원 계산해서 정부에서 백신을 보조해준다 그런데 5만 수 기준으로 보조를 해주고 나머지는 농가에서 구입해야 한다. 또 이것도 지자체별로 다르다. 어느 지역은 절반만 보조해주고 또 어느 지역은 전액 보조를 해준다."

• 닭 한 마리에 사육 보수가 400원이면 지나치게 낮다는 생각이 드는데요.

"그렇기 때문에 사육 규모로 승부를 걸 수밖에 없다. 400원에서 이것저것 제하고 나면 남는 게 얼마겠나. 그래서 많이 키울 수밖에 없

279

다. 처음에 시작할 때는 괜찮았는데, 갈수록 어려워진다. 더 많이 투자해야 하고 수익률이 점점 악화되는 구조인 게 뻔하다."

• 하림이 '상대평가'를 도입한다거나 해서 타 육계회사보다 계열 농가와의 갈등이 많은 것으로 들었습니다.

"평가고 뭐고 간에 적절한 수매가격이 있다. 닭을 키우는 데 기본으로 들어가는 게 있는 거다. 이게 상황에 따라 달라지게끔 하는 것이 상대평가 제도다. 예를 들어 100만 원이 수매가격인데 이래저래 평가하고 나서 90만 원에 수매해가는 경우가 있다. 그건 내 노력과 상관없을 때가 많다. 회사에서 부추기는 것이다. 잘 키운다는 게 별로 의미가 없어져버린다. 이 제도에서는. 나는 애써서 길렀는데 줄 세우기 평가 때문에 벌어지는 일이니 이래저래 회사만 좋은 일이다."

육계 계열화업체에서 산정하는 육계 사육 성과 유형 중에서 상대평가는 1996년부터 일부 계열업체에서 시작되었다가 2000년도 들어서 본격적으로 시행되는 제도다. 상대평가 제도는 15일간의 출하 물량을 기준으로 상·하위 성적의 10퍼센트를 제외하고 평가하는 방식이다. 절대평가는 다른 농장의 성적과 관계없이 계열업체에서 정한 일정 기준에 따라 사육수수료를 지급하는 유형이다.

이 상대평가는 일선 계약농가들의 불만을 가장 많이 사는 제도로,

농가들은 서로를 감시하고 경쟁하는 관계로 만드는 것이 가장 큰 고통이라고 증언한다. 농가 간 경쟁을 유발하기 때문에 결국 중하위권의 성적을 내는 농가들은 이탈할 수밖에 없다. 또한 아무리 닭을 잘 사육해도 출하 시점에 공교롭게도 모든 농가가 닭을 잘 키웠다면 잘 키운 농가도 금전적 보상은 적어지는 것도 문제고, 농가 간의 소득격차가 커져서 위화감을 조성하기도 한다.

반면 육계회사 입장에서는 환경적·계절적 변화의 리스크를 계열업체가 부담하기 때문에 오히려 농가에 도움이 되는 제도라는 주장을 펼치고 있다.

• 11만 수에서 12만 수 정도를 사육하고 받는 사육수수료가 얼마나 되나요?

"기본적으로 시세에 따라서 결정된다고 보면 된다. 3년 전에 닭 값이 좋았다. 생닭이 2,800원까지 갔는데, 그때 계열업체가 아니라 '개인 닭(독립 양계)'을 했더라면 2억 정도 벌었을 것이다. 하지만 우리는 6000만 원 정도 남았다.

1년에 7회에서 8회 정도 길러서 2억 정도를 손에 넣는다. 거기서 대출금 갚고 월급 주고, 전기세 내고, 시설 투자하고, 그러다 보면 생활비 정도가 남는다. 그야말로 본전치기인데 그나마 시설이 아직 많이 낡지 않아 가능한 일이다."

• 그런데도 하림과 계속 계약관계를 유지하는 이유는 무엇입니까?

"아마 나를 포함해 대부분의 농가가 어쩔 수 없이 하림과 계약관계를 유지하는 이유는 회전수는 많이 준다는 것 때문이다 1년에 7~8회 정도의 회전이 가능하다. 수익률은 마니커나 체리부로보다 훨씬 떨어진다. 그런데 다른 업체들은 회전수가 5회에서 많이 가져봤자 6회 정도다. 그러니까 이미 시설 투자는 해놓았고 회전수 한 번에 몇 천만 원씩 왔다갔다 하다 보니 어쩔 수 없이 하림과 계속 계약하는 것이다. 그리고 농가 입장에서 15일마다 결제를 해준다는 점이 아마 가장 큰 유혹일 것이다. 체리부로는 출하를 하면 일단 100원씩을 쳐주고 40일 뒤에 결제를 해준다. 그러니 당장 현금을 돌게 하려면 하림하고 가는 수밖에."

하림의 힘은 바로 여기에 있다. 자본을 집중시켜 자신들의 자본 회수는 물론, 입추와 출하 사이클을 조절해 계약농가가 다른 업체보다 1회전 정도 더 돌리게 하는 것으로(닭을 한 차례 더 키워내도록) 자사의 이윤 창출은 물론 농가 관리를 편하게 할 수 있다. 무엇보다, 15일마다 결제를 하는 시스템은 농가에서 끊기 힘든 매력이다. 수익률 면에서는 다른 업체가 낮다 해도 농가 입장에서 빠른 결제는 곧 현금이다. 이것이야말로 하림이 갖는 가장 큰 힘이고 바로 '돈의 힘'이다.

• 조류독감 피해가 있었다고 들었습니다. 조류독감 보상은 어떻게 진행되고 있는지요?

"지난 2월, 11만 5000수를 묻었다. 우리 양계장이 직접 원인이 아니고 발생지역 반경 안에 들어서서 그렇게 되었다. 조류독감 확진 농가가 아니어서 보상금을 100퍼센트 받는다. 독감 원인을 제공한 농가는 80퍼센트 보상을 받는 것으로 알고 있다. 일단 40퍼센트 가지급금을 주고 나중에 100퍼센트를 준다고 하더라."

• 차라리 조류독감에 걸리는 것이 낫다고 말하는 농가가 있다고 들었습니다. 실제로 정부에서 100퍼센트 보상을 해준다면 농가 입장에서는 나쁠 것이 없지 않나요?

"2월에 묻고 3개월 지났다. 이제야 시험으로 사육해본다고 계사마다 병아리 다섯 마리씩 키우고 있다. 그렇게 시험 사육을 해서 피검사하고 문제가 없으면 그때서야 사육 금지가 해제된다. 그럼 몇 달 쉬는 동안 3회전이 손해가 난다. 아까도 말하지 않았나. 1회전 더 준다는 이유 때문에 하림 계약농가를 하는 건데, 3회전에 대한 손해는 어마어마한 것이다. 언론에서는 양계 농가에 긴급 생계비를 지원한다고 하지만 바로 집행되지 않는데다가 5만 수 이상은 기업형 양계로 되어 있기 때문에 생계비 지원 대상도 아니다. 그리고 사람들이 잘 모르는데, 닭 매립할 때 사료도 같이 매립해야 한다. 사료는 농가의 자산인데 매립 때문에 생기는 손해가 크다. 사료는 보상금이 40퍼센트밖에 안 된다."

• 선생님께서 주로 키우는 닭은 얼마나 키워서 어떤 용도로 나갑니까?

"치킨용으로 바로 나간다고 들었다. 그리고 군인 급식용으로도 공급되는 걸로 알고 있다. 35일을 키우면 1.6킬로그램이 된다. 이 닭을 도계하면 1킬로그램(10호 닭)짜리가 된다. 좀더 크게 키운 12호(1.2킬로그램)는 군대로 납품된다고 들었다. 그래서 큰 닭을 키울 때는 2킬로그램까지 키우지만 그건 드문 일이다. 아무리 크게 키워도 1.8킬로그램을 넘기진 않는다. 시장성이 떨어져서 그렇다. 치킨시장이 주도하는 것이기 때문에 거기에 맞춰서 키우는 것이다."

• 독립 양계 상황은 어떤가요?

"개인 양계는 거의 없다고 보는 게 맞다. 이 ○○군에도 딱 한 명 있다. 기업한테 주도권이 있고, 계열화가 90퍼센트 이상 완료되면서 사실상 어려운 일이 되었다. 어차피 개인 양계도 중간브로커가 다 개입되어 있는데다 그 브로커들은 또 육계회사랑 연결되어 있다. 하다못해 기자재를 사러가도 결국은 회사랑 다 연결되어 있는 상황이다. 닭이 모자라야 개인 양계가 되는데 닭은 늘 넘치기 때문에 힘이 없다. 독립 양계는 거의 전멸했다고 보면 된다. 아예 엄두도 내지 못한다."

• 그렇다면 차선책으로 농협에서 하는 수평적 계열화 방식인 목우촌은 어떻습니까?

"농협 잘 알지 않나. 기업보다 더하면 더했지 나은 구석이 없다."

• 폐사에 대한 책임도 전적으로 계약농가가 진다고 알고 있습니다.

"폐사율은 여름에 많이 올라간다. 그래서 환기팬을 계속 돌려야 하는데 결국 시설 싸움이 되는 것이다. 최신식 계사면 폐사율이 낮아진다. 특히 여름에 출하할 때 닭을 너무 많이 실으면 폐사가 많이 난다. 그래서 차를 더 보내라고 요구해도 물류비용 때문에 충분하게 트럭을 배치하지 않아서 생기는 문제가 많다."

• 이해가 잘 되지 않습니다. 트럭을 몇 대 더 보내서 폐사가 덜 되면 본사도 이익 아닐까요?

"지입차라고 들어봤나? 그런 제도라고 보면 된다. 회사에 직접 고용된 사람들이 아니라 이 사람들도 업자다. 회사에서 퇴직한 사람이 닭장차 몇 대를 갖고 재고용되는 구조다. 혹은 아예 다른 법인을 설립해서 상하차 비용을 외부로 돌린다. 한 달에 몇 십만 원씩 본사에

수수료로 내고 배차수수료도 다단계처럼 세분화된다."

• 수익 배분이 정말 복잡합니다. 잘 모르면 그냥 당하겠군요.

"사실 사육수수료 정산 방식도 워낙 복잡해서 정확하게 알 수가 없다. 늘 속는 기분이다. 그리고 홍보비 명목으로 떼어가는 것이 너무 많다. 일명 '닭 자조금'으로 떼어가는 것인데 이 자조금 사무실을 또 따로 내서, 그 운영비도 농가가 떠맡고 있다. 회사에서는 직접 책임 지려 하지 않는다."

'닭고기 자조금'은 육계 농가의 권익 보호를 명분으로 2009년 6월부터 시행된 제도다. 이 자조금으로 닭고기의 우수성을 홍보하고 육계 산업 발전을 위한 연구와 용역사업을 추진한다는 것이 명분이다. 양계 농가의 자조금은 도계 물량에 따라 결정되는데 그 관리는 '육계자조금 관리위원회'가 맡고 있다. 인터뷰를 진행한 농가(들)는 이 닭고기 자조금에 대한 불만도 많았다. 실제로 양계 농가에 보탬이 되지 않을뿐더러 그렇지 않아도 수수료 징수가 과다한 상황에서 자조금까지 떼어가기 때문이다.

• 그동안 하림 본사와 계약농가 사이의 갈등은 언론에서도 수차례 언급했고, 심지어 국정조사에서도 다뤄지는 등 여러 갈등 상황

이 알려져왔습니다. 농가 차원의 대응이 많이 어려운가요?

"농민들이 뭉치는 힘이 약하다. 6개월 넣지 말자고 결의를 해도 결국 병아리를 받고 있다. 지역사회가 워낙 좁다 보니 한 다리 건너면 다 아는 사람들이다. 닭이고 오리고 일단은 받아서 키워야 돈이 나올 구석이 있다 보니 단결이 어렵다. 농가협의회에서 회의할 때 센 발언을 한 사람이 누구인지 본사가 다 파악하고 있다가, 빌빌거리는 병아리로 넣어준다거나 8번 회전을 해야 수지를 겨우 맞추는데 5번 회전분밖에 안 준다. 이렇게 농가들을 길들인다. 농가들은 본사와 일대일 대면을 해야 하고, 납품을 해야 하는 입장이다 보니 저항하기가 어렵다."

• 일반 기업에서 노동조합 구성하는 것과 다르지 않아 보입니다.

"맞다. 회사에서 노조 만드는 것과 똑같다. 농가협의회라고 해서 법적으로야 만들어놓았지만 농가의 이익을 제대로 대변하고 있지는 못하다. 사육비 높이자고 결의하자, 하면서도 결국 한 푼이 급하니 또 굴복하고 병아리를 받는다. 결국 안 받고 버틴 사람만 바보 되고 본사에 찍힌다. 농가 입장에서 목을 매고 있기도 하고, 회사가 죽으면 다 같이 죽는다는 두려움이 크다."

• 하림의 계약농가로 산다는 것은 무엇입니까?

"이대로 가다가는 무너지는 것이 보인다. 사육비가 안 맞으면 못하는 것이다. 그렇다고 다시 농사를 짓자니 이제 쌀도 무너진 터라 그것도 어렵다. 축산도 우리 세대가 마지막이지 않겠나? 무창계사 대출금이 아직 4억 남았다. 이 4억을 털 때까지는 계속 양계를 하긴 할 텐데, 언제까지 가능할지는 암담하다."

• 치킨 좋아하십니까?
"우리는 큰 닭 삶아 먹는 걸 좋아하는데, 애들은 좋아하지."

2014년 5월에 이루어진 이 인터뷰를 통해 치킨은 치킨대로, 닭은 닭대로 수직 사다리의 가장 아래를 지탱하는 삶을 엿보았다. 기업 중심 수직 계열화의 가장 대표적인 형태가 '프랜차이즈' 산업이다. 프랜차이즈로 닭이 길러지고 그 닭으로 프랜차이즈 치킨점에서 오늘도 닭을 튀기고 있다. 한 마리의 치킨이 결코 가볍지 않은 이유가 바로 여기에 있지 않을까.